Zivilgesellschaftliche Partizipation im globalisierten Menschenrechtsschutz

Europäische Hochschulschriften
Publications Universitaires Européennes
European University Studies

Reihe II
Rechtswissenschaft

Série II Series II
Droit
Law

Bd./Vol. 4584

PETER LANG
Frankfurt am Main · Berlin · Bern · Bruxelles · New York · Oxford · Wien

Fabian Laub

Zivilgesellschaftliche Partizipation im globalisierten Menschenrechtsschutz

PETER LANG
Internationaler Verlag der Wissenschaften

Bibliografische Information der Deutschen Nationalbibliothek
Die Deutsche Nationalbibliothek verzeichnet diese Publikation in der Deutschen Nationalbibliografie; detaillierte bibliografische Daten sind im Internet über <http://www.d-nb.de> abrufbar.

Gedruckt mit Unterstützung des
Kulturressorts der Stadt Graz.

Stadt GRAZ Wissenschaft

ISSN 0531-7312
ISBN 978-3-631-56701-2

www.peterlang.de

Inhaltsverzeichnis

Teil III.: Möglichkeiten und Grenzen zivilgesellschaftlicher Partizipation im internationalen Menschenrechtsschutz

Abkürzungsverzeichnis

AaO.	-	Am angegebenen Ort
Abs.	-	Absatz
at sec.	-	at sequence
AJPIL	-	Austrian Journal of Public International Law
AKP-Staaten	-	Staatengruppe im afrikanischen, karibischen und pazifischen Raum
AMRK	-	Amerikanische Menschenrechtskonvention
Art.	-	Artikel
AU	-	Afrikanische Union
AVR	-	Archiv des Völkerrechts
Bd.	-	Band
BIAC	-	Business and Industry Advisory Committee to the OECD
BMZ	-	(deutsches) Bundesministerium für wirtschaftliche Zusammenarbeit und Entwicklung
Bull.EG	-	Bulletin der EuropäischenGemeinschaft
B-VG	-	Bundes-Verfassungsgesetz
bzw.	-	beziehungsweise
CAT	-	Convention Against Torture
CBO, CBOs	-	community based organisation(s), grassroot organisations
CEDAW	-	Committee on Elemination of Discrimination Against Women
CERD	-	Committee on the Elemination of Racial Discrimination
CRC	-	Convention on the Rights of the Child
DAC	-	Development Assistance Commitee (OECD)
DESA	-	Department of Economic and Social Affairs (UN)
dh.	-	das heißt
DPI	-	Department of Press and Information (UN)
dt.	-	deutsch
dt.Ges. VN e.V.	-	Deutsche Gesellschaft für die Vereinten Nationen e.V.
Ebd.	-	Ebendort
ECOSOC	-	(United Nations) Economic and Social Council
Ed.	-	Edition
EG	-	Europäische Gemeinschaft(en)
EGV	-	Vertrag zur Gründung der Europäischen Gemeinschaft
EIDHR	-	European Initiative for Democracy and Human Rights
EJIL	-	European Journal of International Law
EMRK	-	Europäische Menschenrechts Konvention
EPIL	-	Encyclopedia of Public International Law
EU	-	Europäische Union
EU Bull.	-	Bulletin der Europäischen Union
EuGH	-	Gerichtshof der Europäischen Union
EuGHMR	-	Europäischer Gerichtshof für Menschenrechte
EuGRZ	-	Europäische Grundrechte-Zeitschrift
EUV	-	Vertrag über die Europäische Union
e.V.	-	eingetragener Verein
E+Z	-	Zeitschrift für Entwicklung und Zusammenarbeit
f.	-	folgende(r)
ff.	-	fortfolgende(r)
GA	-	(United Nations) General Assembly
GATT	-	General Agreement on Tariffs and Trade

gem.	-	gemäß
GONGO(s)	-	governmental sponsored (organized) NGO(s)
GUS	-	Gemeinschaft unabhängiger Staaten
GV	-	Generalversammlung der Vereinten Nationen
GYIL	-	German Yearbook of International Law
HRDefDec	-	Declaration on the Right and Responsibility of Individuals, Groups and Organs of Society to Promote and Protect Universally Recognized Human Rights and Fundamental Freedoms, Human Rights Defenders Declaration
ICC	-	International Criminal Court
ICJ	-	International Court of Justice
ICJ Reports	-	Reports of the International Court of Justice
IGH	-	(ständiger) Internationaler Gerichtshof
IGO	-	International Governmental Organisation
IKRK	-	Internationales Kommitee des Roten Kreuzes
ILC	-	International Law Commission
ILM	-	International Legal Materials
ILO	-	International Labour Organisation
ILR	-	International Law Reports
INGO, INGOs	-	international non-governmental organisation(s)
int.	-	international
IPbürgR	-	Internationaler Pakt über bürgerliche und politische Rechte
IPwirtR	-	Internationaler Pakt über wirtschaftliche, soziale und kulturelle Rechte
IStGH	-	(ständiger) Internationaler Strafgerichtshof
JBl.	-	Juristische Blätter
JIU	-	(UN) joint inspection unit
JZ	-	Juristenzeitung
KOM	-	Mitteilung der Europäischen Kommission
KSZE	-	Konferenz für Sicherheit und Zusammenarbeit in Europa
LDC, LDCs	-	least developed country (ies)
lit.	-	litera
NATO	-	North Atlantic Treaty Organisation
NGO, NGOs	-	non-governmental organisation(s)
NJW	-	Neue Juristische Wochenschrift
NorJIL	-	Nordic Journal of International Law
Nr.	-	Nummer
NRO	-	Nichtregierungsorganisation
OAU	-	Organisation on African Unity
OAS	-	Organisation Amerikanischer Staaten
OECD	-	Organisation for Economic Cooperation and Development
OSZE	-	Organisation für Sicherheit und Zusammenarbeit in Europa
ÖZÖR	-	Österreichische Zeitschrift für öffentliches Recht und Völkerrecht
p.	-	page
para.	-	Paragraph
PLO	-	Palestinian Liberty Organisation
PRC	-	Project Research Center
Res.	-	Resolution
Rn.	-	Randnummer
Rs	-	Rechtssache
Rz.	-	Randzahl
S.	-	Seite

SC	-	(United Nations) Security Council
Ser.	-	Series
Slg.	-	Sammlung
SR	-	Sicherheitsrat der vereinten Nationen
StIGH	-	Ständiger Internationaler Gerichtshof
SVN	-	Satzung der Vereinten Nationen
SWAPO	-	South West African People´s Organisation
TUAC	-	Trade Union Advisory Committee to the OECD
ua.	-	unter anderem
UIA	-	Union of International Associations
UdSSR	-	Union der Sozialen Sowjet Republiken
UN	-	United Nations
UNAIDS	-	The Joint United Nations Programme on HIV/AIDS
UNCED	-	United Nations Conference on Environment and Development
UNCITRAL	-	United Nations Commission on International Trade Law
UNCTAD	-	United Nations Conference on Trade and Development
UN Doc.	-	Documents issued by the United Nations
UNDP	-	United Nations Development Programme
UNESCO	-	United Nations Educational, Scientific and Cultural Organisation
UNIDO	-	United Nations Industrial Development Organisation
UNIDROIT	-	Institut Internetional pour lÚnifications du Droit Prive
UNJYB	-	United Nations Juridical Yearbook
UNO	-	United Nations Organisation
UNTS	-	United Nations Treaty Series
USA	-	United States of Amerika
vgl.	-	vergleiche
VN	-	Vereinte Nationen
Vol.	-	Volume
WEU	-	Westeuropäische Union
WHO	-	World Health Organisation
WSR	-	Wirtschafts- und Sozialrat der Vereinten Nationen
WTO	-	World Trade Organisation
WVK	-	Wiener Vertragsrechts Konvention
YUN	-	Yearbook of the United Nations
YILC	-	Yearbook of the International Law Commission
Z.	-	Ziffer/Zahl
zB.	-	zum Beispiel
ZEuS	-	Zeitschrift für Europarechtliche Studien
ZaöRV	-	Zeitschrift für ausländisches öffentliches Recht und Völkerrecht
ZRP	-	Zeitschrift für Rechtspolitik
ZVR	-	Zeitschrift für Völkerrecht

Gegenstand und Methode

A. Gegenstand der vorliegenden Arbeit

Der Schutz der Menschenrechte im weltweiten Rahmen ist heute eines der zentralen Ziele der Vereinten Nationen[1]. Der Ausbau eines universellen Menschenrechtsschutzes, aktuelle technische und gesellschaftliche Entwicklungen sowie das Erscheinen neuer völkerrechtlicher Akteure führten in der Vergangenheit dazu, dass man heute von einem weltweiten rechtlichen Globalisierungsprozess sprechen kann, wodurch sich auch neue Perspektiven für den internationalen Menschenrechtsschutz ergeben.

Völkerrechtliche Grundsätze haben jedoch oft, vor allem in Bezug auf ihre Durchsetzung, nur einen relativen Charakter. Daher bieten sich durch die Globalisierung nicht nur neue Chancen für den internationalen Menschenrechtsschutz, es ergeben sich auch neue Probleme bei seiner Durchsetzung und Gestaltung. Ein möglicher Ansatzpunkt für eine künftige effektivere Durchsetzung ergibt sich aus der Universalisierung der bürgerlichen und politischen Rechte, wodurch - vor allem durch die im Zuge der Globalisierung zunehmende internationale Bedeutung von Teilhaberechten - neue Faktoren neben dem traditionellen staatlichen Handlungsmonopol im internationalen Menschenrechtsschutz an Bedeutung gewinnen.

Wenn die Globalisierung des Rechts als Rechtsentwicklungsprozess verstanden wird, der sich in den unterschiedlichen Bereichen der Zivilgesellschaft unabhängig von Nationalstaaten entwickeln kann, kann dies nicht allein durch einzelne Grundwerte, die sich in internationalen Rechtsvorschriften, wie etwa dem Menschenrechtsschutz widerspiegeln, zum Ausdruck kommen. Sie zeigt sich hauptsächlich in der ständigen Zunahme an Universalität, wodurch Kernbereiche des Völkerrechts, wie etwa die Menschenrechte, international an Bedeutung gewinnen. Gerade in diesen Kernbereichen lässt sich beobachten, dass zahlreiche Bereiche, die vorher ausschließlich auf der nationalstaatlichen Ebene geregelt wurden, immer mehr zu internationalen Belangen werden. Hierdurch kommt zwar eine zentrale Veränderung des internationalen Rechtsverständnisses zum Ausdruck, diese Entwicklung lässt aber noch nicht auf Veränderungen im Wesen der internationalen Gemeinschaft schließen.

Aufgabe des ersten Teils der vorliegenden Untersuchung ist es daher, die Stellung der Menschenrechte im System des Völkerrechts zu erfassen, ihre Entwicklung zu dokumentieren und sie in Bezug zum parallelen Fortschreiten des Globalisierungsprozesses zu setzen.

---

[1] Präambel und Art. I Z. 3 SVN.

Das moderne Völkerrecht setzt den universellen Anspruch zentraler Grundwerte - wie etwa der bürgerlichen und politischen Menschenrechte - voraus, sieht nach wie vor aber Staaten als einzige Akteure, die eine Umsetzung dieser Werte in den innerstaatlichen Rechtsordnungen gewährleisten können.

Verglichen mit den tatsächlichen völkerrechtlichen Entwicklungen der letzten Jahrzehnte zeigt dieses Modell einige Ungenauigkeiten. Mit dem zunehmenden Ausbau politischer Menschenrechte zeigte sich auch eine ständig zunehmende Aktivität nichtstaatlicher Akteure auf der internationalen Ebene. Durch diese zunehmende Organisation der Zivilgesellschaft, meist in Form von NGOs, entwickelte sich eine zivilgesellschaftliche Teilhabe in Bereichen, die bislang ausschließlich von staatlicher Seite geregelt wurden[2].

Neben der zunehmenden Einbindung der Zivilgesellschaft auf der nationalen Ebene vieler Staaten hat sich in den letzten Jahrzehnten auch eine Konsultationspraxis im Bereich internationaler Organisationen entwickelt, die aus den heutigen Rechtsgestaltungsprozessen vielfach nicht mehr wegzudenken ist. Dabei greifen Staaten und internationale Organisationen entweder auf das Fachwissen zivilgesellschaftlicher Akteure zurück, oder sie binden sie zur Umsetzung ihrer politischen Ziele direkt oder indirekt in ihre Aufgaben mit ein. Damit wird NGOs eine politische Handlungsfähigkeit eingeräumt, die nicht nur der Verwirklichung der eigenen Weltanschauung dient, sondern auch als indirektes Instrument zur Umsetzung staatlicher Politik genutzt werden kann.

Hieraus ergibt sich eine strategische Bedeutung für NGOs in der internationalen Rechtspraxis, da staatliches Handeln und internationale Organisationen nicht nur eine höhere Transparenz erhalten, sondern staatliche Akteure auf diese Weise auch auf indirekte Weise Einfluss in Bereichen nehmen können, die ihrem Wirkungskreis sonst verschlossen bleiben. Diese Praxis kommt etwa durch die Verleihung von konsultativ- oder Beobachterstati im Rahmen der Vereinten Nationen oder durch die Menschenrechts- und Entwicklungspolitik der EU zum Ausdruck. Auch werden NGOs von den meisten internationalen Gerichten und Instanzen internationaler Organisationen *„amici curiae"*, Freunde des Gerichts, betrachtet. Das erst im Verlauf des letzten Jahrzehnts gestaltete afrikanische Menschenrechtsschutzsystem sieht in diesem Sinn die formell weitestgehende Zusammenarbeit mit NGOs vor. Eine rechtliche Untersuchung dieser vergleichsweise jungen völkerrechtlichen Akteure sowie eine Analyse ihrer Funktion und völkerrechtlichen Einflussmöglichkeiten ist Gegenstand der folgenden Untersuchung.

Die Rolle, die nichtstaatliche oder zivilgesellschaftliche Akteure in diesem Zusammenhang spielen, kann je nach Art der Organisation und ihrer Einbindung in die internationale Rechtspraxis variieren. Jedenfalls ergeben sich aber aus der zunehmenden Einbindung von NGOs und ihrem ständig steigenden Aktionspotenzi-

---

[2] Bianchi, Globalisation of Human Rights: The Role of Non-state Actors, p. 179f.

al Ansatzpunkte dafür, dass auf der internationalen Ebene weitere Akteure neben den klassischen Völkerrechtssubjekten, Staaten und internationalen staatlichen Organisationen, Bedeutung erlangen.

Vor dem Hintergrund des Globalisierungsprozesses drängt sich angesichts der großen regionalen Unterschiede in Bezug auf die menschenrechtliche Situation und des relativen Charakters internationaler Rechtsgrundsätze die Vermutung auf, dass die Globalisierung nicht in allen Bereichen so rapide fortschreitet, wie dies etwa bei der bereits weit fortgeschrittenen Vereinheitlichung internationaler Wirtschaftsstandards der Fall ist.

Gemeinsam ist den einzelnen von der Globalisierung erfassten Bereichen jedenfalls, dass sie auf der Grundlage internationaler Rechtsvorstelllungen beruhen. Dabei stellt das Völkerrecht eine Wertordnung zur Verfügung, die in ihren Grundzügen der staatlichen Disposition entzogen ist[3]. Der Globalisierungsprozess stößt bei den bestehenden rechtlichen Strukturen, etwa bei staatlichen Souveränitätsrechten, auf Grenzen. Dennoch lässt sich ein Fortschreiten des Globalisierungsprozesses unter Durchbrechung einiger traditioneller völkerrechtlicher Strukturen erkennen[4].

Ein Hauptgrund für die unterschiedlichen Geschwindigkeiten in den einzelnen Teilbereichen der Globalisierung und bei der völkerrechtlichen Verankerung des Menschenrechtsschutzes in den einzelnen Regionen waren die ideologischen und politischen Differenzen zwischen Ost und West, sowie - seit der Entkolonialisierung - zwischen der alten Welt und den neu entstandenen Staaten. Diese Differenzen zeigen sich nicht nur an einem unterschiedlichen Verständnis von Natur, Funktion und Inhalt der Menschenrechte sondern auch an der thematischen Schwerpunktsetzung.

So liegen die Schwerpunkte der westlichen Demokratien heute bei den bürgerlichen und politischen Rechten als Abwehrrechte gegen den Staat, während im sozialistischen Rechtskreis die Bedeutung der wirtschaftlichen und sozialen Rechte als Gewährleistungsrechte durch den Staat hervorgehoben wurde. Für die Entwicklungsländer standen als Folge des Kolonialismus die Bekämpfung rassischer Diskriminierung sowie die Unverletzlichkeit ihrer kulturellen Integrität und territorialen Grenzen im Vordergrund. Auch die zunehmende Beteiligung von NGOs an diesen Debatten und der Arbeit internationaler Organisationen hat diese regionale Schwerpunktsetzung nicht wesentlich verändern können, zumal die von Menschenrechtsorganisationen kritisierten Staaten diesen oft vorwerfen, sich politisch instrumentalisieren zu lassen oder selbst politische Ziele zu verfolgen[5]. Im Gang dieser Untersuchung wird daher die Frage aufgeworfen, ob und inwieweit

[3] Doehring, Völkerrecht, Rz 40.
[4] Nowak, Menschenrechte & Neoliberalismus, S. 8.
[5] Rudolf, Die thematischen Berichterstatter und Arbeitsgruppen der UN-Menschenrechtskommission, S. 2.

dieser kulturelle Relativismus der Menschenrechte die Handlungsweise von NGOs in den einzelnen Kulturkreisen beeinflusst, und ob die organisierte Zivilgesellschaft zu einer Vereinheitlichung des Menschenrechtverständnisses beiträgt.

Hieran zeigt sich, dass sich nicht nur das nicht nur aus der steigenden Bedeutung internationaler Organisationen wie etwa den Vereinten Nationen, sondern auch aus dem zunehmenden Einfluss der Zivilgesellschaft erste Ansatzpunkte für das Verschwimmen der traditionellen Grenzen des staatlichen Einflussbereiches bilden. Das moderne Völkerrecht geht von einer universellen Geltung politischer Teilhaberechte und damit zumindest ansatzweise von einer zunehmenden Demokratisierung der internationalen politischen Prozesse aus. Dadurch entstehen zahlreiche neue Faktoren, die Einfluss auf die nach wie vor hauptsächlich durch die klassischen Völkerrechtssubjekte geprägte Ebene des internationalen Rechts nehmen. Der institutionalisierte Ausdruck dieser sozialen Strömungen sind NGOs.

NGOs werden nicht wie internationale staatliche Organisationen durch völkerrechtliche Verträge zwischen Staaten gegründet, sondern sie gründen sich als zivilgesellschaftliche Vereine nach nationalem Recht. Daher stellt sich in der Untersuchung weiters die Frage nach ihrer völkerrechtlichen Handlungsfähigkeit. Anknüpfungspunkte für eine mögliche Völkerrechtssubjektivität ergeben sich aus ihrer faktischen Handlungsfähigkeit sowie aus der allgemeinen Anerkennung des universellen Charakters politischer Teilhaberechte. Dabei liegt der Gedanke nahe, dass eine Völkerrechtsordnung, die eine Assoziationsfreiheit für Gruppierungen auf der nationalen Ebene bejaht, auch die Existenz internationaler Gruppierungen duldet. Dadurch wird NGOs die politische Handlungsfähigkeit eingeräumt, die sie nicht nur zur Verwirklichung ihrer eigenen Überzeugung, sondern in der Folge auch zur indirekten Umsetzung staatspolitischer Ziele nutzen.

Anhaltspunkte für eine mögliche Entwicklung von NGOs zu anerkannten internationalen Akteuren sind ihre zunehmende faktische Bedeutung, ihre schnell ansteigende Zahl, die ständige Erweiterung ihrer Wirkungsbereiche sowie ihre zunehmende Einflussnahme auf das internationale Rechtsgeschehen. Diese Faktoren deuten darauf hin, dass sich durch die fortschreitende Entwicklung der NGOs eine neue Komponente im internationalen Menschenrechtsschutz entwickelt.

Staatliche Politik ist durch ihre ständige Abwägung unterschiedlicher Interessen oft geneigt, ihren Einsatz für internationale Grundsätze, wie etwa die Menschenrechte, aus ökonomischen und strategischen Gesichtspunkten hintanzustellen. Hieraus resultiert auch der relative Charakter der Völkerrechtsordnung, deren Durchsetzbarkeit häufig mehr eine Frage der politischen Machbarkeit als der materiellen Rechtslage ist. Aus diesem Grund kommt NGOs eine wichtige Rolle in der internationalen Menschenrechtsarbeit zu[6]. Diese wird sowohl bei der Doku-

[6] Neuhold, Hummer, Schreuer, Österreichisches Handbuch des Völkerrechts, Rz 1179ff.

mentation und Untersuchung von Menschenrechtsverletzungen als auch in den Bereichen der Öffentlichkeitsarbeit und Informationsfindung wahrgenommen.

NGOs brauchen wegen ihrer nichthoheitlichen Organisationsstruktur und ihrer strittigen Völkerrechtssubjektivität nur geringe Rücksichten auf zwischenstaatliche oder politische Interessen zu nehmen. Dadurch haben sie den Vorteil, sich auch dort global organisieren zu können, wo eine Zusammenarbeit auf der zwischenstaatlichen Ebene nicht möglich ist. In vielen Nationen, vorwiegend Entwicklungsländern, wird staatlicher Menschenrechtsschutz aufgrund der wirtschaftlichen oder politischen Verhältnisse entweder nicht effektiv umgesetzt oder aufgrund politischer Motive vernachlässigt oder behindert. Dies zeichnet sich gegenwärtig beispielsweise vor dem Hintergrund eingeschränkter Assoziationsfreiheit im Iran oder der neuen russischen NGO-Gesetzgebung ab. Auch unter schlechten Bedingungen können NGOs aber oftmals noch zur Verbesserung des Menschenrechtsschutzes beitragen[7]. Viele der größeren NGOs sind in Staaten mit günstiger Gesetzgebung organisiert und agieren von dort aus international. Sie können daher von staatlicher Seite in ihren Einsatzgebieten weniger Einschränkungen erfahren, als Organisationen die im jeweiligen nationalen Recht beheimatet sind. Außerdem sind solche NGOs vielfach in die Strukturen und die Arbeit internationaler Organisationen eingebunden, woraus sich häufig auch ein gewisses Maß an internationaler Handlungsfähigkeit ergibt.

Vor allem seit dem Ende des Ost-West Konfliktes haben sich dadurch für NGOs zahlreiche neue Möglichkeiten aufgetan[8]. Diese Möglichkeiten wurden auch von internationalen Organisationen wie etwa den Vereinten Nationen erkannt. Dies führte dazu, dass NGOs in den letzten Jahrzehnten verstärkt in die Arbeit internationaler Organisationen integriert wurden[9].

Dabei ist die völkerrechtliche Position einer NGO keinesfalls so einfach zu erklären, wie es auf den ersten Blick erscheinen mag. Viele NGOs befinden sich in einen Zwiespalt. Dieser erlaubt auf der einen Seite machtvolle Positionen, die sich oft zum Teil auch auf staatliche Einflussnahme gründen. Dadurch kann die völkerrechtliche Handlungsfähigkeit der Organisationen auch ein gewisses Maß an staatlicher Legitimation erhalten. Dies geht jedoch oft nur zu Lasten der Unabhängigkeit einer NGO, was dann zur Folge hat, dass sie in ihrer Handlungsfreiheit eingeschränkt wird. Auf der anderen Seite können NGOs sich auch oft Handlungsfreiheit und Unabhängigkeit bewahren, wodurch sie dann zwar staatliche Legitimation und möglicherweise Bedeutung auf der internationalen Ebene verlieren, aber ihren moralischen und idealistischen Anspruch behalten und oft auch ihren Aktionsradius vergrößern können[10].

---

[7] Fowler, The Role of NGOs in Changing State-Society Relations, p. 56ff.
[8] Thakur, Human Rights – Amnesty International and the United Nations, p. 150f.
[9] Neuhold, Hummer, Schreuer, Österreichisches Handbuch des Völkerrechts, Rz 1147, 1179ff.
[10] Fowler, The Role of NGOs in Changing State-Society Relations, p. 69f.

Menschenrechtliche NGOs sind heute - wenn auch nicht unter diesem Gattungsnamen, sondern unter den konkreten Namen einzelner Organisationen wie etwa *Amnesty International, Human Rights Watch* oder auch *Attac*, ein selbstverständlicher Teil des politischen Tagesgeschehens geworden. Vor dem Hintergrund des Völkerrechts sind NGOs - genau wie der zunehmende Globalisierungsprozess, mit dem ihre Entwicklung zusammenhängt – zwar nichts völlig neues, jedoch findet in diesen Bereichen ein Boom statt, wodurch, vor allem während des letzten Jahrzehnts beide Aspekte eine neue Bedeutung für das Völkerrecht entwickelt haben.
In der folgenden Arbeit werden nach einem rechtsgeschichtlichen Rückblick auf die Entwicklung der Menschenrechte, der Globalisierung und die Geschichte der NGOs die Aktivitäten der sehr unterschiedlichen menschenrechtlichen NGOs in genereller Weise empirisch analysiert und die Art und Bedeutung ihres völkerrechtlichen Status national wie international aufgezeigt. In einem abschließenden dritten Schritt wird vor diesem Hintergrund ihre rechtliche Rolle und politische Bedeutung erfasst und die Frage nach ihrer Bedeutung für das moderne völkerrecht - vor allem im Bereich internationaler Organisationen - und den globalisierten Menschenrechtsschutz beantwortet.

B. Methode der Untersuchung

Die folgende Untersuchung umfasst sowohl eine Analyse der formulierten Annahmen, der einschlägigen Fachliteratur der vorhandenen Rechtsinstrumente als auch eine Auswertung empirischer Daten, mit denen die gefundenen Ergebnisse belegt werden. Die verwendeten Daten stammen dabei aus den Tätigkeitsberichten einzelner NGOs, aus Veröffentlichungen der Vereinten Nationen sowie nationalstaatlichen Quellen, wie etwa aus Veröffentlichungen des österreichischen Außenministeriums oder des deutschen BMZ. Ziel der Arbeit ist es dabei allgemeine, vom konkreten Beispiel einzelner Organisationen und Rechtsinstrumente gelöste Grundsätze des völkerrechtlichen Handelns von NGOs zu erkennen und diese abstrakt zu formulieren.

Einleitend wird zunächst eine Abgrenzung der Menschenrechtsproblematik, die im Völkerrecht eine exponierte Stellung einnimmt, aus dem allgemeinen Globalisierungsprozess vorgenommen. Anschließend wird die völkerrechtliche Position nichtstaatlicher Menschenrechtsorganisationen einer kritischen Betrachtung unterzogen. Diese befindet sich in einen Zwiespalt zwischen zivilgesellschaftlicher Öffentlichkeit und nationaler, beziehungsweise internationaler Politik[11], weshalb sie im ideellen wie kulturellen Bereich auf zahlreiche Hindernisse stößt.

Dabei zeigt sich die besondere Stellung der NGOs. Deren zunehmende Bedeutung für die unterschiedlichen Bereiche des internationalen Rechts lässt sich sowohl an dem immer stärkeren Aufsehen in der einschlägigen Literatur, als auch

[11] Nuscheler, Globalisierung, Gobal Governance und Menschenrechte, S. 170.

anhand der von verschiedenen internationalen Organisationen gesammelten empirischen Daten belegen.

Daher werden vor dem Hintergrund des Globalisierungsprozesses die komplexen Systeme der Interaktionen zwischen staatlichen- und nichtstaatlichen Akteuren auf der internationalen Ebene untersucht, wobei besonderes Augenmerk auf die Beteiligungsmöglichkeiten nichtstaatlicher Akteure an menschenrechtlichen Gestaltungsprozessen gelegt wird. Im Hinblick auf rechtliche Grenzen wird anschließend die unterschiedliche Entwicklung des Globalisierungsprozesses in den einzelnen Bereichen untersucht. Ziel ist es zu erkennen, welche Faktoren ihn beeinflussen und in wieweit er dabei bedingt durch die unterschiedlichen rechtlichen Situationen entweder regional, oder in einzelnen Teilbereichen beeinflusst wird. Dabei wird zunächst nach möglichen Verbindungen zwischen den rechtlichen Teilbereichen gesucht, und ihr Bezug zueinander charakterisiert.

Hierbei wird ein breites Spektrum an Perspektiven und Möglichkeiten deutlich, die NGOs bei ihren Aktivitäten im menschenrechtlichen Globalisierungsprozess nutzen. Der Gang der Untersuchung der rechtlichen Stellung und Perspektiven der NGO-Beteiligung wird im Folgenden dargestellt:

- Historischer Überblick

Die Untersuchung beginnt mit einem historischen Überblick über die Entwicklung des internationalen Menschenrechtsschutzes, wodurch sich ein erster Bezug der Menschenrechtsproblematik zum Globalisierungsprozess erkennen lässt.
Dabei wird davon ausgegangen, dass die Idee der Menschenrechte wurde von einer ständigen Veränderung moralischer Vorstellungen dominiert wird, die in den einzelnen Kulturkreisen und Staatsformen deutliche Unterschiede aufweisen.
Parallel dazu wird der einsetzende Globalisierungsprozess von einer Entwicklung immer größerer Personenverbände geprägt, die durch zunehmende Transaktionen untereinander einen immer größeren rechtlichen Regelungsbedarf aufweisen.

- Abgrenzung der Globalisierung der Menschenrechte

Anhand der dargestellten Entwicklungen lässt sich ein konkretes Modell des Globalisierungsprozesses beziehungsweise des Globalisierungsbegriffes aufstellen. Ein einheitlicher Globalisierungsbegriff kann dabei wegen der unterschiedlichen Handhabung des Völkerrechts in den einzelnen Rechtsbereichen nicht genügen. Unterschieden wird daher einerseits zwischen einer wirtschaftlichen Globalisierung, die großteils auf privatrechtlicher Ebene stattfindet, und nationalstaatliche Rechtsordnungen über transnationale Strukturen weitgehend umgehen kann, und andererseits der menschenrechtlichen Globalisierung, die verstärkt auf der zwischenstaatlichen Ebene stattfindet, und die noch stärker als die wirtschaftliche Globalisierung von den nördlichen Kulturkreisen dominiert wird.

Von der getroffenen Abgrenzung des menschenrechtlichen Globalisierungsprozesses ausgehend, ergibt sich eine Verbindung zur Entwicklung der Menschenrechtsidee und zum universellen Charakter der Menschenrechte. Diese deduktive Betrachtungsweise verdeutlicht vor dem Hintergrund des Globalisierungsprozesses die aktuelle Position der Menschenrechte auf der internationalen Ebene.
Nachdem die Verbindung zwischen Globalisierung und Menschenrechten dargestellt wurde, werden die Mechanismen aufgezeigt, durch die sich die menschenrechtliche Globalisierung vollzieht. Dabei ergibt sich aus dem Zusammenhang zwischen Menschenrechten, Globalisierung und der sich entwickelnden Zivilgesellschaft die Rolle der NGOs.

- Die wachsende Bedeutung der NGOs

Als sich in internationalen Organisationen immer ausgeprägte menschenrechtliche Standards - vor allem im Bereich der politischen Teilhaberechte – durchsetzten, lag der Gedanke nahe, die hauptsächlich im westlichen Kulturkreis auf staatlicher Ebene bereits gewährleistete zivilgesellschaftliche politische Beteiligung auch auf der internationalen Ebene zu etablieren. Dabei wurden etwa im Rahmen der Vereinten Nationen oder der EU verschiedenen Partizipationsmöglichkeiten gestaltet, nach deren Vorbild später auch Beteiligungsmöglichkeiten an anderen internationalen Institutionen, wie etwa internationalen Gerichten geschaffen wurden.

Seither treten im menschenrechtlichen Globalisierungsprozess zivilgesellschaftliche Akteure immer häufiger und in immer mehr Funktionen auf. Daher wird ein Überblick sowohl über die rechtliche Position von NGOs, als auch über zivilgesellschaftliche Einflussnahmemöglichkeiten in den internationalen Beziehungen gegeben, sowie deren Bedeutung für den internationalen Menschenrechtsschutz dargestellt. Der zunehmende Einfluss von NGOs auf der internationalen Ebene kann in diesem Zusammenhang anhand empirischer Daten belegt werden.

Problematischer ist dabei jedoch die völkerrechtliche Handlungsfähigkeit der einzelnen Organisationen an sich. Aus der Darstellung der völkerrechtlichen Situation der NGOs und ihrer tatsächlichen Handlungsmöglichkeiten wird in der Folge eine genauere juristische Qualifikation ihrer völkerrechtlichen Handlungsfähigkeit abgeleitet.

- Zivilgesellschaftliche Einflussnahme auf die internationale Rechtspraxis

Nachdem zuvor der Begriff der NGOs definiert und deren wachsende Bedeutung aufgezeigt wurde, werden als nächstes die Handlungsfähigkeit und die daraus resultierenden Arbeitsmöglichkeiten von NGOs betrachtet. Dabei bilden sich verschiedene Wirkungsweisen der NGOs in der internationalen Rechtspraxis heraus.

Zum einen können NGOs in indirekter Weise über die Arbeit internationaler Organisationen wirken. Dies geschieht etwa durch die Verleihung eines Beobachter- oder Konsultativstatus bei einigen Organen der Vereinten Nationen oder der

Europäischen Gemeinschaft. Zum anderen gibt es auf der internationalen Ebene bereits einige Institutionen, die NGOs nutzen können, um eigenständig Einfluss auf die internationale Menschenrechtspraxis auszuüben. Zusätzlich lässt sich auch eine immer häufigere direkte Einbindung von NGOs in internationale Vertragskörper - vor allem im Bereich der Entwicklungszusammenarbeit - erkennen.

Jedenfalls ergibt sich durch die zunehmende Einbindung zivilgesellschaftlicher Akteure auch eine neue Perspektive für die Demokratisierung der internationalen Politik, da durch ihre Einbindung bislang unterrepräsentierte Interessen auf der internationalen Ebene stärker vertreten werden können.

Nachdem die dynamische Entwicklung der NGO-Beteiligung während der letzten Jahrzehnte dargestellt wurde bietet sich die Möglichkeit, Rückschlüsse auf faktische und potenzielle Möglichkeiten zu ziehen, sowie gegebenenfalls Grenzen und Probleme einer zivilgesellschaftlichen Beteiligung am internationalen Menschenrechtsschutz darzustellen.

- Perspektiven des internationalen Menschenrechtsschutzes in einer globalisierten Welt

Abschließend werden die einzelnen operativen Arbeitsmöglichkeiten von NGOs analysiert. Es werden sowohl die bestehenden rechtlichen Möglichkeiten für die internationale Arbeit von NGOs dargestellt, als auch anhand der Kritik in der einschlägigen Literatur Grenzen des nichtstaatlichen Menschenrechtsschutzes aufgezeigt. Dabei werden Ansätze für die Integration einer Zivilgesellschaft in das bestehende internationale System untersucht, die sich aus dem Globalisierungsprozess und der damit einhergehenden Entwicklung von NGOs ergeben. Dabei stellt sich die Frage, ob die Dynamik der zivilgesellschaftlichen Akteure mit Hilfe des Globalisierungsprozesses zu einer Demokratisierung der Weltpolitik, und damit zu einer Verbesserung der menschenrechtlichen Situation beitragen kann.

In der folgenden Untersuchung wird zunächst die Tätigkeit nationaler wie internationaler NGOs in allgemeiner Weise völkerrechtlich erfasst und eingeordnet, wobei die Frage nach ihrer völkerrechtlichen Stellung und ihren tatsächlichen Möglichkeiten im Mittelpunkt steht. Zum anderen wird über dieses reine Erkenntnisinteresse hinaus die Absicht verfolgt festzustellen, ob und in welcher Weise nichtstaatliche Akteure im Rahmen internationaler Rechtssetzungsprozesse Menschenrechte schützen oder zumindest konkretisieren und gegebenenfalls weiterentwickeln können. In der Folge kann dann festgestellt werden, inwieweit sich durch den Einfluss nichtstaatlicher Akteure Auswirkungen für den globalisierten Menschenrechtsschutz ergeben.

Teil I.: Universeller Menschenrechtsschutz in einer globalisierten Welt

A. Die Entwicklung des universellen Menschenrechtsschutzes

I. Ansätze der Menschenrechte im klassischen Völkerrecht

1. Die Zeit des Absolutismus und die Souveränitätslehre

Der klassische Aufbau des internationalen Rechts basiert auf dem völkerrechtlichen Grundsatz von der Souveränität der Staaten aus der Zeit des Absolutismus. Der politische Gedanke der Souveränität erlaubte es den Staaten, innerhalb ihrer territorialen Grenzen nach eigenen Vorstellungen frei zu handeln[12]. Das Individuum als Rechtssubjekt war völkerrechtlich nur indirekt und insoweit von Bedeutung, als eine ganze Volksgruppe Träger von Rechten sein konnte[13]. Wenn Einzelpersonen rechtlich in Erscheinung traten, dann nur insoweit als sie Staaten in Organfunktion mediatisierten. Die Rechte von Individuen wurden fast ausschließlich durch nationalstaatliche Gesetzgebung bestimmt. Der rechtliche Bezug auf das Individuum beschränkte sich auf Regeln für die Behandlung von Bürgern des einen Staates durch die Vertreter eines anderen Staates. Nach dieser Vorstellung nahm der Staat eine ausschließlich positive Rolle gegenüber den Individuen ein, da sein Zweck ausschließlich im Schutz vor Eingriffen anderer Staaten lag[14].

Unter der Annahme einer Gleichheit der souveränen Staaten, die dem Völkerrecht zugrunde liegt, war es nach damaligem Verständnis weder notwendig noch angemessen, allgemeine völkerrechtliche Normen für die Beziehungen zwischen Staaten und Individuen zu formulieren. Auch grenzübergreifende Kontakte zwischen Individuen waren bis weit in das 18. Jahrhundert hinein minimal, und der grenzübergreifende Kontakt zwischen Staaten war meist kriegsrechtlich geprägt. Aus diesen frühen Formen internationaler Beziehungen entstand für das Außenverhältnis der Staaten das Prinzip *„quid pro quo"*, das in Form des Reziprozitätsgrundsatzes bis heute ein zentrales Element internationaler Rechtsvorstellungen darstellt. Aus der Perspektive des Individuums ergibt sich daraus bereits der abstrakte Rückschluss, dass ein Gleichheitsgedanke zumindest soweit

---

[12] Hobe, Der offene Verfassungsstaat zwischen Souveränität und Interdependenz, S. 41ff.

[13] Bianchi, "Globalisation of Human Rights", p.180 at sec.

[14] Bretherton, Allgemeine Menschenrechte – der „menschliche Faktor" in der Weltpolitik?, S. 257.

bestand, als die Völker denen sie angehörten rechtlich gleichwertig betrachtet werden mussten[15].

Diese Vorstellung erstreckte sich zum damaligen Zeitpunkt jedoch nur auf Völker die dem eigenen Kulturkreis angehörten. Die christlichen Rechtssysteme des Mittelalters grenzten Heiden noch aus den rechtlichen Vorstellungen aus. Dies ging soweit, dass etwa die Vorstellung eines *„bellum iustum"*, eines gerechten Krieges, als rechtliche Rechtfertigung des Krieges, an die moralischen Vorstellungen des Christentums gekoppelt wurde[16].

Die Souveränität wird als Rechtsbegriff erstmals 1566 von dem französischen Juristen Jean Bodin verwendet, Souveränität als *„summum imperium"* definiert wird. Er verbindet somit die bloße Position des „Höchsten" im Lehenstaat, *„majestas imperii"* erstmals mit konkreten Herrschaftsbefugnissen *„summa potestas"*. Der Regierungsanspruch des Souveräns wird mit dem Anspruch auf ein Gewaltmonopol verbunden. Dieser Gedanke wird zehn Jahre später in den *„six livres de la république"* aufgenommen, womit die moderne Souveränitätslehre und die erste juristische Staatstheorie Europas begründet werden. Darin war der Souverän mit einer als Generalkompetenz verstandenen Gesetzgebungsbefugnis ausgestattet. In der Völkerrechtslehre des 20. Jahrhunderts wird der Begriff der Souveränität von der Person eines Souveräns losgelöst und auf den Staat als abstraktes Gebilde übertragen[17]. Zusätzlich beinhaltet dieses Souveränitätsverständnis bereits ein abgeschwächtes Einmischungsverbot, da die Souveränität als höchste, ihrerseits nicht mehr abgeleitete und keiner fremden Bindung unterworfene Herrschaftsgewalt verstanden wird. Dennoch ist die souveräne Machtausübung nicht allen Gesetzen enthoben. Der Souverän wird immer noch als naturrechtlichen, moralischen sowie positivrechtlichen Ansprüchen, etwa in Form völkerrechtlicher Verträge, unterworfen betrachtet[18].

Heute besteht weltweite Übereinstimmung darüber, dass auch der souveräne Staat sich nicht einseitig von jeder rechtlichen Bindung lösen kann. Ein souveräner Staat ist insofern frei, als er seinen Willen nicht anderen Staaten unterordnen muss. So ist auch der Grundsatz der souveränen Gleichheit der Mitglieder der Staatengemeinschaft in der UN- Charta verankert[19]. Allerdings bleibt auch der souveräne Staat den Regeln des Völkerrechts unterworfen deren Inhalt er nicht souverän bestimmen also durch eigenen Entschlusses abändern kann[20].

Somit entspricht der Begriff der Souveränität nach modernem Verständnis etwa der Kompetenzkompetenz im innerstaatlichen Recht. Das heißt, innerstaatlich läge die Souveränität bei der Stelle, die dafür zuständig ist, die Zuständig-

---

[15] Cassese, Human Rights in a Changing World, p. 11 at sec.
[16] von Aquin, Über die Herrschaft des Fürsten, S. 12ff.
[17] Erler und Kaufmann, Handwörterbuch zur deutschen Rechtsgeschichte, Bd. 4,. S. 1723.
[18] Höffe, Demokratie im Zeitalter der Globalisierung, S. 377.
[19] Art. 2 SVN.
[20] Bretherton, Allgemeine Menschenrechte – der „menschliche Faktor" in der Weltpolitik?, S. 279.

keitsverteilung im innerstaatlichen Bereich zu ändern, die also im innerstaatlichen Bereich die höchste Gewalt darstellt. In diesem Sinne spricht man von einer territorialen Souveränität. Die Souveränitätsabgabe zu Gunsten der internationalen Ebene hat nach heute überwiegender Auffassung eine Platzierung des Völkerrechts über dem nationalen Recht in einer einheitlichen vertikal abgestuften Rechtsordnung zur Folge[21].

2. Die rechtliche Position des Individuums im klassischen Völkerrecht

Der Einzelne war im Zeitalter des Absolutismus nicht Normadressat des Völkerrechts, und konnte damit völkerrechtlich auch keine subjektiven Rechte erwerben. Ebenso wenig konnte er demnach völkerrechtliche Delikte begehen, da Einzelpersonen im klassischen Völkerrecht nicht auf der völkerrechtlichen Ebene auftauchten[22].

Die Völkerrechtslehre verweigerte nicht nur dem Einzelnen die Position eines Völkerrechtssubjektes, sondern betrachtete ihn sogar als reines Objekt der Völkerrechtsnormen. Wenn ein Individuum überhaupt völkerrechtlich in Erscheinung trat, wurde es durch den Staat mediatisiert. Handelte es als Organ eines Staates völkerrechtswidrig, so wurde seine Handlung dementsprechend auch dem Staat zugerechnet[23].

Dennoch entstand durch die Gleichbehandlung souveräner Staaten untereinander auch für fremde Staatsangehörige ein rechtlicher Mindeststandard. Belange von Individuen konnten allerdings nur dann rechtliche Beachtung finden, wenn sie im Interesse ihres Staates lagen. Die Stellung eines Individuums war demnach dadurch gekennzeichnet, dass ein Staat bei seinem Einschreiten als Völkerrechtssubjekt zwischen dem Interesse des Individuums und staatlichen Interessen, wie etwa den diplomatischen Beziehungen der betroffenen Staaten untereinander, abwägen musste[24].

3. Neue völkerrechtliche Maßstäbe nach den Erfahrungen des Zweiten Weltkriegs

Der Zweite Weltkrieg hatte eine Missachtung fundamentaler Grundsätze des Völkerrechts auf allen Seiten mit sich gebracht. Die Kriegsjahre stellten somit einen

---

[21] Grassi, Die Rechtsstellung des Individuums im Völkerrecht, S. 45ff.
[22] Zippelius, Allgem. Staatslehre, § 9 I (1).
[23] Guradze, Der Stand der Menschenrechte im Völkerrecht, S.17.
[24] Bianchi, "Globalisation of Human Rights" in: Teubner, "Global Law Without a State" p.181.

Tiefpunkt des Kriegsvölkerrechts und insbesondere des humanitären Völkerrechts dar[25].

Nach derart gravierenden Verstößen gegen grundsätzlich anerkannte Rechtsvorstellungen war es 1945 schwierig, neue völkerrechtliche Grundsätze aufzustellen[26]. Als dann am 26. Juni 1945 die Vereinten Nationen gegründet wurden, sollten mit Hilfe dieser neuen völkerrechtlichen Institution Ideale wie das freie Selbstbestimmungsrecht der Völker, nationale Unabhängigkeit und souveräne Gleichheit der Staaten sowie Menschenrechte bewahrt werden[27].

Damit musste auch die Stellung des Individuums eine neue völkerrechtliche Prägung erhalten. Die sogenannten „Nürnberger Prozesse“ setzten neue Maßstäbe für das internationale Recht. Sie machten den Gedanken an ein Völkerstrafrecht, das auch individuelle Straftäter zur Verantwortung ziehen und Individuen schützen kann, erst möglich[28]. Die dabei entstandenen „Nürnberger Tatbestände“, vor allem „Verbrechen gegen die Menschlichkeit“, spielten in vielen Nachkriegsprozessen eine wichtige Rolle und haben seither Eingang in internationale Rechtsnormen wie etwa das Statut des ICC und in das Strafrecht vieler Staaten gefunden[29].

Hieran verdeutlicht sich die Entwicklung eines positivrechtlich geregelten Systems im internationalen Recht, das moralische Standards des Regierens begründet und darauf abzielt, die Beziehungen zwischen Regierungen und den von ihnen Regierten zu regeln[30]. Schließlich erfolgte mit der ausdrücklichen Erwähnung des einzelnen Menschen im Text der Präambel der Charta der Vereinten Nationen der erste wichtige Schritt zu einer Abkehr von dem bisher das Völkerrecht beherrschenden Dogma, dass keine Individuen, sondern ausschließlich Staaten mögliche Völkerrechtssubjekte seien könnten[31].

Für die Entwicklung der Menschenrechte war dies von großer Bedeutung. Zur Ausführung der Bestimmungen der UN-Charta war schon bei der Gründung eine Kommission für Menschenrechte als Organ des Wirtschafts- und Sozialrats vorgesehen. Die Kommission trat im Januar 1947 erstmals zusammen und wurde mit dem Entwurf einer „International Bill of Rights“ beauftragt. Sie wurde damit vor die Aufgabe gestellt, die Menschenrechte unter den Schutz der Vereinten Natio-

---

[25] Alfredsson, Eide, The Universal Declaration of Human Rights – A Common Standard of Achievement, p. 3, Ashild Somnoy.

[26] Held, Democracy and the Global Order - From the Modern State to Cosmopolitan Governance, p. 83.

[27] Becker, Der Tatbestand des Verbrechens gegen die Menschlichkeit, S. 35.

[28] Bassiouni, in: Das Vermächtnis von Nürnberg - Eine historische Bewertung 50 Jahre danach, S. 115.

[29] Etwa EMRK, Art. 2-14.; Allgem. Erklärung der Menschenrechte, Art. 1-12.; abgedruckt in Sartorius II 19,130.

[30] Bretherton, Allgemeine Menschenrechte – der „menschliche Faktor“ in der Weltpolitik?, S. 256.

[31] Bassiouni, in: Das Vermächtnis von Nürnberg - Eine historische Bewertung 50 Jahre danach, S. 118.

nen zu stellen, sie den neuen politischen Vorstellungen und den Erfahrungen der letzten Jahrzehnte entsprechend zu erweitern, vor nationalbehördlicher Willkür durch den Aufbau einer völkerrechtlichen Verantwortung so weit als möglich zu sichern und ein möglichst breites internationales Bewusstsein für die neuen Menschenrechtsvorstellungen zu verankern[32].

Am 10. Dezember 1948 wurde dann die Allgemeine Erklärung der Menschenrechte, AMRK, von den Vereinten Nationen gegen die Stimmen der kommunistisch regierten Staaten sowie einiger afrikanischer Abgeordneter beschlossen[33]. Dadurch wurden die Menschenrechte erstmals zu einem „allen Völkern gemeinsamen Ideal“ erhoben[34], woraus sich heute ihr internationaler Charakter ableiten lässt. Erstmals wurden damit in einem völkerrechtlichen, von Staaten ausgehenden Dokument Rechte definiert, die dem Menschen nur auf Grund seiner Würde zukommen sollten[35]. Diese Rechte reichten von einem Schutz der menschlichen Person an sich über bürgerliche Freiheitsrechte bis hin zu Verfahrensrechten[36].

Die AMRK hat seither in vielerlei Hinsicht Wirkung gezeigt. Am deutlichsten wird dies auf der normativen Ebene. Während das internationale Recht bis weit ins 20. Jahrhundert hinein ein reines Staatenrecht war in dem einzelne Menschen oder Bevölkerungsgruppen keine Rechtsposition inne hatten, erlangte das Individuum durch die Menschenrechte seine Rechtssubjekt auf der internationalen Ebene[37].

Der erste Schritt in diese Richtung wurde 1948 durch die AMRK auf politisch programmatischer Ebene eingeleitet und erlangte im Verlauf der folgenden Jahrzehnten auch sukzessive rechtsverbindliche Geltung. Höhepunkte waren bei dieser Entwicklung etwa die internationalen Pakte über bürgerliche und politische bzw. über wirtschaftliche, soziale und kulturelle Rechte[38].

Bald wurde jedoch deutlich, dass diese neuen Konzeptionen über Menschenrechte und die sich daraus ergebende Völkerstrafrecht einem ihrer eigentlichen Ziele, nämlich den Schutz der jeweiligen Bevölkerung nicht nur gegen fremde Eingriffe, sondern auch vor ihrem eigenen Staat zu gewährleisten, noch nicht gerecht werden konnten. Deshalb wurde unter den Eindrücken der Nürnberger- und Tokioter Kriegsverbrecherprozesse die Kommission für Menschenrechte am 21. November 1947 damit beauftragt, die Nürnberger Prinzipien zu Kodifizieren, sowie einen

---

32 Grassi, Die Rechtsstellung des Individuums im Völkerrecht, S. 172.
33 Guradze, Der Stand der Menschenrechte im Völkerrecht, S 118ff.
34 Allgemeine Erklärung der Menschenrechte von 1948, Präambel.
35 Allgemeine Erklärung der Menschenrechte von 1948, Art. 1.
36 Allgemeine Erklärung der Menschenrechte von 1948, Art. 2- 27.
37 Bretherton, Allgemeine Menschenrechte – der „menschliche Faktor“ in der Weltpolitik?, S. 259.
38 Alefsen, Menschenrechte im Umbruch, Einleitung, S.1

„*draft code of offences against the peace and security of mankind*“ zu erarbeiten[39]. In Zukunft sollten dann vor einem noch zu schaffenden internationalen Gerichtshof diese Verbrechen gegen das Völkerrecht geahndet werden können[40].

Aus diesen Vorgängen ergab sich auch eine neue Entwicklung in der Bedeutung des internationalen Rechts für den Bereich der Souveränität einzelner Staaten. Was auch immer durch internationales Recht geregelt wurde, konnte ab jetzt nicht mehr länger im ausschließlichen Interesse eines Staates liegen. Bei gravierenden Verstößen gegen internationales Recht, wie etwa gegen die Menschenrechte, ist es seither möglich einzelne Staaten oder auch Individuen international zur Verantwortung zu ziehen[41].

Auch wenn sich eine konkrete Umsetzung dieser Vorstellungen in der Praxis oft schwierig gestalten wird, sollte schon die bloße Existenz der Möglichkeit einen Täter auch international zur Verantwortung ziehen zu können sowohl auf potenzielle Täter abschreckend wirken, als auch nationale Gerichte zur Achtung international garantierter Rechte ermahnen. Eine erste dauerhafte Institution wurde im Juli 1998 durch die Einführung und Anerkennung der Statuten des internationalen Strafgerichtshofs durch die Vereinten Nationen geschaffen[42].

Die Bedeutung der AMRK sowie die der internationalen Gerichte als erste Durchsetzungsinstitution erstreckt sich auch auf nichtstaatliche Organisationen. Da das Individuum völkerrechtlich vom Staat getrennt wird, liegt der Gedanke nahe, dass auch Zusammenschlüsse von Individuen eine solche Rechtsposition erhalten[43].

Durch die Präambel der AMRK wird Privaten und nichtstaatlichen Organisationen eine spezifische Rolle bei der Verwirklichung der Menschenrechte zugeschrieben. Dabei wird betont, dass sie verkündet worden sei, „damit jeder Einzelne und alle Organe der Gesellschaft sich diese Erklärung ständig gegenwärtig halten“ und zu ihrer „Anerkennung und Verwirklichung“ beitragen. Durch diese Anerkennung Privater im internationalen Menschenrechtsschutz ergibt sich für nichtstaatliche Organisationen die Basis, auf Menschenrechtsverletzungen durch Staaten zu reagieren. NGOs können sich bei ihrer Menschenrechtsarbeit auf ein gefestigtes juristisches Fundament berufen, das durch spätere Folgekonventionen, wie etwa die Folter- oder die Kinderschutzkonvention noch weiter ausgebaut wurde[44]. Auf diese Weise entstand im Umfeld der Vereinten Nationen eine institutionalisierte Kooperation im Bereich der Menschenrechte. Die Verflechtung des Staates in der internationalen Gemeinschaft wurde dabei solcherart verfestigt, dass sich

[39] Der Auftrag der Bearbeitung erfolgte in der UN- Resolution 177 (II)
[40] Astrid Becker, der Tatbestand des Verbrechens gegen die Menschlichkeit, S. 41.
[41] Andrea Bianchi, “Globalisation of Human Rights“, p.181 at sec.
[42] Lee, The International Criminal Court - The Making of the Rome Statute, p. 5 at sec.
[43] Bretherton, Allgemeine Menschenrechte – der „menschliche Faktor“ in der Weltpolitik?, S. 279.
[44] Kälin, Die allgemeine Erklärung der Menschenrechte: Eine kopernikanische Wende im Völkerrecht, S.15ff.

darin auch einer Abkehr von der Vorstellung der Handlungsallmacht des Einzelnen Staates erkennen lässt[45].

II. Das Verhältnis zwischen Individuum und Staat im modernen Völkerrecht

1. Die rechtliche Position des Individuums

Diese neue theoretische Stellung des Einzelnen sowie das neue Verständnis von Rechtssubjekten vor dem Völkerrecht ziehen bisher nur verhältnismäßig geringe praktische Konsequenzen nach sich. Auch die allgemeine Erklärung der Menschenrechte konnte bei allem Idealismus eines ihrer damals wichtigsten Ziele im Sinne eines durchsetzbaren Menschenrechtsschutzes nicht erreichen. Sie wurde nicht als rechtlich verbindliches Dokument verabschiedet[46].

Die damaligen „Supermächte" USA und UdSSR sowie China setzten sich während der Ausarbeitung der allgemeinen Erklärung der Menschenrechte für eine Gestaltung in Form einer einfachen Deklaration ein, während etwa Großbritannien sowie zahlreiche Entwicklungsländer, allen voran Indien, eine Konvention in Form eines verbindlichen Vertrages befürworteten. Die *„Comission for Human Rights"* entwarf daher bis Dezember 1947 verschiedene mögliche Modelle einer Menschenrechtserklärung[47]. Durchgesetzt hat sich dabei die heutige Fassung, in der die Staaten übereinkamen, die Erklärung als das „von allen Völkern und Nationen zu erreichende gemeinsame Ideal" zu verabschieden, das durch „fortschreitende Maßnahmen im nationalen und internationalen Bereich" zu realisieren sei[48].

Es liegt in der Sache selbst begründet das Staaten in der Regel nur solche rechtstheoretischen Vorstellungen unterstützen, denen sie sich auch selbst zu unterwerfen bereit sind. Trotz der UN-Menschenrechtskonventionen gibt es daher immer noch Staaten, die eine moralische Verpflichtung durch die Allgemeine Erklärung der Menschenrechte nicht anerkennen. Diese Staaten bieten oft nicht einmal die Möglichkeit, international verankerte Rechte vor heimischen Gerichten geltend zu machen. Daher bleibt bis heute die Umsetzung international garantierter Rechte oft eine Frage der politischen Machbarkeit als des materiellen rechtsbestandes[49].

---

[45] Hobe, Der offene Verfassungsstaat, S. 99.

[46] Grassi, Die Rechtsstellung des Individuums im Völkerrecht, S. 179.

[47] Alfredsson, Eide, The Universal Declaration of Human Rights – A Common Standard of Achievement, p. 10, Ashild Somnoy.

[48] Allgemeine Erklärung der Menschenrechte von 1948, Präambel.

[49] Grassi, Die Rechtsstellung des Individuums im Völkerrecht, S. 179.

Diesen einzelnen Standpunkten steht allerdings eine Entwicklung gegenüber, die in der internationalen Praxis langsam den Trend erkennen lässt, das Individuum als legitimes Rechtssubjekt international anzuerkennen[50].

Speziell die UN-Menschenrechtskonvention brachte tief greifende Änderungen für die internationalen Vorstellungen von staatlicher Souveränität und das gesamte Völkerrecht mit sich. Durch sie wurde der Gedanke kodifiziert, dass Individuen nicht nur gegen äußere Einflüsse, sondern nicht zuletzt gegen ihren eigenen Staat rechtlich geschützt werden sollten. Dies bedingt einerseits eine immer stärkere Einschränkung staatlicher Souveränität sowie andererseits eine immer größere Notwendigkeit völkerrechtliche Wertvorstellungen zu institutionalisieren und zu kodifizieren[51].

Die aus individueller Sicht wichtigste Konsequenz aus der Internationalisierung der Menschenrechte ist der Umstand, dass auch Einzelpersonen nun direkt aus dem Völkerrecht berechtigt sind und damit zu relativen Völkerrechtssubjekten werden.

Auf der staatlichen Ebene entwickelten die Regelungen der Allgemeinen Erklärung der Menschenrechte Vorbildcharakter für die Verfassungen vieler Staaten, die nach 1948 entstanden sind. So kann beispielsweise von einem unmittelbaren Einfluss bei der Ausarbeitung des Grundgesetzes der Bundesrepublik Deutschland, das am 23. Mai 1949 in Kraft trat, ausgegangen werden. Darüber hinaus diente die Allgemeine Erklärung der Menschenrechte auch als Vorbild für zahlreiche regionale Konventionen, wie etwa der europäischen „Konvention zum Schutz der Menschenrechte und Grundfreiheiten" von 1950, der „Amerikanischen Konvention über Menschenrechte" von 1969 oder der „Afrikanischen Charta der Menschenrechte und Rechte der Völker" von 1981[52].

Durch diese Neuerungen wird die traditionelle Völkerrechtstheorie überwunden, die das Völkerrecht begrifflich auf die Rechtsstellung der Staaten und der von ihnen begründeten internationalen Organisationen begrenzte. Dieser Denkansatz verhinderte lange, dass eine generelle Anerkennung der Menschenrechte im Völkerrecht überhaupt in Frage kommen konnte[53].

---

[50] Held, Democracy and the Global Order - From the Modern State to Cosmopolitan Governance, p. 121 at sec.

[51] Bassiouni, Crimes against Humaninty in International Criminal Law, S. 245.

[52] Thomsen, Rechtliche Grundlagen eines wirksamen Menschenrechtsschutzes, S.19.

[53] Kälin, Die allgemeine Erklärung der Menschenrechte: Eine kopernikanische Wende im Völkerrecht, S.11.

2. Die völkerrechtliche Position des Staates

Diese neue Stellung des Individuums vor dem Völkerrecht bringt auch eine neue Stellung des Staates mit sich[54]. In Art. 2 Z. 1 SVN ist der Grundsatz der souveränen Gleichheit der Staaten verankert. Aus diesem Grundsatz wird auch das in Art. 2 Z. 7 SVN enthaltende Prinzip der Nichteinmischung abgeleitet. Dieser Grundsatz besagt, dass ein Staat auf dem Territorium eines anderen Staates keine eigene Staatsgewalt ausüben darf[55].

Seine erste Einschränkung erfährt der Grundsatz der Nichteinmischung durch Art. 2 Z. 4 SVN. Darin beansprucht die Gemeinschaft für sich das Recht, bei unerlaubter zwischenstaatlicher Aggression zu intervenieren. In der erweiterten Stellung des Individuums vor dem Völkerrecht sieht die Staatengemeinschaft nun die Verpflichtung, nicht mehr nur bei Verletzung der Rechtsposition von Staaten sondern auch bei groben Menschenrechtsverletzungen einzuschreiten. Hierdurch wird das herkömmliche Modell geschlossener Hoheitssysteme durch ein System der politischen Wechselwirkungen unter internationaler Kooperation abgelöst, das sich auch über die Hoheitsrechte also die Souveränität der Einzelnen Staaten stellt[56].

Anders als noch vor einigen Jahrzehnten bilden die Menschenrechte heute einen zentralen Bestandteil internationaler Rechtsvorstellungen. Über ihren Vertragscharakter hinaus haben viele in Menschenrechtskonventionen enthaltene Vorstellungen gewohnheitsrechtlichen Status erlangt[57]. Darüber hinaus stellen sie ein Element in der internationalen Politik dar, das heute nicht mehr wegzudenken ist. So wurde die Doktrin von der Souveränität der Staaten, die einen Grundpfeiler der internationalen Ordnung darstellt zwar nicht abgeschafft, aber doch entscheidend relativiert. Die Menschenrechte sind nicht mehr Sache des souveränen Staatswillens, sondern sie bilden als Anliegen der gesamten Völkergemeinschaft eine Grenze einzelstaatlicher Souveränität[58].

Hieraus ergibt sich eine direkte Berechtigung und Verpflichtung des Einzelnen gegenüber dem Völkerrecht. Daneben herrscht allerdings weiterhin das Prinzip der Mediatisierung durch den Staat[59].

---

[54] Hobe, Der offene Verfassungsstaat zwischen Souveränität und Interdependenz, S. 230.
[55] Grassi, Die Rechtsstellung des Individuums im Völkerrecht, S. 77ff.
[56] Zippelius, Allgem. Staatslehre, §10 II (1).
[57] Alfredsson, Eide, The Universal Declaration of Human Rights – A Common Standard of Achievement, p. XXX at sec., Introduction.
[58] Alefsen, Menschenrechte im Umbruch, S.1
[59] Ipsen, Völkerrecht, S. 75ff.

3. Dualismus der Souveränität

Menschenrechte bilden in der modernen Völkerrechtslehre eine Verbindung zwischen den Einzelpersonen und einem internationalen Ordnungsrahmen. Daraus ergibt sich ein Widerspruch des modernen Völkerrechts mit dem klassischen Gedanken der Souveränität, voraus neue Anforderungen an den Souveränitätsbegriff entstehen[60].

Durch den globalen Ordnungsrahmen gewinnen völkerrechtliche Bindungen zunehmend an Effektivität, um sich gegen widersprechendes Recht einzelner Staaten durchzusetzen. Völkerrechtswidrige Normen sollen langfristig durch dieses System die Möglichkeit verlieren, dauerhaft umgesetzt werden zu können[61]. Durch die Übertragung eines Teils der legitimen Staatsgewalt auf die internationale Ebene gerät also die Souveränität in einem Dualismus zwischen nationalem Recht und Völkerrecht. Hierdurch wird eine effektive, homogene, überstaatliche Rechtsordnung gestaltet[62]. Als Konsequenz hieraus ergibt sich, dass der Staat Schutzpflichten gegen die Individuen hat. Diese Pflichten gehen soweit, dass heute die wichtigste staatliche Funktion in der Gewährung dieser Schutzpflichten liegt, deren Wegfall sogar den Verlust der Staatslegitimation bedeuten kann[63]. Dabei kommt der Staat seiner Schutzfunktion in Form der Gestaltung positiver Rechtsvorschriften nach. Im Falle eines Wegfalls der staatlichen Schutzfunktion verliert ein Staat, beziehungsweise seine staatsbildenden Organe, neben der Legitimation gegenüber den Individuen auch die Anerkennung auf der internationalen Ebene[64].

Für die Individuen ergibt sich daraus ein doppelter Anspruch. Er besteht zunächst gegenüber dem Staat auf Achtung der völkerrechtlich gewährleisteten Rechte. Darüber hinaus besteht aber auch noch ein Anspruch gegenüber der Staatengemeinschaft auf Ausübung einer Kontroll- und Ordnungsfunktion über den eigenen Staat[65].

Hierauf stützt sich einer der Kernpunkte des Wesens des internationalen Menschenrechtsschutzes, wonach dem einzelnen Menschen durch das Völkerrecht das Recht eingeräumt ist, vom Staat die Achtung einer gewissen Freiheitssphäre und die Erbringung gewisser Leistungen zu verlangen[66].

---

[60] Bretherton, Allgemeine Menschenrechte – der „menschliche Faktor" in der Weltpolitik?, S. 256.
[61] Bianchi, "Globalisation of Human Rights" in: Teubner, "Global Law Without a State" p.182f.
[62] Zippelius, Allgem. Staatslehre, §10 II (2).
[63] Schilling, Die staatliche Pflicht zum Schutz von Grundrechten und Menschenwürde, S. 453.
[64] Kelsen, Reine Rechtslehre, S. 289ff, 314.
[65] Grassi, Die Rechtsstellung des Individuums im Völkerrecht, S. 354ff.
[66] Friesenhahn, Menschenrechte, in: Strupp- Schlochauer, Wörterbuch des Völkerrechts, Bd. II, 503.

Die Relativierung staatlicher Souveränität machte es möglich, dass die Menschenrechte zu einem wichtigen Element internationaler Beziehungen wurden. Menschenrechte sind heute mehr als subjektive Rechte, die Individuen gegenüber ihren Staaten zustehen. Sie dienen dem Schutz fundamentaler Interessen der Staatengemeinschaft und beeinflussen damit die Ausgestaltung der zwischenstaatlichen Beziehungen.

Das erste Beispiel für eine solche Auswirkung der Menschenrechte auf zwischenstaatliche Beziehungen findet sich in Europa nach dem Zweiten Weltkrieg. Mit der Gründung des Europarates wurde damals das Ziel verfolgt, den Schutz der Menschenrechte sowie Rechtsstaatlichkeit und Demokratie in Europa wiederherzustellen[67]. Seither können nur solche Staaten Mitglieder des Europarates und der Europäischen Union werden, die sich verpflichten die in der EMRK enthaltenen Menschenrechte anzuerkennen und umzusetzen[68].

Aus diesem Grund wurden Griechenland und Spanien erst nach dem Fall ihrer Diktaturen 1981 bzw. 1986 in die europäische Union aufgenommen. Auch an der aktuellen Diskussion über die Aufnahme der Türkei zeigt sich, dass sich an dieser Haltung seither nichts geändert hat. In diesem Zusammenhang steht allerdings nicht nur der Schutz des Individuums im Vordergrund, sondern auch der Gedanke, dass eine wirkliche Integration in die europäische Gemeinschaft nur dann möglich ist, wenn sie auch auf einer Wertegemeinschaft beruht.

Die Statuierung der Menschenrechte bedeutet einen Wandel der traditionellen Strukturen des Völkerrechts, mit dem eine gleichzeitige Implementierung von Normen, die interne staatliche Verhältnisse stabilisieren sollen, einhergeht[69]. Dieser Wandel bedeutet auch eine Änderung des Souveränitätsverständnisses, wodurch es Privaten und nichtstaatlichen Organisationen ermöglicht wird, Menschenrechtsarbeit im weltweiten Rahmen zu leisten[70].

III. Die Entwicklung der ersten NGOs

1. Frühe Erscheinungsformen einer aktiven Zivilgesellschaft

Global agierende, nichtstaatliche Organisationen haben eine lange Tradition. In Europa gab es Kirchen, Orden oder überregional agierende Handelsgesellschaften, wie etwa die Hanse, lange vor der Etablierung der Nationalstaaten. Die Keimzelle

---

[67] Satzung des Europarates vom 5. Mai 1949, Präambel, sowie Art. I lit. b., abgedruckt in Sartorius II, 110.

[68] Satzung des Europarates vom 5. Mai 1949, Art. 3f.

[69] Ditutu, Zur Problematik der Menschenrechtskonzeption im Kontext der gegenwärtigen Architektur des Staates Afrikas – Zwischen Konzeption und Praxis ,S 1.

[70] Kälin, Die allgemeine Erklärung der Menschenrechte: Eine kopernikanische Wende im Völkerrecht, S.17.

der heutigen NGOs findet sich jedoch in den Bürgerbewegungen des frühen 19. Jahrhunderts[71]. Während des gesamten 19. und 20. Jahrhunderts haben transnationale soziale und politische Bewegungen, wie etwa Temperenzler Bewegungen, Frauen- und Friedensbewegungen sowie zivile Initiativen wie das Internationale Rote Kreuz über Ländergrenzen hinweg agiert, und eine „Politik von unten" betrieben die sich häufig in Opposition zu offiziellen staatlichen Politiken befand[72].

Das wohl älteste Beispiel hierfür stellt die Arbeit der Gesellschaft gegen Sklaverei in Großbritannien und ihr Einfluss auf die Abschaffung der Sklaverei in den englischen Kolonien und Nordamerika im 19. Jahrhundert dar[73]. Weitere Beispiele für die Teilhabe privater Gruppen am internationalen Rechtsfindungsprozess sind die Richtlinien der International Labour Organisation für Arbeiter und Arbeitgeber die um die Jahrhundertwende erarbeitet wurden[74], sowie die 1832 gegründete *Aborigines Protection Society, die International Law Association* von 1873 und die 1869 gegründete *Societé de la Législation Comparée*[75].

Ausgelöst durch das dem ende des ersten Weltkrieges und der Russischen Revolution folgende Flüchtlingselend und die durch die folgenden Grenzveränderungen verursachten Migrationsprobleme gründeten sich in den zwanziger Jahren zahlreiche NGOs, die unter Führung des IKRK zur Berufung eines Hohen Kommissars für Flüchtlinge durch den Völkerbund, VB, beitrugen und mir diesem eng zusammenarbeiteten[76]. Satzungsmäßig beschränkte sich der VB allerdings darauf, zur Gründung ordnungsgemäß anerkannter nationaler Rotkreuzorganisationen zu ermutigen. Trotz diesen Beschränkungen und dem Scheitern von Initiativen zur Mandatserweiterung entwickelte sich in der Praxis des VB eine rege Zusammenarbeit mit internationalen NGOs, die mit Rederecht in verschiedenen VB-Ausschüssen oder Konferenzen tätig wurden. Hervorzuheben ist in diesem Zusammenhang etwa die aktive Rolle, die NGOs im Rahmen der durch den VB einberufenen Weltabrüstungskonferenz spielten[77].

In Afrika und Süd-Ost Asien lassen sich die Wurzeln der NGOs bis in die Zeit des anti-kolonialen Widerstandes zurückverfolgen[78]. Die Organisationen traten hier in Form von Agrar- und Handelsvereinigungen der Eingeborenen auf, deren Ziel es

[71] Keppler-Schlesinger, Nichtstaatliche Organisationen (NGOs) und die Vereinten Nationen, S. 254.
[72] Krippendorff, Kritik der Außenpolitik, S. 190.
[73] Bassiouni, Crimes Against Humanity in International Criminal Law, p. 260.
[74] Bianchi, Globalisation of Human Rights, in: Günter Teubner, Global Law Without a State p.186.
[75] Delbrück, Nichtregierungsorganisationen, Geschichte – Bedeutung – Rechtsstatus, S. 6.
[76] Ebd., S. 7.
[77] Ebd., S. 7.
[78] Rechenberg, Non-Governmental Organisations in: Encyclopedia of Public International Law, p.614.

war, rassische Diskriminierung durch Ausschließung von allgemeinen Handelsvereinigungen zu bekämpfen, und auf diese Weise bessere Preise zu erzielen.

Diese Organisationen, wie etwa die afrikanische *„driver's union"* oder die *„cotton, cocoa and coffee assosiation"*, waren die ersten afrikanischen NGOs, die vielerorts die Basis für Unabhängigkeitsbewegungen und eine eigene Identität bildeten. Gemeinsam mit den ersten afrikanischen Zeitungen spielten sie eine wichtige Rolle im Kampf um Menschenrechte und politische Unabhängigkeit auf dem afrikanischen Kontinent[79].

2. Die „British and Foreign Anti-Slavery Society" – Anti Slavery International

Das Wirken der *„British and Foreign Anti Slavery Society"* von der Bekämpfung der Sklaverei im 19. Jahrhundert bis hin zur Einflussnahme auf das menschenrechtliche Vertragsnetzwerk der Vereinten Nationen wird in der Literatur oft als erfolgreiches Beispiel für die Mitgestaltung der internationalen Rechtslage durch NGOs angeführt[80].

„Anti-Slavery International" gilt heute als die älteste Menschenrechtsorganisation der Welt. Schon vor mehr als 200 Jahren entstanden in Großbritannien Gesellschaften gegen die Sklaverei. Die älteste war die 1787 gegründete *„Abolitionist Society"*, die gemeinsam mit lokalen und kleineren Organisationen im Prozess um die Abschaffung der Sklaverei in Großbritannien 1807 und den britischen Kolonien 1833 maßgeblich beteiligt war. In den 46 Jahren zwischen 1887 und 1833 wurde der Sklavenhandel sowie der Besitz und die Haltung von Sklaven in Großbritannien und den kolonialen Besitzungen gesetzlich verboten. Damit war die Debatte um die Sklaverei im England des 19. Jhd. zunächst beendet. Dennoch betrachteten die einzelnen Gesellschaften ihre Ziele nicht als erreicht. Stattdessen suchten sie neue Herausforderungen, die sie vor allem in den Vereinigten Staaten von Amerika fanden. Als organisierter Zusammen-schluss dieser Gesellschaften wurde 1839 die Organisation *"British and Foreign Anti-Slavery Society"*, BFAS, gegründet, deren Ziel die weltweite Abschaffung der Sklaverei war[81].

Auch wenn der Einfluss der BFAS nach der Abschaffung der Sklaverei in England nachließ und die Organisation in den sechziger Jahren des 19. Jhd. dort am Rande der Bedeutungslosigkeit stand, gelang es in den vereinigten Staaten einen so großen Einfluss aufzubauen, dass ihre Forderung nach einem Wahlrecht

---

[79] Oloka-Onyango, Modern-day Missionaries or Misguided Miscreants? NGOs, the Women's Movement and the Promption of Human Rights in Africa, p. 287.

[80] Bianchi, Globalisation of Human Rights: The Role of Non-State Actors, p. 186.

[81] http://www.antislavery.org/homepage/antislavery/history.htm, 27.10.2005.

für Angehörige aller Rassen schließlich im März 1870 als *15. Amendment* in die Verfassung der USA übernommen wurde[82].

Vor dem Hintergrund dieser Entwicklung stellt sich die Frage, wie es im späten 18. Jhd. zu dieser bis dahin beispiellosen Mobilisierung der Zivilgesellschaft gegen die Sklaverei kommen konnte. Eine Ursache war sicher der aufkommende Humanismus, der vor allem das Denken das zunehmend an Einfluss gewinnenden Bürgertums prägte. Ein weiterer Grund kann auch im Einfluss der Kirchen gesehen werden, die sich durch den Missionsgedanken auch immer mehr mit der einheimischen Bevölkerung der Kolonien verbunden fühlten. Der wahrscheinlich wichtigste Faktor, der die Erfolge der Anti-Sklaverei Gesellschaften letztlich ermöglichte, war eine starke politische Unterstützung. Vertreter der Wirtschaft erkannten, dass der Sklavenhandel überwiegend deswegen florierte, weil die Plantagen in den Kolonien auf billige Arbeitskräfte angewiesen waren. Daher entstand mit der Abschaffung der Sklaverei ein neuer Markt für den Absatz landwirtschaftlicher Geräte in den Kolonien. Dies sicherte Arbeitsplätze im Mutterland[83].

An dieser Entwicklung zeigt sich alle typische Erscheinung der Wechselwirkungen zwischen staatlichen und nichtstaatlichen gesellschaftlichen Akteuren. Dabei wirken beide Seiten zwar unterschiedlich motiviert aber dennoch mit gleicher Zielsetzung zusammen. So brachten die aufkommende Humanität und die Industrialisierung grundlegende Änderung der wirtschaftlichen und sozialen Ordnung mit sich, die letztlich zu einer Interessensymbiose zwischen dem staatlichen und dem nichtstaatlichen Gesellschaftsbereich führten, da die Staatsmacht um ihre Legitimation zu erhalten letztlich auf die Zusammenarbeit mit der Zivilgesellschaft angewiesen war[84].

Nachdem die BFAS an der Gestaltung mehrerer internationaler Konventionen, wie etwa der *„Convention on the Abolition of Slavery"* von 1926 oder der *„Supplement Convention on the Abolition of Slavery, the Slave Trade and Institutions and Practices Similar to Slavery"* von 1956 beteiligt war, setzte sich die Organisation 1975 für die Gründung einer Expertengruppe mit dem Ziel alle Formen der Sklaverei zu bekämpfen ein. Das Ergebnis war die Gründung der *„UN-Working Group on Contemporary Forms of Slavery"*[85]. Die BFAS änderte 1990 ihren Namen in *„Anti Slavery International"* und befasst sich heute mit der Bekämpfung moderner Formen der Sklaverei wie etwa Kinderarbeit, Menschenhandel, sexueller Ausbeutung und erzwungenem Heiraten[86].

---

[82] Oldfield, British Anti-Slavery, in:
http://www.bbc.co.uk/history/society_culture/protest_reform/antislavery_05.shtml, vom 3.4.2006.
[83] Oldfield, British Anti-Slavery, in:
http://www.bbc.co.uk/history/society_culture/protest_reform/antislavery_05.shtml, vom 3.4.2006.
[84] Beck, Was ist Globalisierung?, S. 122ff.
[85] http://www.antislavery.org/homepage/antislavery/history.htm, 27.10.2005.
[86] Comeau, Slavery Working Group Calls for all-out against trafficking, p. 38.

3. Das Internationale Komitee vom Roten Kreuz

Eine weitere frühe, jedoch weniger typische NGO ist das Internationale Komitee vom Roten Kreuz, IKRK. Im Unterschied zu den meisten anderen NGOs wird das IKRK bereits seit langem regelmäßig in staatliche Prozesse eingebunden, und in manchen Staaten werden einige seiner Zweigorganisationen sogar mit öffentlichen Aufgaben betraut.

Das IKRK geht auf eine Initiative Henri Dunants zurück. Seine 1859 nach der Schlacht von *Solferino* gewonnenen Eindrücke veranlassten ihn, mit Gleichgesinnten 1863 ein Komitee zur Hilfe für Verwundete zu gründen, das seinen gegenwärtigen Namen 1880 annahm[87]. Das IKRK ist seither nicht nur eine Zentralstelle für Hilfeleistungen in Konflikten und Katastrophen geworden, es überwacht auch die Einhaltung des humanitären Völkerrechts und ergreift die Initiative zu dessen Fortbildung[88].

Das IKRK ist als Verein nach Schweizer nationalem Recht gegründet. Sein oberstes beratendes Organ ist die Internationale Rotkreuz-Konferenz. An ihr nehmen neben den Angehörigen des IKRK Vertreter der Liga der Rotkreuzgesellschaften sowie Delegierte der Mitgliedstaaten der zwischenstaatlichen Rotkreuzabkommen teil. Die ständige Kommission des internationalen Roten Kreuzes aus Vertretern des IKRK, der Liga und der einzelnen nationalen Rotkreuzgesellschaften dient als Verbindungsorgan dieser Stellen. Anerkannte Völkerrechtssubjektivität und damit die völkerrechtlichen Vertretung des roten Kreuzes kommen lediglich dem IKRK zu. Die Einhaltung der Genfer Konventionen und des I. Zusatzprotokolls überwacht eine Internationale Ermittlungskommission als Organ des IKRK[89].

In den Genfer Konventionen von 1949 wird dem IKRK die Möglichkeit der Ausübung von Rechten übertragen, die denen einer Schutzmacht entsprechen. Dabei können die kriegführenden Parteien mit der Wahrnehmung ihrer Interessen bei der Gegenseite einen neutralen Staat oder eine humanitäre Organisation beauftragen[90]. Danach kommt dem IKRK die Funktion eines Staates zu und es erhält damit einen Status, über den sonst grundsätzlich nur Völkerrechtssubjekte verfügen[91]. Das IKRK hat dadurch partielle Völkerrechtspersönlichkeit erhalten, wodurch seine Position bei der Fortbildung des humanitären Völkerrechts gefestigt und zahlreiche Hilfsprojekte erleichtert werden[92].

---

[87] Dunant, Eine Erinnerung an Solferino, S. 27ff.
[88] Huber, Rotes Kreuz – Grundsätze und Probleme, S. 169ff.
[89] Seidl-Hohenveldern, Völkerrecht, Rz 921ff.
[90] Schlögl, Einführung in die genfer Rotkreuz Abkommenvom 12. August 1949, S. 18.
[91] Art. 8-10 I.-III. GK, Art 9-11 IV. GK oder Art. 5 des Zusatzprotokolls von 1977, abgedr. in: Sartorius II, 53ff.
[92] Seidl-Hohenveldern, Völkerrecht, Rz 920.

Die hauptsächlichen Aufgaben des IKRK liegen in der Koordination praktischer Hilfeleistungen für die Opfer von Kriegen, Bürgerkriegen und Naturkatastrophen sowie bei der Kontrolle der Einhaltung und der Fortbildung des humanitären Völkerrechts. Hierzu kann Das IKRK Vorschläge machen und über die Internationale Rotkreuz-Konferenz Empfehlungen an Staaten aussprechen[93].

IV. Durchsetzung und generelle Anerkennung der Menschen-rechte als internationale Wertvorstellungen

1. Die Universalität der Menschenrechte

a) Der Anspruch auf universelle Geltung

Um universellen Status zu erlangen, müssen Rechte für alle Personen jederzeit anwendbar sein. Deshalb können universelle Menschenrechte auch nicht von der Staatsbürgerschaft oder ähnlichen Voraussetzungen abhängig sein. Sie müssen weder erworben werden, noch ist ein Verzicht möglich. Sie stehen allen Menschen allein aufgrund des Menschseins zu und beruhen mehr auf einer moralischen als auf einer politischen Grundlage[94]. Menschenrechte, die dem Einzelnen kraft seines Seins zustehen, sind außerdem vorstaatliche Rechte. Das bedeutet, dass es sich um Rechte handelt die dem Menschen unabhängig von der staatlichen Rechtslage zustehen und die sich die Menschen als Rechtsgenossen gegenseitig gewähren müssen. Der Staat trägt dabei nur eine legitimatorisch sekundäre Verantwortung, die darin liegt, dass sie überpositiven Rechten zur positiven Wirklichkeit verhilft[95].

Dieser universelle Geltungsanspruch ist aber gleichzeitig auch einer der am meisten kritisierten Aspekte der Menschenrechte. Auch wenn das heutige, internationale politische Klima es nicht mehr zulässt Menschenrechte pauschal abzulehnen, werden immer noch Einwände laut, mit denen die Menschenrechte zwar nicht mehr umgangen werden können, die sie aber doch zu relativieren versuchen. Dabei wird meist darauf hingewiesen, dass die Menschenrechte als rein westlich geprägte Wertvorstellungen keine generelle Geltung in allen Kulturen entfalten könnten, sondern mehr Freiraum für kulturspezifische Interpretationen lassen müssten[96].

---

[93] Neuhold, Hummer, Schreuer, Österreichisches Handbuch des Völkerrechts, Rz 1141.

[94] Bretherton, Allgemeine Menschenrechte – der „ menschliche Faktor“ in der Weltpolitik?, S. 262.

[95] Höffe, Demokratie im Zeitalter der Globalisierung, S. 63.

[96] Wolfrum, Die Entwicklung des internationalen Menschenrechtsschutzes – Perspektiven nach der Weltmenschenrechtskonferenz von Wien, in: Europa- Archiv, 48(1993)23, 683.

Weniger gemäßigte Kritiker vertreten sogar die Ansicht, der universelle Geltungsanspruch der Menschenrechte diene als Argument, um die Einmischung in innere Angelegenheiten von Staaten zu rechtfertigen. Zudem repräsentiere er „westlichen Kulturimperialismus", da er darauf ausgerichtet sei, die Werte andere Kulturen hinter den eigenen anzusetzen[97]. Dadurch würde die Wettbewerbsfähigkeit nicht westlich orientierter Staaten geschwächt, und diese gerieten gegenüber dem ohnehin stärkeren Industrienationen noch mehr ins Hintertreffen[98]. Damit wird der Universitätsanspruch von seinen Gegnern als eine Monokultur des Denkens abgelehnt[99].

Vermittlende Positionen weisen darauf hin, dass die in der westlichen Tradition ausformulierten Menschenrechte auch dort erst erkämpft werden mussten und deswegen grundsätzlich universalisierbar seien. Der menschenrechtliche Dialog solle daher nicht als Bedrohung, sondern als Chance für ein liberales Menschenrechtsverständnis aufgefasst werden[100]. Somit steht auf der einen Seite dieser Argumentation die idealistische Anerkennung des universellen Geltungsanspruchs auf der anderen Seite gleichzeitig seine inhaltliche Relativierung, gerechtfertigt durch Kulturpluralismus oder religiöse Traditionen, wobei dies häufig unter Berufung auf die in der Erklärung enthaltenen Menschenpflichten geschieht[101].

Dieser Kritikpunkt weist jedoch zwei Schwachstellen auf. Zum einen wird nicht nur eine unabhängige kulturelle Entfaltung ermöglicht, es wird auch die Tür zum politischen Missbrauch der Menschenrechte geöffnet. Zum anderen wird vergessen, dass einige der heute selbstverständlich gewordenen Menschenrechte auch lange Zeit im Westen vielerorts auf Ablehnung stießen und kein ursprüngliches europäisches oder westliches Kulturgut waren[102]. Dabei wird oft nicht erkannt, dass hinter dem Versuch den unterschiedlichen menschlichen Kulturen einen kleinsten gemeinsamen Nenner zu geben, nicht der Wunsch steht, diese zu vereinheitlichen, sondern der Versuch ein Verständnis für die Garantie und Einhaltung der Menschenrechte aufzubauen[103].

In diesem Sinne erkannte der IGH 1970 in seinem Gutachten zum *Barcelona Traction, Light and Power Company Case,* die Existenz einiger Verpflichtungen an, die nicht nur die Beteiligten selbst betreffen, sondern fundamentale Interessen der gesamten Völkergemeinschaft als Ganzes wiederspiegelten. Als Quelle für

---

[97] Shivji. The Concept of Human Rights in Africa, p. 2 at sec.

[98] Cerna, Universality of Human Rights and Cultural Diversity: Implementation of Human Rights in Different Socio-Cultural Contexts in: Human Rights Quarterly 16 (1994)4, 740.

[99] Dietrich, Menschenrechte und Entwicklung – Plädoyer für eine Unterbrechung der Debatte, in: Journal für Entwicklungspolitik, 10 (1994) 1, S. 59f.

[100] Brock, der Streit um die Menschenrechte – Universalismus, kulturelle Differenz und Interessenpolitik, in: epd- Entwicklungspolitik (1996) 5/6, g.

[101] Bielefeld, Ein „von allen Völkern und Nationen zu erreichendes gemeinsames Ideal" - Der Streit um die Universalität der Menschenrechte, S. 34f.

[102] Thomsen, Rechtliche Grundlagen eines wirksamen Menschenrechtsschutzes, S.21.

[103] Stuby, Universalismus versus Partikularismus – die Menschenrechte der dritten Generation, in: Aus Politik Zeitgeschichte (1998) B46- 47, 35.

diese Verpflichtungen *erga omnes* erkannte der IGH neben der völkerrechtlichen Aggressionshandlung vor allem die grundlegenden Menschenrechte[104].

b) Kultureller Relativismus

Menschenrechte basieren im Kern auf moralischen und nicht auf politischen Werten. Moralische Vorstellungen entspringen den Normen, Überzeugungen, Sitten und Gebräuchen der einzelnen Kulturkreise. Somit sind moralische Werte kulturspezifisch verankert. Da den einzelnen Kulturkreisen auch unterschiedliche moralische Vorstellungen zugrunde liegen, würde die Annahme einer absoluten Universalität menschenrechtlicher Vorstellungen gleichzeitig eine Wertung der Kulturkreise in moralisch richtig oder falsch orientierte beinhalten[105].

Auch wenn die Allgemeine Erklärung der Menschenrechte von 1948 nur den Charakter einer formell unverbindlichen Empfehlung hatte, war absehbar, dass sie zum Ausgangspunkt einer Reihe von Folgekonventionen werden würde, mit denen die Positivierung der Menschenrechte im weltweiten Maßstab im Anfang nahm[106]. Dass die an der Ausarbeitung beteiligten Staaten seit Beginn dieser Entwicklung unterschiedliche menschenrechtliche Vorstellungen vertraten, zeigt sich deutlich an der Tatsache, dass sich bei der Verabschiedung der UN-Deklaration 1948, über die immerhin drei Jahre verhandelt worden war, immer noch acht Staaten der Stimme enthielten. Hierzu zählten die UdSSR und verschiedene kommunistische Staaten sowie Saudi-Arabien und Süd-Afrika. Die Begründung für dieses Stimmverhalten lag darin, dass sowohl die kommunistischen Staaten als auch Saudi-Arabien den Ausrichtungsschwerpunkt der Deklaration nicht an Individualrechten sondern am Gemeinwohl orientieren wollten[107].

Dennoch richten sich die in der allgemeinen Erklärung der Menschenrechte sowie den UN-Folgekonventionen formulierten Vorstellungen inhaltlich an die Menschheit als Ganzes, wobei alle Vertragsstaaten durch die enthaltenen, breit gefächerten Vorstellungen gleichermaßen verpflichtet werden. Dabei finden sich unter den Vertragsstaaten die unterschiedlichsten Staats- und Gesellschaftsmodelle[108]. So waren an der Gestaltung der allgemeinen Erklärung der Menschenrechte sowohl westliche Industrienationen, wie die USA und Großbritannien beteiligt, als auch planwirtschaftlich orientierte sozialistische Staaten, wie etwa China, die UdSSR oder Jugoslawien. Neben den politischen Blockstaaten wirkten aber auch

---

[104] ICJ Reports 1970, S.3ff, ICJ Reports 1996, S. 595.
[105] Bretherton, Allgemeine Menschenrechte – der „menschliche Faktor“ in der Weltpolitik?, S. 264.
[106] Maier, Wie universell sind die Menschenrechte?, S. 38.
[107] Ebd. S. 40.
[108] Cassese, Human Rights in a Changing World, p. 48 at sec.

süd- und südost-asiatische sowie südamerikanische Staaten mit, wie etwa Indien, Chile und Uruguay, von denen einige zu den Entwicklungsländen zählten[109].

Der umstrittene Charakter der Menschenrechte wird durch die „drei Welten- Theorie“ aus der Zeit des kalten Krieges besonders deutlich. Hiernach wurden die bürgerlichen und politischen Rechte in der westlichen Welt am stärksten hervorgehoben. Dagegen wurde eine Akzentuierung der wirtschaftlichen und sozialen Rechte im Bereich der sozialistischen Staaten gesehen und ein Schwerpunkt bei Menschenrechten der dritten Generation - hierzu gehörten etwa Vorstellungen über ein Recht auf Entwicklung oder Solidarität - lag bei den Ländern der Dritten Welt[110]. Diese Einteilung hat seit dem Ende des kalten Krieges zwar an Aktualität verloren, dennoch sind menschenrechtliche Vorstellungen in den einzelnen Kulturkreisen heute nicht weniger unterschiedlich.

Ein Beispiel für die unterschiedliche Ausprägung menschenrechtlicher Vorstellungen stellt das Menschenrechtsverständnis in den lateinamerikanischen Staaten dar. Hält man sich die bereits erwähnte europäische Geltungskonzeption vor Augen, wonach Menschenrechte sich aus der Reflexion der eigenen geschichtlichen Erfahrung entwickeln, dann wird deutlich, dass die rechtlichen Vorstellungen in diesem Kulturkreis auf einem anderen Ausgangspunkt bei der Bewertung materieller Menschenrechte basieren[111].

Die Geschichte der Mehrheit der Bevölkerung der lateinamerikanischen Staaten wurde durch mehrere Jahrhunderte der Unterdrückung und Missachtung ihrer elementarsten Menschenrechte geprägt. Dies hatte vielfach ein völliges Fehlen menschenwürdigen Lebensvoraussetzungen und Bildungsmöglichkeiten zur Folge. Aus diesen Umständen, die bis heute das Menschenrechtsverständnis der meisten lateinamerikanischen Staaten maßgeblich prägen, entstanden die Ansätze für die sogenannte „Befreiungstheologie“, die Menschenrechte in erster Linie als „Rechte der Armen“ interpretiert. Dadurch wird zwar grundsätzlich der Ansatz geteilt, dass es Rechte gibt, die dem Menschen kraft seines Seins zustehen, jedoch kann kein vergleichbarer universeller Geltungsanspruch erhoben werden, wie dies bei einem Menschenrechtsverständnis nach europäischer Konzeption der Fall ist[112].

Auch unter den afrikanischen Staaten gibt es immer wieder Versuche die Universalität der Menschenrechte in Frage zu stellen, wobei Menschenrechte unter kulturellen Gesichtspunkten relativiert werden. Im afrikanischen Bereich geht

---

[109] Alfredsson, Eide, The Universal Declaration of Human Rights – A Common Standard of Achievement, p. 10, Ashild Somnoy.

[110] Thakur, Human Rights – Amnesty International and the United Nations, p. 150 at sec.

[111] Nohlen, Nuscheler, Handbuch der Dritten Welt, Band 3, etwa: Schütt, Sellin, Töpper, Kolumbien - soziale Struktur, Politik und Entwicklungsperspektiven, S. 367ff.

[112] Ritterband, Universeller Menschenrechtsschutz und völkerrechtliches Interventionsverbot, S. 539ff.

die generelle Tendenz allerdings dahin, auf besondere kultureller Begebenheiten und die Geschichte der afrikanischen Staaten hinzuweisen, wobei die Vorstellung einer universellen Geltung der Menschenrechte grundsätzlich anerkannt wird[113].

Hieran zeigt sich, dass die Annahme einer absoluten Universalität über die einzelnen Kulturkreise hinaus äußerst problematisch und nur im Bereich einzelner grundlegender Menschenrechte möglich ist. Die Voraussetzungen für eine wirksame Sicherung der Menschenrechte auf vertraglicher Grundlage sind daher umso besser, je stärker die Vertragsstaaten durch gemeinsame Grundwerte bei der Ausgestaltung des Verhältnisses zwischen Staat und Individuum verbunden sind.

Daher wurde bei der Ausarbeitung der UN-Menschenrechtsdokumente versucht, einzelne Grundwerte so allgemeingültig zu verfassen, dass sich daraus keine Rückschlüsse auf bestimmte, als idealbild zu erkennende wirtschaftliche, religiöse, politische oder gesellschaftlichen Verhältnisse zulassen. Andernfalls wäre immer ein Teil der Vertragsstaaten mit dem Problem konfrontiert gewesen, Vorstellungen vertraglich zu akzeptieren, mit denen die eigene Legitimation in Frage gestellt werden könnte[114].

Diesen Positionen trägt etwa die „Wiener Erklärung“ der Weltkonferenz über Menschenrechte Rechnung, indem die Bedeutung „nationaler und regionaler Besonderheiten und unterschiedlicher historischer, kultureller und religiöser Voraussetzungen“ mit einer Pflicht der Staaten zur Förderung und zum Schutz aller Menschenrechte und Grundfreiheiten verbunden wird[115].

Aus diesem Grund wurden auch die Durchsetzungsmechanismen im Rahmen der Vertragskörper der UN-Menschenrechtskonventionen entsprechend flexibel gestaltet, wobei in einigen Fällen die Ausgestaltung der Konsultations- oder Berichterstattungsmechanismen den Vertragsparteien selbst überlassen bleibt. Angesichts dieser Situation scheint sich die erstrebte Universalität der Menschenrechte in sehr engen Bahnen zu bewegen. Selbst innerhalb der homogensten internationalen Organisationen können noch unterschiedliche Ansichten über zentrale menschenrechtliche Aspekte vorliegen[116].

So vertreten etwa die Europäische Kommission für Menschenrechte und der EuGHMR unterschiedliche Ansichten bei der Beurteilung der Frage, wie ein Ein-

---

113 Benedek, Durchsetzung von Rechten des Menschen und der Völker in Afrika auf regionaler und nationaler Ebene, S. 151.

114 Cassese, Human Rights in a Changing World, p. 49.

115 Art. 5 Wiener Erklärung und Aktionsprogramm, UN Doc A/CONF. 157/23, zitiert nach: Benedek, Durchsetzung von Rechten des Menschen und der Völker in Afrika auf regionaler und nationaler Ebene, S. 151.

116 Cassese, Human Rights in a Changing World, p. 50.

griff in die körperliche Integrität eines Menschen beschaffen sein muss, um den Tatbestand der Folter zu verwirklichen[117].

Demnach kann selbst innerhalb der einzelnen Kulturkreise keinesfalls von einer Uniformität bei der Geltung menschenrechtlicher Standards ausgegangen werden. Um ihrem Anspruch auf Universalität gerecht zu werden, müssen Menschenrechte also einerseits so weitläufig gestaltet sein, dass sie sich an die Menschheit als Ganzes richten können. Andererseits verlangt das menschenrechtliche Selbstverständnis eines universellen Geltungsanspruchs, dass Menschenrechte ausreichend fallbezogen und individuell interpretiert werden können, um die kulturelle Integrität ihrer Adressetaten zu wahren[118].

c) Die Universalität der Menschenwürde

Wenn also aufgrund des regional unterschiedlichen Menschenrechtsverständnisses nicht von einer absolut universellen Geltung der Menschenrechte ausgegangen werden kann, bleibt die Frage bis zu welchem Grad die weltweite Entwicklung des Menschenrechtsschutzes überhaupt Universalität geschaffen hat. Dies führt zu der Frage, ob und in welcher Form die Menschenrechte Eingang in die verschiedenen Kulturkreise gefunden haben. Ein Ansatzpunkt hierfür ergibt sich wiederum aus der Frage, ob durch die Unterzeichnung der allgemeinen Erklärung der Menschenrechte auch in andern Völkern nicht ein neuer Wertmaßstab für das Menschenbild entstehen konnte[119]. Dabei ist zu beachten, dass die Menschenrechte wie alle Rechtssätze auslegungsbedürftig sind und damit vom jeweiligen kulturellen Verständnis abhängen, was die zugrunde liegenden Werte maßgeblich beeinflusst[120].

Die Untersuchung kann sich daher nicht an konkreten materiellen Menschenrechten orientieren, da diese oft nur regionale Geltung besitzen oder in den einzelnen Regionen unterschiedlich interpretiert werden. Die Universalität menschen-rechtlicher Standards kann daher nur eine kleinste gemeinsame Basis erfassen, die etwa im Fall internationaler Differenzen Rückschlüsse auf eine gemeinsame Basis der betroffenen Parteien oder der internationalen Staatengemeinschaft zulässt.

Aus dieser Erkenntnis lässt sich schließen, dass selbst bei den sehr vagen Eingrenzungen, die sich aus der der Universalität menschenrechtlicher Standards ergeben, gemeinsame Basiselemente existieren, die über die jeweiligen gesellschaftlichen, ideologischen oder politischen Gegensätze hinausgehen[121].

---

[117] Etwa Haas, der Fall Daschner - Folter und der Europäische Gerichtshof für Menschenrechte, S. XX; oder EuGHMR 5310/71 vom 18.1.1978, Rz 167.

[118] Mc Dougal, Laswell, Chen, Human Rights and the World Public Order, p. 114.

[119] Higgins, The continuing Universality of the Universal Declaration, p. 17 at sec.

[120] Ritterband, Universeller Menschenrechtsschutz und völkerrechtliches Interventionsverbot, S. 546.

[121] Cassese, Human Rights in a Changing World, p. 63.

Daher ist zunächst auf einen zentralen Grundwert abzustellen, auf dem das gesamte Menschenrechtsverständnis aufbaut. Eine grundlegende Gemeinsamkeit, die den Bedürfnissen aller Menschen und Völker entspricht, stellt jedenfalls die Achtung der Menschenwürde dar[122].

Die Menschenwürde ist nicht nur ein Grundrecht an sich, sie bildet auch das Fundament aller weiteren Grund- und Menschenrechte. Mit ihr ist der soziale Wert- und Achtungsanspruch verbunden, der dem Mensch bereits allein wegen seines Menschseins zusteht[123]. Daher enthält der Begriff der Menschenwürde den unantastbaren Wesensgehalt aller Menschenrechte[124].

Umgekehrt wären die übrigen Menschenrechte ohne die Vorstellung der Menschenwürde, die hier zugrunde liegt, nicht denkbar. So kann es ohne die Vorstellung der Menschenwürde weder Gleichheit noch Freiheit noch sonstige weiterführende Menschenrechte wie etwa eine unparteiische Gesetzesanwendung geben[125]. Damit stellt die Menschenwürde ein über regionale Unterschiede und unterschiedliche Gesetzesinterpretationen reichendes Zentrum menschenrechtlicher Vorstellungen dar. Sie ist die gemeinsame Basis aller Grund- und Menschenrechte und kann als solche jedenfalls universelle Geltung beanspruchen[126].

Ein weiterer, über die bloße Anerkennung der Menschenwürde hinausgehender und weitestgehend als universell geltend anerkannter Grundsatz ist die Erkenntnis, dass die einzelnen materiellen Menschenrechte einer gewissen Hierarchie unterliegen. Zweifellos sind etwa ein Recht auf Leben oder körperliche Unversehrtheit Rechte von zentraler Bedeutung, da sie die menschliche Existenz an sich betreffen. Wirtschaftliche und soziale Rechte oder die sogenannten Menschenrechte der dritten Generation finden dagegen eine wesentlich schmalere Anerkennung[127].

Bei der Beurteilung der Stellung der einzelnen materiellen Menschenrechte in dieser Hierarchie lässt sich wiederum eine Ausrichtung an der Menschenwürde als Leitfaden erkennen. Grundsätzlich kann davon ausgegangen werden, dass die einzelnen materiellen Menschenrechte umso mehr Anerkennung finden, je stärker sich ihr Schutzbereich auf die Menschenwürde an sich erstreckt[128]. Auf diese Weise wirkt die Menschenwürde über ihren Charakter als eigenständiges Recht hinaus als Fixpunkt bei der Entwicklung menschenrechtlicher Standards.

---

[122] Becker, Der Tatbestand des Verbrechens gegen die Menschlichkeit, S. 146ff.
[123] Callies, Ruffert, Kommentar zu EU- Vertrag und EG- Vertrag, Art. 6(2) Rz 93, Thorsten Kingreen.
[124] von der Gröben, Schwarze, Kommentar zum Vertrag über die Europäische Union und zur Gründung der Europäischen Gemeinschaft, Bd. 1, Art. 6, Rz. 26.
[125] Hoffmeister, Gleichheit, in: Wörterbuch der Philosophischen Begriffe, S. 275.
[126] Nowak, Menschenrechte & Neoliberalismus im Zeitalter der Globalisierung, S.5f.
[127] Cassese, Human Rights in a Changing World, p. 64.
[128] Becker, Der Tatbestand des Verbrechens gegen die Menschlichkeit, S. 180ff.

2. Rechtliche Grundlagen des internationalen Menschenrechtsschutzes

a) Allgemeines

Die menschenrechtliche Situation des Individuums ergibt sich aus einer Vielzahl von Normen und internationalen Konventionen. Die grundlegendsten Menschenrechte sind dabei in der Allgemeinen Erklärung der Menschenrechte enthalten, auf die die meisten späteren Folgekonventionen aufbauen. Diese Rechte, die im Folgenden kurz dargestellt werden, ergeben sich nach heutigem Verständnis aus den „fundamentalen Grundsätzen der Humanität“[129]. Dazu gehören Abwehrrechte, Mitbestimmungsrechte sowie wirtschaftliche, soziale und kulturelle Rechte.

Als Grundlage des Menschenrechtsschutzes lassen sich aus den Menschenrechten, wie aus allen Rechten, letztlich auch Pflichten ableiten[130]. Diese Schlussfolgerung geht auch aus der Allgemeinen Erklärung der Menschenrechte hervor, wobei hier von „Grundpflichten“ ausgegangen wird. Demnach ist der Mensch in der Ausübung aller Freiheiten überall dort begrenzt, wo er den Rechten anderer, der öffentlichen Moral und Ordnung oder den Zielen der Vereinten Nationen zuwiderhandelt[131].

b) Die Allgemeine Erklärung der Menschenrechte

Wie bereits dargestellt hat die Allgemeine Erklärung der Menschenrechte vom 10. Dezember 1948 die entscheidenden Impulse für die Entwicklung menschenrechtlicher Standards in der Nachkriegszeit gegeben. Sie konnte zwar als politische Willenserklärung keine direkte allgemeine Verbindlichkeit erreichen, dennoch entwickelten sich die enthaltenen Rechte vielfach zum Gegenstand späterer vertraglicher Gewährleistung [132].

Die ersten 14 Artikel der Allgemeinen Erklärung der Menschenrechte enthalten subjektive Abwehrrechte, mit denen sich der Einzelne gegenüber staatlichen Eingriffen schützen kann. Diese Rechte stellen die elementarsten Grundrechte des Einzelnen dar, weswegen sie auch oft als Menschenrechte der ersten Stufe oder der ersten Generation bezeichnet werden. Ein weiterer Grund für diese Bezeichnung ist, dass ohne den absoluten Mindeststandard, den diese Rechte garantieren, ein weiterer Ausbau der Menschenrechte nicht denkbar wäre. Enthalten sind in diesen Rechten etwa der Gleichheitssatz, ein Sklaverei- und ein Folterverbot sowie verschiedene Justizgrundrechte[133].

---

[129] Thomsen, Rechtliche Grundlagen eines wirksamen Menschenrechtsschutzes, S.22.
[130] Koller, Theorie des Rechts, S.146.
[131] AllgErkMenschenR Art. 29f.
[132] Grassi, Die Rechtsstellung des Individuums im Völkerrecht, S. 185f.
[133] Nowak, UNO-Pakt über bürgerliche und politische Rechte–CCPR Kommentar, Präambel, Rz 3.

Darüber hinaus enthält die Menschenrechtserklärung einige politische Grundrechte, wie Meinungs- und Versammlungsfreiheit sowie ein allgemeines, gleiches Wahlrecht[134]. Hieraus leiteten die Vereinten Nationen in jüngerer Zeit auch die demokratische Legitimation eines Staatssystems als Menschenrecht seiner Angehörigen ab. So forderten die Vereinten Nationen in den letzten Jahren immer wieder die Abhaltung und Beobachtung von Wahlen, wie dies etwa in Angola, Kambodscha oder auch Ex- Jugoslawien geschah. In demokratischen Wahlen wird ein wichtiges Mittel zur Gewährleistung kontrollierter und begrenzter Herrschaft gesehen, wodurch die Möglichkeit eines politischen Wandels nach Ablauf einer begrenzten Zeit erleichtert scheint[135].

Die Art. 22 bis 28 der Erklärung gewährleisten wirtschaftliche, soziale und kulturelle Rechte. Darin enthalten sind ein Anspruch auf soziale Sicherheit, ein Recht auf Arbeit unter angemessenen Bedingungen sowie ein Recht auf Teilhabe des Einzelnen am kulturellen Ganzen der Gemeinschaft. Die in den Artikeln 22 bis 28 der Erklärung festgesetzten Rechte werden auch als „Menschenrechte der zweiten Generation“ bezeichnet. Sie beinhalten die Gewährleistung bestimmter materieller wirtschaftlicher oder sozialer Standards[136].

Die Allgemeine Erklärung der Menschenrechte ist kein internationaler Vertrag, sondern in Form einer Resolution der UN-Generalversammlung verabschiedet worden, womit ihr universeller Geltungsanspruch unterstrichen wird. Daher hat sie rechtlich betrachtet lediglich den Status einer politischen Standpunkterklärung[137].

Dennoch hat sie insofern große Bedeutung erlangt, als sie heute gewohnheitsrechtlich den Rahmen umschreibt, in dem die Organe der Vereinten Nationen sich mit Menschenrechtsfragen innerhalb der Hoheitsgebiete einzelner Staaten befassen dürfen, ohne sich dem Vorwurf auszusetzen, sich in die inneren Angelegenheiten des betreffenden Staates einzumischen. Damit wird durch die Allgemeine Erklärung der Menschenrechte eine Durchbrechung des Interventionsverbotes nach Art. 2 Z. 7 SVN definiert, wodurch sie auch über den Bereich der Vereinten Nationen hinaus an Bedeutung gewonnen hat[138]. So betrachtet hat die UN-Menschenrechtserklärung einen Status erlangt, der in seiner Wertigkeit dem der UN-Charta selbst entspricht, womit sie zu einem faktischen Anhang der UN-Charta wird[139].

Diese Entwicklung warf jedoch neue Probleme auf der internationalen Ebene auf. Vor allem in der Folge des Dekolonialisierungsprozesses traten viele neue Staaten den Vereinten Nationen bei. Diese Staaten waren an der Formulierung der

---

[134] AllgErkMenschenR Art. 18- 21.
[135] Thomsen, Rechtliche Grundlagen eines wirksamen Menschenrechtsschutzes, S.23f.
[136] Seidl-Hohenveldern, Völkerrecht, Rz 1584ff.
[137] Alfredsson, Asbjorn, The Universal Declaration on Human Rights, p. 10, Ashild Somnoy.
[138] Ritterband, Universeller Menschenrechtsschutz und völkerrechtliches Interventionsverbot, S. 387f.
[139] Bretherton, Allgemeine Menschenrechte – der „menschliche Faktor“ in der Weltpolitik?, S. 259.

Allgemeinen Menschenrechtserklärung nicht beteiligt gewesen und stellten folglich ihre Allgemein-gültigkeit in Frage[140]. Hinzu kam dabei, dass vor allem die bürgerlichen und politischen Rechte stark von den Vorstellungen der ehemaligen Kolonialmächte geprägt schienen, was in den Augen vieler ehemaliger Kolonialstaaten den Anschein einer liberal-kapitalistischen Zielsetzung hervorrief[141]. Die Bedürfnisse dieser Länder waren eher an sozialen, wirtschaftlichen und kulturellen Rechten orientiert . Hierdurch wurde in den sechziger Jahren die Dominanz des Westens innerhalb der Vereinten Nationen abgeschwächt und auch die menschenrechtliche Ausrichtung erhielt einen neuen Schwerpunkt[142].

c) Die UN-Menschenrechtspakte

Völkerrechtlich verbindlich sind die in der Allgemeinen Erklärung der Menschenrechte enthaltenen Rechte erst durch zwei weitere Konventionen, dem internationalen „Pakt über bürgerliche und politische Rechte" und dem internationalen „Pakt über wirtschaftliche soziale und kulturelle Rechte", kurz „Zivilpakt" und „Sozialpakt", geworden. Beide wurden 1966 von der Generalversammlung der Vereinten Nationen verabschiedet. Obwohl für das Inkrafttreten der Konventionen nur 35 Ratifikationen vorausgesetzt wurden, konnte diese Zahl erst 1976 erreicht werden[143]. Die Fortschritte gegenüber der allgemeinen UN- Menschenrechtserklärung liegen in ihrer eindeutigen Verbindlichkeit als Vertrag sowie den gewährleisteten verfahrensrechtlichen Garantien. Beide Konventionen sind bis heute von über 140 Staaten ratifiziert worden[144].

Durch die Anerkennung dieser Konventionen legen sich die Mitgliedstaaten die Verpflichtung auf, die Menschenrechte innerhalb ihres Staatsverbandes umzusetzen[145]. Da die Menschenrechte als Rechte mit internationalem Charakter verstanden werden, führten diese Konventionen auch zu zwischenstaatlichen Verpflichtungen unter den Vertragsstaaten. So sind zur Intervention bei Menschenrechtsverletzungen im Bereich des Zivilpaktes etwa ein Staatenberichts- und ein Staatenbeschwerdeverfahren vorgesehen[146].

Trotz des Sozialpaktes von 1966 ist das Schutzsystem für diese Menschenrechte noch nicht sehr weit entwickelt. Der Sozialpakt bietet zum Schutz dieser Rechte lediglich ein Staatenberichtsverfahren[147]. Ein Staatenbeschwerdeverfahren

---

140 Maier, Wie universell sind die Menschenrechte, S. 42.
141 Shivji, The Concept of Human Rights in Africa, p. 13.
142 Bretherton, Allgemeine Menschenrechte – der „ menschliche Faktor" in der Weltpolitik?, S. 260.
143 Neuhold, Hummer, Schreuer, Österreichisches Handbuch des Völkerrechts, Bd. 1, Rz. 1320.
144 Thomsen, Rechtliche Grundlagen eines wirksamen Menschenrechtsschutzes, S.19.
145 Nowak, UNO-Pakt über bürgerliche und politische Rechte – CCPR Kommentar, Präambel, Rz 6.
146 Art. 40f IPbürgR, siehe auch V (2) lit. b,c.
147 IPwirtR von 1966, Art. 16f.

oder gar eine Individualbeschwerdeoption, wie sie das fakultative Protokoll zum Zivilpakt enthält, besteht nicht[148].

Zudem beansprucht der Sozialpakt auch keine direkte Rechtsverbindlichkeit, sondern lediglich angemessene Bemühungen zur Verwirklichung der enthaltenen Rechte[149]. Die Einführung weiterer Durchsetzungsmöglichkeiten würde somit den Sozialpakt von einer selbst aufgelegten Zivilverpflichtung zu einem direkt verbindlichen Rechtsinstrument wandeln.

d) Menschenrechtliche Folgekonventionen der Vereinten Nationen

Die Erkenntnis über die Notwendigkeit eines kodifizierten Völkerrechts im menschenrechtlichen Bereich löste nach den Erfahrungen des Zweiten Weltkriegs eine regelrechte Kodifikationswelle aus, aus der zunächst die Satzung der Vereinten Nationen und später auch die Allgemeine Erklärung der Menschenrechte wurden, obwohl diese selbst keine vertragliche Verbindlichkeit entfalten konnte[150].

Seither wurde eine Reihe weltweit geltender Verträge geschaffen, um die Gewährleistung der Menschenrechte durch den Schutz elementarer Lebensgüter zu sichern. Einige der wichtigsten Konventionen die vor diesem Hintergrund geschaffen wurden, sind die Konvention über die Verhütung und Bestrafung des Völkermordes von 1948 oder das Abkommen über die Rechtsstellung der Flüchtlinge, Genfer Flüchtlingskonvention, von 1951 sowie das Zusatzprotokoll von 1967[151].

Beispiele für weitere Folgekonventionen wurden etwa das internationale Übereinkommen über die Beseitigung aller Formen rassischer Diskriminierung von 1966, das Übereinkommen zur Beseitigung jeder Form von Diskriminierungen der Frau von 1979, das Übereinkommen gegen Folter und andere grausame, unmenschliche oder erniedrigende Behandlung oder Strafe von 1984 oder das Übereinkommen über die Rechte des Kindes von 1989[152]. Große Bedeutung kommt in diesem Zusammenhang auch dem Statut des Internationalen Strafgerichtshofs von 2002 zu, womit die Grundlage für eine umfassende internationale Strafgerichtsbarkeit gelegt wurde[153]. Die Zuständigkeit des Gerichtshofs erstreckt sich dabei unter anderem auf Völkermord, Verbrechen gegen die Menschlichkeit und Kriegsverbrechen, womit der Großteil der Menschenrechtsverletzungen auch völkerstrafrechtlich erfasst wird[154].

---

148 Fakultativprotokoll zum IPbürgR, Art. 1.
149 IPwirtR von 1966, Art.2.
150 Vizthum, Völkerrecht, S. 229.
151 Herdegen, Völkerrecht, S. 340.
152 Abgedruckt in: Sartorius II, 19ff.
153 Abgedruckt in: http://www.icc-cpi.int, 10.10.2005.
154 Art. 5ff ICC-Statut.

Auch wenn einige dieser menschenrechtlichen Übereinkommen zunächst oft nur von einem verhältnismäßig kleinen Kreis von Staaten ratifiziert oder anerkannt werden, können sie dennoch in Gewohnheitsrecht erwachsen und so Anhaltspunkte bei der Auslegung menschenrechtlicher Standards oder zumindest Indikatoren für menschenrechtliche Trends darstellen[155]. Auf diese Weise erlangen sie oft Bedeutung über den Bereich ihrer Vertragsstaaten hinaus. So stellen beispielsweise die europäischen Grundwerte, die europäische menschenrechtliche Standards beinhalten, Richtlinien für die gesamte Außenpolitik der Europäischen Union dar[156].

Auch für menschenrechtliche Aufklärungsarbeit vom NGOs wird auf diese Weise ein breites Betätigungsfeld geschaffen. So haben INGOs oft die Möglichkeit Werte regionalübergreifend zu transportieren, wo dies durch staatliche Menschenrechtsarbeit nicht oder oft nur in repressiver Form möglich wäre.

e) Menschenrechte der dritten Generation

Die sogenannten Menschenrechte der dritten Generation stellen die jüngste Entwicklungsstufe unter den Menschenrechten dar. Sie beinhalten Werte wie etwa ein Recht auf sozialen Fortschritt, auf Entwicklung und ein Recht der Völker auf Frieden unter Wahrung ihrer kulturellen Integrität. Diese Rechte gehen vor allem auf Ansätze zurück, die seit dem Ende der Kolonialzeit überwiegend von Entwicklungsländern artikuliert und vertreten wurden[157].

Hierbei wird der menschenrechtliche Schutzbereich vom Schutz einzelner Personen oder klar definierter Gruppen gelöst. Grundrechte, sogenannte „basic needs", wurden vor die nach europäischem Menschenrechts-Konzept an erster Stelle rangierenden persönlichen Freiheitsrechte gestellt. Etwa seit Mitte der sechziger Jahre verfügen die Entwicklungsländer zunehmend über Mehrheiten und damit über steigenden Einfluss in den Gremien der Vereinten Nationen. Daher konnten sie in den letzten Jahrzehnten einen steigenden Einfluss bei der Gestaltung der UN-Menschenrechtspolitik ausüben, wodurch sich der Einfluss der westlichen Länder im Verhältnis verringerte[158].

Aus diesem Grund konnte sich ein Unterschied in der traditionellen Sichtweise der Menschenrechte etablieren. Während die westliche Sichtweise Menschenrechte auf das Individuum zuschnitt, setzten die Entwicklungsländer die politischen Rahmenbedingungen einer individuellen Freiheit in den Vordergrund[159]. Während in den westlichen Kulturkreisen soziale und kulturelle Rechte sowie Solidaritätsrechte als mögliche Folgen der traditionellen Freiheitsrechte

---

[155] Neuhold, Hummer, Schreuer, Österreichisches Handbuch des Völkerrechts, Rz 223.
[156] Art. 11 (1) iVm Art. 6 EUV.
[157] Maier, Wie universell sind die Menschenrechte?, S. 42.
[158] Zacher, Hans, Grundrechte als Sache der Welt und als Sache die Kirche, S. 333f.
[159] Shivji, The Concept of Human Rights in Africa, 13.

betrachtet wurden, bildeten sie nach der neuen Sichtweise die Ausgangslage für eine Verwirklichung der Freiheitsrechte. Diese wurden somit zum idealisierten Ergebnis noch zu erreichender sozialer, kultureller und wirtschaftlicher Standards[160].

Im Unterschied zu den Menschenrechten der ersten und zweiten Generation erstreckt sich der Schutzbereich nicht mehr nur auf die menschliche Existenz an sich, sondern er versucht, die Art und Weise des menschlichen Daseins zu gestalten. In der Völkergemeinschaft bestehen gegen die Anerkennung dieser so genannten konturlosen Menschenrechte grundsätzliche Vorbehalte[161].

Formuliert wurden die Menschenrechte der dritten Generation in verschiedenen Folgekonventionen, die als Erweiterung der Allgemeinen Erklärung der Menschenrechte gedacht waren. Es handelt sich unter anderem um die Erklärung über sozialen Fortschritt und Entwicklung vom 11.12.1969, die Erklärung über das Recht der Völker auf Frieden vom 12.11.1984 und die Erklärung über das Recht auf Entwicklung vom 4.12.1986[162].

In diesen Konventionen wurden die bereits vorhandenen Entwürfe kultureller Menschenrechte aufgegriffen und weiterentwickelt. Vorstellungen von Rechten auf Frieden, kulturellen und wirtschaftlichen Fortschritt, eine eigene Sprache oder gerechtem Anteil an den natürlichen Ressourcen der Welt rückten damit ins Zentrum eines neuen Menschenrechtverständnisses. Dieses war nicht mehr universalistisch auf den Menschen an sich bezogen, sondern pluralistisch am Gemeinwohl konkreter Menschen in den einzelnen Kulturen und Regionen orientiert. Dabei wurden unter bewusster Abkehr vom europäisch-amerikanischen Vorbild eigene Wurzeln gesucht[163]. Dies sollte verhindern, dass die alten kolonialen Systeme durch den Erhalt ihrer Rechtsvorstellungen in einer neuen Form weiter bestehen konnten[164]. Damit steht der westlichen Forderung nach einer grundsätzlichen Universalität der Menschenrechte die Forderung nach einer Universalität der Lebensverhältnisse entgegen[165].

Zur Durchsetzung dieser bis heute stark umstrittenen Rechte existiert allerdings kein effektiver rechtlicher Schutzmechanismus, obwohl die Wiener Welt-Menschenrechtskonferenz von 1993 das Recht auf Entwicklung als ein „allgemein-gültiges und unveräußerliches Recht" anerkannte, das einen „integralen Bestandteil der grundlegenden Menschenrechte" darstellte[166].

---

[160] Maier, Wie universell sind die Menschenrechte?, S. 43.
[161] Zacher, Hans, Grundrechte als Sache der Welt und als Sache die Kirche, S. 333.
[162] Abgedr. In: Wallace, International Human Rights Texts and Materials, p. 1 at sec.
[163] Shivji, The Concept of Human Rights in Africa, 10 at sec.
[164] Maier, Eine Kultur oder viele?, S. 35ff, 45ff.
[165] Maier, Wie universell sind die Menschenrechte?, S. 44.
[166] Thomsen, Rechtliche Grundlagen eines wirksamen Menschenrechtsschutzes, S.26.

B. Die Globalisierung der Menschenrechte

I. Abgrenzung des Globalisierungsbegriffs

Nachdem zuvor die Entwicklung des Menschenrechtsschutzes dargestellt wurde, wird im folgenden Teil der Arbeit der Globalisierungsprozess untersucht. Ziel ist es dabei Parallelen zwischen dem internationalen Charakter der Menschenrechte und der Globalisierung im Allgemeinen zu finden, und gegebenenfalls Rückschlüsse über die Bedeutung der Globalisierung für den internationalen Menschenrechtsschutz zu ziehen.

Globalisierung ist ein gebräuchliches Wort im Bereich der Rechts- und Sozialwissenschaften geworden. Üblicherweise wird es heute verwendet, um die stetig wachsende Menge weltweiter Probleme in beiden Bereichen zu beschreiben, die über die Handlungsfähigkeit und den Einflussbereich einzelner Staaten hinausgehen[167].

Der Globalisierungsbegriff meint dabei die Prozesse, in deren Folge die Nationalstaaten und ihre Souveränität durch transnationale Akteure in ihren Machtchancen, Orientierungen, Identitäten und Netzwerken unterlaufen und quer verbunden werden[168]. Dabei wird die Globalisierung durch eine stetige Zunahme rechtlicher Prozesse gekennzeichnet, die über die nationale Ebene hinausgehen.

Globalisierung kann aber auch im Sinne einer weltweiten zunehmenden Verbindung auf politischer, wirtschaftlicher, kultureller und sozialer Ebene verwendet werden. In beiden Fällen wird ein Prozess des Zusammenwachsens weltweiter Interaktionen und Gegensätze beschrieben, der eine immer stärkere Position in unserem Bewusstsein einnimmt[169]. Erkennbar ist dabei, dass Globalisierung einen keinesfalls abgeschlossenen, sondern im Grunde erst in den Anfängen sichtbar werdenden Prozess bezeichnet, der im Kern Denationalisierung bedeutet[170].

Der Überbegriff der Globalisierung bezeichnet alle Praktiken und Denkweisen, die eine globale Ausrichtung haben. Die Analyse des Begriffs ergibt aber, dass sich innerhalb dieses Überbegriffs gesellschaftliche und politische Prozesse systematisch unterscheiden lassen. Dabei ist die Politik viel stärker territorial orientiert als es wirtschaftliche Prozesse sind. Das Phänomen der Denationalisierung

---

[167] Basedow and Kono, Legal Aspects of Globalisation, S. 2.

[168] Beck, Was ist Globalisierung?, S. 28f.

[169] Dicke, Erscheinungsformen und Wirkungen von Globalisierung in Struktur und Recht des internationalen Systems auf universaler und regionaler Ebene sowie gegenläufige Renationalisierungstendenzen, S. S.14.

[170] Zürn, Regieren jenseits des Nationalstaats, S. 65f.

bezieht sich dabei auf integrierte soziale Räume, die grenzübergreifende Regelungen durch staatliche oder gesellschaftliche Akteure verlangen[171].

Nach diesen Definitionsversuchen bezieht sich der Begriff der Globalisierung in erster Linie auf rechtliche, soziale, wirtschaftliche und kulturelle Kriterien. Entscheidend ist dabei, ob sich verdichtete soziale Handlungszusammenhänge bilden, die die nationalstaatlichen Grenzen überschreiten[172]. Die eigentlichen Wurzeln der Globalisierung liegen aber in einer stetig steigenden technischen Entwicklung, die einen immer schnelleren und effizienteren Transport von Waren, Gütern, Daten und Menschen über große Strecken erlaubt.

Dieser Prozess brachte auch eine Vervielfachung des pro Kopf Einkommens und Lebensstandards in den Industrienationen während der letzten dreißig Jahre mit sich. Daraus ergibt sich, dass eine immer größere Zahl von Menschen, zumindest in den Industrienationen, während ihres Lebens einen immer größeren Bewegungs- oder Aktionsradius erreicht[173].

Als Folge daraus ergibt sich, dass mit den zunehmenden Entfernungen, die von den Menschen zurückgelegt werden, auch die Kontakte steigen, die mit anderen Individuen geknüpft werden. Da die meisten dieser Kontakte einen Austausch irgendeiner Form zwischen Individuen bedeuten, haben sie wiederum rechtliche Transaktionen zur Folge. Diese Entwicklung lässt sich auf lange Sicht besonders deutlich am internationalen Warentransfer beobachten. Eine noch extremere Entwicklung findet heute im Bereich des Datentransfers durch Internet, Medien und Satellitentechnologie statt[174].

An beiden genannten Ansätzen lässt sich erkennen, dass der mögliche Aktionsradius von immer mehr Individuen immer stärker erweitert wird. Daraus ergibt sich die Notwendigkeit, die Rechtssphäre des Individuums über den eigenen staatlichen Regelungsbereich hinaus zu erweitern, da immer mehr Menschen die Möglichkeit und das Interesse haben, über die Grenzen ihres eigenen Kulturkreises hinaus zu agieren.

Auf diese Weise hat die Zunahme des Daten- und Personenverkehrs die politische, wirtschaftliche, soziale und rechtliche Denkweise verändert. Es hat sich ein globales Problembewusstsein in den angesprochenen Bereichen entwickelt, das in den einzelnen Regionen umso ausgeprägter ist, je weiter diese entwickelt sind. Damit stellt die Globalisierung einen mehrdimensionalen Prozess sozialer Veränderungen dar, dessen Ausdehnung sich auf alle gesellschaftlichen Bereiche, etwa Wirtschaft, Politik, Gesetzgebung, Kultur und Umwelt erstreckt[175]. Diese

---

[171] Zürn, Regieren jenseits des Nationalstaats, S.69.
[172] Zürn, Regieren jenseits des Nationalstaats, S.67.
[173] Kapstein, Arbeiter und die Weltwirtschaft, S. 207ff.
[174] Basedow and Kono, Legal Aspects of Globalisation, S.2f.
[175] Perratton, Goldblatt, Held, Mc Grew, Die Globalisierung der Wirtschaft, S. 137.

Entwicklungen bringen auch einen immer größeren rechtlichen Regelungsbedarf auf internationaler Ebene mit sich. Dieser erstreckt sich meist auf Bereiche, die sonst der nationalen Sphäre unterlagen und wird durch Übertragung von Hoheitsbefugnissen auf Akteure die internationale Ebene geregelt.

II. Erscheinungsformen

1. Wirtschaftliche Globalisierung

a) Ökonomische Globalisierungsmerkmale

Die mit dem Begriff der Globalisierung erfassten weltweiten Interdependenzen politischer, sozialer und wirtschaftlicher Prozesse stellen zahlreiche Politikbereiche vor die Herausforderung, ihre Konzepte vor dem Hintergrund zunehmender Globalisierung zu überprüfen[176]. Hier soll der Frage nachgegangen werden, ob die zunehmende weltwirtschaftliche Vernetzung neue Konzepte der Menschenrechtsarbeit oder Reformen bestehender Strategien erfordert, oder ob sie die bisherigen Leitlinien und Prioritäten als angemessene Antworten bestätigt.

Auch der ökonomische Bereich gehört zu den Triebkräften der Globalisierung. Hier wurde der Globalisierungsprozess um wirtschaftliche Faktoren erweitert, wodurch sich langfristig auch eine immer größere Bedeutung für die politische Ebene entwickelte[177]. Internationale wirtschaftliche Verflechtungen bestehen schon seit mehreren Jahrhunderten. Bereits im dreizehnten Jahrhundert umspannten die Handelshäuser der Deutschen Hanse den größten Teil Nordeuropas. Der Wirkungsbereich der großen Handelsgesellschaften, wie etwa der Ostindischen Gesellschaft, erstreckte sich im siebzehnten Jahrhundert über die weltweit angesiedelten Kolonien der europäischen Großmächte.

Mit der Entwicklung der modernen Massenproduktion sind immer mehr Länder Teil eines weltumspannenden Marktes geworden. Dies hatte zur Folge, dass sich das Import-Export Verhältnis der Industrienationen bereits vor dem ersten Weltkrieg in den heute üblichen Dimensionen bewegte[178]. Multinationale Unternehmen, die globale Wirtschaftsstrategien entwickeln können, gehören daher seit Jahrzehnten zu den Erscheinungen des internationalen Wirtschaftslebens. Globalisierung meint also keineswegs nur die weltweite Tätigkeit von Unterneh-

---

[176] Veröffentlichung des dt. BMZ, Entwicklungszusammenarbeit im Zeitalter der Globalisierung-ökonomische Merkmale der Globalisierung, in: http://www.bmz.de/de/service/infothek/fach/spezial/spezial083/spezial083_10.html, 25.07.2005.

[177] Nuscheler, Globalisierung, Global Governance und Menschenrechte, S. 169.

[178] Perratton, Goldblatt, Held, Mc Grew, Die Globalisierung der Wirtschaft, S. 137.

men, sondern eine völlig neuartige Intensität der weltwirtschaftlichen Verflechtung[179].

Seit den achtziger Jahren stieg das Welthandelsvolumen jährlich im Schnitt um über fünf Prozent. Ein ähnlicher Anstieg ist beim weltweiten Volumen ausländischer Direktinvestitionen zu beobachten[180]. Auch die Zahl in multinationalen Unternehmen beschäftigter Mitarbeiter hat sich seit dem Ende der siebziger Jahre etwa verdoppelt[181]. Der Prozess der Globalisierung erfasst wegen seines Volumens mittlerweile nicht mehr nur die Wirtschaft, sondern auch zahlreiche Gebiete der Politik[182].

Aus diesen Entwicklungen lässt sich schließen, dass das System der Weltwirtschaft seinen Charakter als „internationales Austauschsystem", in dem Staaten als Hauptakteure agieren, die sich auf ihre eigenen Volkswirtschaften stützen und über internationale Handelsbeziehungen miteinander konkurrieren, verändern wird.

Ähnlich wie Staaten im politischen Bereich als zentrale Akteure auftreten, entwickeln sich durch den Globalisierungsprozess Konzerne zu neuen internationalen Akteuren[183]. Durch den Globalisierungsprozess werden die Grenzen zwischen Binnen- und Außenwirtschaft durchbrochen und nationalstaatliche Akteure in eine veränderte Position gesetzt. In dem Maße, in dem die Strukturierung der nicht mehr territorial gebundenen Märkte zunimmt, wird der politische Handlungsspielraum der Nationalstaaten nicht mehr durch die strategischen Entscheidungen anderer Staaten, sondern zunehmend durch internationale wirtschaftliche Interdependenzen beschränkt. Mit diesem Prozess werden die politischen Akteure von Märkten abhängig, auf deren Rahmenbedingungen sie immer weniger Einfluss nehmen können[184]. So werden die Nationalstaaten gezwungen auf externe, vielfach nichtstaatliche Akteure zu reagieren. Dabei entspricht ihre tatsächliche Autonomie bei der Formulierung und Umsetzung einer nationalen Politik oft nicht mehr dem absoluten Souveränitätsverständnis des klassischen Völkerrechts[185].

Der Prozess der wirtschaftlichen Globalisierung kann aber nur insoweit funktionieren, als er durch eine rechtliche Basis gestützt wird, die letzten Endes durch Staaten garantiert werden muss. Ohne eine gemeinsame rechtliche Basis wären internationale Transaktionen in so großen Umfang nicht möglich. Die wirtschaftliche Seite des rechtlichen Globalisierungsprozesses trägt sich dabei durch das Streben der internationalen Akteure nach Profit von selbst. Hier wird durch

---

179 Held, McGrew, Goldblatt, Peratton, Globalization, p. 491ff.
180 Perratton, Goldblatt, Held, Mc Grew, Die Globalisierung der Wirtschaft, S. 139ff.
181 Kreklau, Wirtschaft und Politik im Zeitalter der Globalisierung, S. 35.
182 dt. Ges. VN e.V., Bericht über die menschliche Entwicklung 2000, S. 99.
183 Giddens, The Consequences of Modernity, p. 71.
184 Habermas, Jenseits des Nationalstaats? Bemerkungen zu Folgeproblemen der wirtschaftlichen Globalisierung, S. 71.
185 Perratton, Goldblatt, Held, Mc Grew, Die Globalisierung der Wirtschaft, S. 138f.

den Globalisierungsprozess die Wirtschaft über die traditionelle Staatsfunktion gestellt[186]. Der Staatsgedanke, der im Regelfall mit idealistischen und moralischen Vorstellungen verbunden ist, wird damit zum Werkzeug der Wirtschaft. Hier vollzieht sich ein Prozess der im menschen-rechtlichen Bereich noch undenkbar scheint, da hier eines der Zentren ideeller, moralischer und vor allem auch kultureller Ansprüche sitzt, ohne die der Staat seine Legitimation verlieren würde[187].

b) Auswirkungen der wirtschaftlichen Globalisierung

aa) Neue volkswirtschaftliche Interdependenzen

Globalisierung im Sinne einer engeren ökonomischen Abgrenzung betrachtet, kennzeichnet den Prozess der Intensivierung und Verflechtung der Absatzmärkte und Produktionsmittel in den verschiedenen Teilen der Erde. Angetrieben wird der Globalisierungsprozess dabei durch eine steigende Dynamik des Handels mit Gütern und Dienstleistungen sowie durch die zunehmende Mobilität des Kapitals und der Technologie[188]. Dem folgen nicht nur eine geografische Ausdehnung und eine stärkere Dichte der wirtschaftlichen Interaktionen, es verstärken sich auch die Interdependenzen zwischen den einzelnen Akteuren und damit die volkswirtschaftlichen Abhängigkeiten der einzelnen Systeme untereinander.

Zusätzlich beschleunigt wurde der Globalisierungsprozess in den letzten Jahren durch die Übernahme marktorientierter Wirtschaftssysteme sowohl durch die Länder des ehemaligen Ostblocks als auch durch einige Staaten der Dritten Welt. Auf diese Weise kommt es zu einer Globalisierung der Märkte, auch wenn es keinen universellen globalen Weltmarkt, der überall gleiche Bedingungen bietet, geben kann[189].

Globalisierung bedeutet dabei aber nicht nur eine geografische wirtschaftliche Vernetzung. Um die Grundlagen für eine solche Vernetzung zu schaffen, musste sie sich auch auf Bereiche des sozialen und kulturellen Lebens erstrecken[190]. Ein typischer Indikator für die Beurteilung des Globalisierungsprozesses ist dabei etwa die zunehmende Ablösung des traditionellen staatlichen Außenhandels durch intraindustrielle Handelsbeziehungen. Dies zeigt sich im wirtschaftlichen Bereich

---

[186] Peterson, Rethinking Globalisation in Theory and Practice, S. 20f.
[187] Williams, Rethinking Sovereignty in: Globalization: Theory and Practice, S. 110ff.
[188] Perratton, Goldblatt, Held, Mc Grew, Die Globalisierung der Wirtschaft, S. 166ff.
[189] Habermas, Jenseits des Nationalstaats? Bemerkungen zu Folgeproblemen der wirtschaftlichen Globalisierung, S. 70.
[190] Höffe, Demokratie im Zeitalter der Globalisierung, S. 374.

an einer Zunahme nichtstaatlicher Akteure auf der internationalen Ebene, die komplexe Rahmenbedingungen erfordert[191].

Begünstigt durch die Fortschritte von multilateralen Handelsliberalisierungsanstrengungen, die sich Ende des letzten Jahrhunderts in dem erfolgreichen Abschluss der Uruguay-Runde im Dezember 1993 und der Bildung der Welthandelsorganisation, WTO, manifestierten, kam es zu einem starken Anstieg der weltweiten Handelsströme[192]. So wuchs der Welthandel in dieser Zeit deutlich stärker als die weltweite Menge an Gütern und Dienstleistungen. Vor allem der Dienstleistungsbereich wurde dabei durch technologische Innovationen, insbesondere in Bereichen der Kommunikation und Informationsverarbeitung, stark erweitert[193].

Das Wachstum des Welthandels wurde in den letzten Jahren überwiegend vom Wachstum des intraregionalen Handels in Europa und im asiatisch-pazifischen Raum getragen. Dabei waren an der schnellen Ausweitung des Handels in der asiatisch-pazifischen Region vor allem südostasiatische Schwellenländer maßgeblich beteiligt. Dies belegt, dass Entwicklungsrückstände dann keinen Hinderungsgrund für eine erfolgreiche Teilnahme an der Globalisierung darstellen, wenn ein Mindestmaß an institutioneller, physischer und sozialer Infrastruktur vorhanden ist. Vor allem im südostasiatischen und lateinamerikanischen Raum lässt sich dabei ein mit wachsender Handelstätigkeit einsetzender Rückgang der Armut dokumentieren. Am Beispiel des afrikanischen Raums wird allerdings deutlich, dass Länder in Regionen mit mangelnder politischer Stabilität, mangelnder Infrastruktur oder zu großer Armut nicht in der Lage sind, die Möglichkeiten, die sich durch den Globalisierungsprozess bieten, auch zu nutzen[194].

Die zunehmende Verflechtung der Volkswirtschaften im Zuge der Globalisierung macht sie stärker als früher voneinander abhängig[195]. Dies liegt daran, dass die Kosten für eine Politik, die die wechselseitige Wirtschaftsbeziehungen behindert oder unterbindet, zu hoch geworden sind. In einer sich globalisierenden Welt überwiegt daher der Nachteil der Selbstbeschädigung, durch staatlichen Protektionismus die wirtschaftlichen und politischen Vorteile[196]. Aus diesem Grund neh-

---

[191] Held, Democracy and the Global Order - From the Modern State to Cosmopolitan Governance, p. 19.

[192] Klaus Müller, Globalisierung, S.101ff.

[193] Albrow, Auf dem Weg zu einer globalen Gesellschaft?, S. 416f.

[194] Veröffentlichung des dt. BMZ, Entwicklungszusammenarbeit im Zeitalter der Globalisierung - ökonomische Auswirkungen der Globalisierung , in: http://www.bmz.de/de/service/infothek/fach/spezial/spezial083/spezial083_10.html, 25.07.2005.

[195] Habermas, Jenseits des Nationalstaats? Bemerkungen zu Folgeproblemen der wirtschaftlichen Globalisierung, S. 70.

[196] Bianchi, Globalisation of Human Rights: The Role of Non-State Actors, p. 191.

men auch die außen- und wirtschafts-politischen Potenziale nicht proportional zu den Weltmarktanteilen der Staaten zu[197].

Dadurch entsteht eine Brücke zwischen wirtschaftlicher Globalisierung, die überwiegend im privatrechtlichen Bereich stattfindet, und einer politischen Globalisierung, die in erster Linie auf der völkerrechtlichen Ebene stattfindet und die eine Voraussetzung oder Vorstufe für die wirtschaftliche Globalisierung bedeutet. Lokale und internationale Politik werden verschmolzen, wobei sich auf der lokalen Ebene die Resultate der internationalen Politik widerspiegeln[198].

bb) Transnationale Konzerne

Die Ablösung des traditionellen staatlichen Außenhandels durch intraindustrielle Handelsbeziehungen brachte eine Verlagerung dieses Bereichs auf die nichtstaatliche Ebene mit sich, die weitreichende Folgen hat. So fördert die globale Vernetzung der Finanzmärkte kurzfristige Investitionen, wodurch die Kapitalströme beschleunigt werden. Das so schneller beweglich gewordene Kapital lässt sich schwerer orten und auch dem Zugriff durch nationalstaatliche Institutionen leichter entziehen. Dadurch geraten die Staaten ihrerseits unter den Druck der internationalen Börsen, die beispielsweise auf Zins- oder haushaltspolitische Entscheidungen regieren[199].

Ein Beleg für diese Veränderungen ist beispielsweise die Ersetzung des früheren gewohnheitsrechtlichen Grundsatzes, demzufolge ausländische Staaten auch für Akte privatrechtlicher Art Immunität genossen, durch eine neue Rechtsvorstellung, die diese Immunität auf hoheitsrechtliche Akte beschränkt. Der Grund für diese Änderung liegt in der Tatsache, dass seit dem Einsetzen des Globalisierungsprozesses ausländische Staaten in ständig steigendem Umfang in echter Konkurrenz mit privaten Akteuren am internationalen Wirtschaftsleben teilnehmen. Privatrechtliche Akte von Staaten waren im klassischen Völkerrecht äußerst selten und meist mit hoheitlichen Zielen, wie etwa Rüstungskäufen, verbunden. Die damalige Rechtsüberzeugung ging daher dahin, dass nicht die Gleichheit des Staates und des Privaten als Händler sondern die Verbundenheit der Handelsakte des Staates mit seiner Souveränität bestimmend für die Gewährung der Immunität sein sollten[200].

Aufgrund dieser Faktoren bilden sich Ansätze einer verselbständigten internationalen Ökonomie. Die so erleichterten, staatenunabhängigen Direktinvestitionen hatten die Entstehung multinationaler wirtschaftlicher Korporationen zur Fol-

---

[197] Albrow, auf dem Weg zu einer globalen Gesellschaft?, S. 418.

[198] Held, Democracy and the Global Order - From the Modern State to Cosmopolitan Governance, p. 18.

[199] Fischer, Globalisierung: Bedrohung oder Chance – Der IWF-Stab, in: http://www.imf.org/external/np/exr/ib/2000/deu/041200g.htm, 5.9.2005.

[200] Seidl-Hohenveldern, Völkerrecht, Rz. 486.

ge, die in ihrer Entscheidungsfindung von nationalen Standorten immer unabhängiger wurden. Der multinationale Charakter solcher Konzerne bietet Ihnen die Möglichkeit, sogenannte Exit-Optionen nutzen zu können. Auf diese Weise können sie Einfluss gegenüber staatlichen Akteuren gewinnen.

Als Beispiel kann in diesem Zusammenhang der Export von Arbeitsplätzen als Drohmittel genannt werden[201]. Als Folge dessen sind aktuelle Vorgaben und Grenzen des wirtschaftlichen Handelns heute weniger Staatsgrenzen und staatliche Institutionen, sondern vielmehr Börsenkurse, private Forschung, internationales Patentrecht und manchmal die weltweite öffentliche Meinung. Neben den staatlichen Hoheitsgebieten sind Territorien anderer Art entstanden. Dabei haben sich sogenannte „*offshore-Finanzplätze*" wie die Cayman Islands oder extraterritoriale Produktionszonen, etwa in China, Malaysia und auf den Philippinen gebildet[202].

2. Politische Globalisierung

a) Merkmale des politischen Globalisierungsprozesses

Wenn Staaten, in der Praxis vor allem Entwicklungsländer, sich aktiv am Globalisierungsprozess beteiligen wollen, müssen die Grundlagen hierzu zunächst durch staatliche Akteure geschaffen werden. Die Rahmenbedingungen für global produzierende Unternehmen und Investoren müssen gestaltet werden, was insbesondere eine wirtschaftliche Ausrichtung der Rechtsverhältnisse und der Infrastruktur bedeutet. Hierbei können Staaten dem Globalisierungsprozess auch passiv ausgesetzt sein, wenn durch die wirtschaftliche Notwendigkeit der innerstaatliche politische Bereich beeinflusst wird[203].

Dabei wird durch den Globalisierungsprozess die traditionelle Gestaltungsmacht des Nationalstaats beschränkt[204]. Internationale Rechtsvorstellungen bilden in diesem Zusammenhang nicht nur in Form der Menschenrechte, sondern auch in zahlreichen anderen Gebieten, wie internationalen Wirtschaftsbeziehungen oder Umweltrecht, Grenzen für die Handlungsspielräume nationaler Politik. Neben diesen Beschränkungen bieten sich aber auch Möglichkeiten. So können Probleme die früher in den alleinigen Bereich der nationalen Verantwortlichkeit gefallen sind, etwa Armutsbekämpfung oder Aids, in einem globalisierten System global, also im größeren Rahmen, bekämpft werden[205].

---

[201] Habermas, Jenseits des Nationalstaats? Bemerkungen zu Folgeproblemen der wirtschaftlichen Globalisierung, S. 70f

[202] Huonker, Definiert der Markt alle Werte? Grenzen der Globalisierung, S. 32.

[203] Huonker, Definiert der Markt alle Werte? Grenzen der Globalisierung, S. 34.

[204] Cerny, Globalisierung und die neue Logik kollektiven Handelns, S. 263.

[205] Held, Democracy and the Global Order - From the Modern State to Cosmopolitan Governance, p. 16f.

Ähnlich wie im wirtschaftlichen Bereich zeigt sich auch auf der politischen Ebene eine durch den Globalisierungsprozess bedingte Zunahme von Interaktionen, die nicht nur auf einen durch den Prozess selbst bedingten Handlungsbedarf und eine wachsende Anzahl von Akteuren auf der internationalen Ebene sondern auch auf verstärkte politische Transparenz und erweiterte Aktionsradien zurückzuführen ist[206]. Dadurch wird auch in diesem Bereich deutlich, dass der Einfluss von nicht-staatlicher Seite im internationalen Bereich ein komplexes Zwischenspiel zwischen staatlichen und nicht-staatlichen Akteuren erzeugt.

b) Auswirkungen

aa) Die Zunahme transnationaler Akteure

In der zweiten Hälfte des 20. Jahrhunderts stieg sowohl die Zahl der Völkerrechtssubjekte als auch die Zahl transnationaler Akteure stark an. Nicht nur die Zunahme des internationalen Rechtsverkehrs sondern auch die Zunahme transnationaler Interdependenzen, die sowohl auf neue internationale Organisationen wie die UN als auch auf das Ende der Kolonialzeit zurückzuführen sind, veränderten die völkerrechtliche Situation nachhaltig[207].

Bis 1938 bestanden lediglich 63 souveräne Staaten. Die Vereinten Nationen hatten 1945 nur 51 Gründungsmitglieder. Bis 1963 stieg die Mitgliederzahl der Vereinten Nationen auf 113 an. Diese Zahl vergrößerte sich bis 1984 auf 159 Mitglieder, und bis 2005 wuchs die Mitgliederzahl nochmals auf 191 Staaten an[208]. Eine ähnliche Entwicklung weist auch die Zahl transnationaler Unternehmen im wirtschaftlichen Bereich auf, wo sich eine noch dynamischere Entwicklung zeigte[209].

Das Auftreten autonomer transnationaler Akteure auf der internationalen Ebene hat sich inzwischen zu einem Phänomen entwickelt, das mit der Globalisierung einhergeht. Zunehmend treten NGOs, transnationale Unternehmen, politische Gruppierungen und soziale Bewegungen an die Stelle staatlicher Steuerungs- und Integrationsmöglichkeiten. Dadurch werden gesellschaftliche und politische

---

[206] Dicke, Erscheinungsformen und Wirkungen von Globalisierung in Struktur und Recht des internationalen Systems auf universaler und regionaler Ebene sowie gegenläufige Renationalisierungstendenzen, S. S.15.

[207] Dicke, Erscheinungsformen und Wirkungen von Globalisierung in Struktur und Recht des internationalen Systems auf universaler und regionaler Ebene sowie gegenläufige Renationalisierungstendenzen, S. S.29.

[208] Zum Mitgliederstand der Vereinten Nationen: http://www.un.org/overview/unmember.html, 20.2.2005.

[209] Hummer, Internationale nichtstaatliche Organisationen im Zeitalter der Globalisierung, S. 49f.

Schlüsselbereiche immer mehr von territorialen Ordnungsräumen und staatlichen Instrumenten losgelöst[210].

Allein schon aus der Betrachtung der quantitativen Entwicklung transnationaler Akteure und Völkerrechtssubjekte geht hervor, dass sich das derzeitige internationale System in einem Wandel befindet. Es stellt sich die Frage, ob das herkömmliche völkerrechtliche System den modernen Anforderungen überhaupt gerecht werden kann. So haben im Zuge des Globalisierungsprozesses NGOs vielfach Aufgaben übernommen, die im traditionellen Völkerrecht ausschließlich Staaten vorbehalten waren[211].

Zusammenfassend ist festzustellen, dass auch das moderne Völkerrecht nach wie vor ein System mit Staaten als Hauptobjekten darstellt, doch werden diese in zunehmender Weise durch nichtstaatliche Akteure, meist NGOs, oder im wirtschaftlichen Bereich transnationale Konzerne, ergänzt. Auf diese Weise wird auch das Wesen der internationalen Beziehungen in einem stetigen Prozess verändert. Wirtschaftliche Notwendigkeiten bestimmen das politische Handlungsgeschehen, wobei völkerrechtliche Zielsetzungen überwiegend die Gestaltung internationaler rechtlicher Grundlagen, etwa in Form von Grundwerten, zum Gegenstand haben.

bb) Die Globalisierung des Menschenrechtsschutzes

Das herkömmliche, am klassischen Völkerrecht orientierte Modell des internationalen Menschenrechtsschutzes betont den Vorrang und die Souveränität von Staaten. Individualrechte sind daher Gegenstand staatlicher positiver Rechtssetzung und Rechtsprechung. Internationale Organisationen und NGOs besitzen in diesem Modell, wenn überhaupt, nur die Möglichkeit beratende Funktionen auszuüben. Im Bereich der internationalen Beziehungen verhindert der Souveränitätsgedanke die Einflussnahme auf die Sphäre anderer Staaten, während außenpolitische Ziele ausschließlich Eigeninteressen des Staates verfolgen[212].

In der modernen Völkerrechtslehre wird von einer internationalistischeren Ausrichtung des Staatensystems ausgegangen. Staaten nehmen dabei nach wie vor die zentrale Rolle ein und behalten auch die primäre Verantwortung für individuelle Rechte[213]. Dennoch ist das staatliche Handeln von einem sich auf der internationalen Ebene herausbildenden Konsens über menschenrechtliche Vorstellungen beeinflusst, wodurch auch die staatlichen Zielsetzungen verändert werden. Innerhalb eines internationalen Ordnungsrahmens ist der Staat nicht nur Garant für die

---

[210] Dicke, Erscheinungsformen und Wirkungen von Globalisierung in Struktur und Recht des internationalen Systems auf universaler und regionaler Ebene sowie gegenläufige Renationalisierungstendenzen, S. S.21.

[211] Hummer, Internationale nichtstaatliche Organisationen im Zeitalter der Globalisierung, S. 51f.

[212] Bretherton, Allgemeine Menschenrechte – der „menschliche Faktor" in der Weltpolitik?, S. 279f.

[213] Neuhold, Hummer, Schreuer, Österreichisches Handbuch des Völkerrechts, Rz. 20ff.

menschen-rechtliche Situation seiner eigenen Individuen, er ist auch Teil eines Schutzmechanismus auf der internationalen Ebene, der in einem System internationaler Organisationen umgesetzt wird[214]. Auch NGOs können innerhalb dieses internationalen Ordnungsrahmens eine wichtige Rolle spielen. Ihre Eingriffsmöglichkeiten setzen allerdings die Bereitschaft internationaler Organisationen oder Staaten zur Zusammenarbeit voraus.

Der Prozess der Globalisierung stellt den internationalen Menschenrechtsschutz vor eine Reihe neuer Probleme und Herausforderungen. Traditionell bedeutet internationaler Menschenrechtsschutz, dass die unter Menschenrechtsverletzungen leidenden Menschen in ihrem Kampf gegen repressive Regierungen oder staatliche Misswirtschaft durch verschiedene Verfahren und Mechanismen auf zwischenstaatlicher oder transnationaler Ebene unterstützt werden. Die faktische Durchsetzung der Menschenrechte geht dabei zwar letzten Endes von der jeweiligen nationalen Zivilgesellschaft aus, doch können die internationale Solidarität und konkrete zwischenstaatliche Verfahren des Menschenrechtsschutzes einen wesentlichen Beitrag zur Umsetzung der Menschenrechte durch die betreffenden Staaten leisten[215].

Die Schaffung einheitlicher rechtlicher Standards im internationalen Bereich gestaltet sich jedoch, wie gezeigt wurde, bedingt durch die hohe Zahl unterschiedlicher Akteure, nicht unproblematisch[216]. Durch menschenrechtliche Bestrebungen wird versucht, anhand der Interpretation elementarer Grundwerte einen kleinsten gemeinsamen Nenner der rechtlichen Vorstellungen auf internationaler Ebene zu finden. Die Menschenrechte bilden in diesem Zusammenhang ein Bindeglied zwischen der Einzelperson und der globalen Politik. Damit sind sie auch ein wichtiger Beleg für die Globalisierung[217]. Die politische Harmonisierung, internationale Koordination oder Integration sind dennoch deutlich schwächer ausgeprägt als es die Globalisierungserscheinungen im gesellschaftlichen oder wirtschaftlichen Bereich sind, obwohl sie zu den Grundlagen des Globalisierungsprozesses gehören[218].

Die faktische Internationalisierung der Menschenrechte zeigt sich zum einen an der ständigen Weiterentwicklung menschenrechtlicher Verträge deren Ziel es ist, die Durchsetzung der Menschenrechte effektiver zu gestalten. Besonders erwähnenswert ist in diesem Zusammenhang die Schaffung der Statuten des internationalen Straf-Gerichtshofes 1999[219].

---

[214] Herdegen, Völkerrecht, S. 11.
[215] Nowak, Menschenrechte & Neoliberalismus im Zeitalter der Globalisierung, S. 7.
[216] Herdegen, Völkerrecht, S. 340.
[217] Bretherton, Allgemeine Menschenrechte – der „menschliche Faktor“ in der Weltpolitik?, S. 256.
[218] Zürn, Schwarz- Rot- Grün- Braun: Reaktionsweisen auf Denationalisierung, S. 302f.
[219] Lee, The International Criminal Court, The Making of the Rome Statute, p. 2f.

Auch wenn Verträge dieser Art in ihrer Anfangszeit meist nur von verhältnismäßig wenigen Staaten ratifiziert werden, so können sie doch oft zu politischen Impulsen werden, aus denen eine Weiterentwicklung des internationalen Menschenrechtsschutzes hervorgeht. Auf diese Weise entwickelt sich eine immer breitere Akzeptanz eines sich ständig erweiternden menschenrechtlichen Schutzbereichs.

Formell lässt sich die Internationalisierung der Menschenrechte an den Ratifikationszahlen dieser Abkommen belegen. Eine regelrechte Ratifikationswelle bei menschenrechtlichen Verträgen hat seit dem Ende des kalten Krieges eingesetzt. So wurde beispielsweise allein die UN- Kinderrechtskonvention von 1989 bis 1997 von 190 Staaten ratifiziert[220]. An diesen Entwicklungen lässt sich eine zunehmende Bedeutung der Menschenrechte für die internationalen Beziehungen belegen. Inter-nationales Recht spielt eine immer stärkere Rolle für den rechtlichen Aufbau einzelner Staaten. Dadurch wird die Position der internationalen Ebene verstärkt, und die Bedeutung der staatlichen Souveränität weiter relativiert.

Die überwiegend in den nördlichen Kulturkreisen geprägten menschenrechtlichen Vorstellungen sind in den Industrienationen, besonders aber in der EU zum Teil elementarer Grundwertevorstellungen geworden[221]. Daher lassen sich menschenrechtliche und politische Vorstellungen heute nur noch schwer voneinander trennen[222]. So kommt es, dass Menschenrechte, die die Grundlagen aller westlichen Demokratien sind, häufig an wirtschaftliche oder politische Vorstellungen gebunden werden. In diesem Zusammenhang werden Menschenrechte in Verbindung mit wirtschaftlichen oder politischen Grundwertvorstellungen in vielen Regionen verstärkt zu einem politischen Faktor.

Ähnlich regional geprägte Positionen gegenüber menschenrechtlichen Thematiken lassen sich nicht nur im nördlichen Kulturkreis, sondern auch in anderen Regionen der Erde, etwa in Südostasien oder Afrika, erkennen. Im menschenrechtlichen Bereich geht mit dem Globalisierungsprozess also eine starke Regionalisierung einher[223]. Zwar entwickelt sich in den einzelnen Regionen ein immer stärker ausgeprägter Menschenrechtsschutz, dennoch kann bislang der regionale Schutzbereich mit der globalen Ebene nur durch zentrale Grundwertevorstellungen verbunden werden.

Im Gegensatz zum wirtschaftlichen Globalisierungsprozess stellen Menschen-rechte als Teil des politischen Globalisierungsprozesses eine bewusst gesteuerte, und nicht der Eigendynamik des Marktes überlassene Entwicklung dar. Ziel ist es dabei, eine globale Gesellschaftsordnung zu schaffen, in der die Men-

---

[220] Kälin, Die allgemeine Erklärung der Menschenrechte: Eine kopernikanische Wende im Völkerrecht, S.17.
[221] Etwa Art. 6 EUV.
[222] Beck, Was ist Globalisierung?, S. 79.
[223] Giddens, The Consequences of Modernity, p. 159ff.

schenrechte möglichst weitgehend verwirklicht sind[224]. Dabei fließen in die Ausgestaltung des Prozesses sowohl politische und wirtschaftliche als auch moralische und ideelle Motivationen ein.

cc) Politischer Wertetransport

Der internationale Ordnungsrahmen für den Globalisierungsprozess wird überwiegend von den Industrienationen, die auch das größte wirtschaftliche und politische Potenzial aufweisen, dominiert. Inwieweit auch Entwicklungsländer eventuelle Chancen der Globalisierung nutzen können, hängt daher zum großen Teil von den Industrienationen und der Ausgestaltung des globalen Ordnungsrahmens ab[225]. Dies lässt sich beispielsweise anhand internationaler Standpunkterklärungen, wie etwa im Rahmen der Organisation für Sicherheit und Zusammenarbeit in Europa, OSZE, oder auch an der Außenpolitik der Industrienationen, etwa der EU, dokumentieren[226].

Die OSZE bildet eine verstetigte Staatenkonferenz, die eine zunehmende organisatorische Verfestigung mit einem dauerhaften Institutionengefüge erfahren hat. Mitglieder der Organisation sind alle Staaten Europas und Nordamerikas[227]. Die maßgeblichen Leitprinzipien sind die friedliche Beilegung von Streitigkeiten, die Anerkennung der Menschenrechte und Grundfreiheiten sowie die Gleichberechtigung und das freie Selbstbestimmungsrecht der Völker[228]. In der *Charta von Paris für ein neues Europa* von 1990 wurde der Zusammenhang von wirtschaftlicher Freiheit und politischem Pluralismus bei der Entwicklung marktwirtschaftlicher Ordnungen hervorgehoben. In diesem Zusammenhang wurde auch festgehalten, dass es für die in der OSZE organisierten Industrienationen wichtig sei, dass zahlreiche Länder den Übergang zur Marktwirtschaft anstrebten[229].

Dieser Standpunkt spiegelt sich auch in den vertraglichen Außenbeziehungen der EU wieder. So wurden zahlreichen Verträgen mit Entwicklungsländern Menschenrechts- und Demokratieklauseln als wesentliche Vertragsbedingungen angeschlossen[230]. Als Folge dessen werden europäische Grundwerte, die nach Art. 11 EUV ein zentrales Element der europäischen Außenpolitik darstellen, über europäische Entwicklungshilfeprojekte in Entwicklungsländer transportiert. So bleibt einigen Entwicklungsländern oft nur die Wahl, ihr politisches System nach europäischen Vorstellungen zu gestalten oder auf europäische Entwicklungshilfepro-

[224] Nowak, Menschenrechte & Neoliberalismus im Zeitalter der Globalisierung, S.7.
[225] Huonker, Definiert der Markt alle Werte? Grenzen der Globalisierung, S. 35f.
[226] Etwa: Herdegen, Völkerrecht, S. 323; oder, Hoffmeister, Menschenrechts und Demokratieklauseln in den vertraglichen Außenbeziehungen der Europäischen Gemeinschaft, S. 363.
[227] Herdegen, Völkerrecht, S. 322.
[228] (dt.) Bull.BReg. 102/1975, S. 995.
[229] EuGRZ 1990, S. 517f.
[230] Etwa Art. 5, Lomé IV oder Art. 9 des Abkommens von Cotonou.

jekte, und damit auch auf eine Möglichkeit aus dem Globalisierungsprozess dauerhaften Nutzen zu ziehen, zu verzichten. Auf diese Weise können die Chancen die der Globalisierungsprozess bietet, auch als politisches Druckmittel bei der internationalen Umsetzung eigener Werte verwendet werden.

III. Rechtsfolgen des Globalisierungsprozesses

1. Allgemeines

Der oben beschriebene neue Regelungsbedarf auf der internationalen Ebene wurde von der völkerrechtlichen Kodifikationswelle nach dem Zweiten Weltkrieg begleitet. Wie bereits dargestellt, wurden entscheidende Impulse hierbei durch die Arbeit der Vereinten Nationen gesetzt[231]. Die große Zahl der beteiligten Akteure und ihrer durch den Ost-West Konflikt bedingten Unterschiede ließen zunächst nur Einigungen auf verhältnismäßig wenige Rechtsgrundsätze und Wertvorstellungen zu[232]. Dabei wurden, wie etwa im Fall der allgemeinen Erklärung der Menschenrechte und der UN-Menschenrechtspakte oft zunächst politische Willenserklärungen abgegeben, die später in Form vertraglicher Verpflichtungen kodifiziert werden konnten[233].

Nachdem auf diese Weise im Umkreis der Vereinten Nationen ein internationales Netzwerk mit einheitlichen Grundregelungsvorstellungen entstanden war, konnten weitere Schritte folgen, wie etwa die Einrichtung von internationalen Instanzen oder Sonderorganisationen der Vereinten Nationen, mit deren Hilfe die rechtlichen Regelungsbereiche auf der internationalen Ebene erweitert werden konnten.

2. Internationale Institutionalisierung

a) Erfassung des internationalen Regelungsbereiches

Die durch den Globalisierungsprozess fortschreitende Denationalisierung verändert das Verhältnis zwischen staatlichem Regelungsbereich und tatsächlich stattfindenden wirtschaftlichen oder gesellschaftlichen Prozessen[234]. Staatsziele, wie etwa die Belebung der Volkswirtschaft, können nicht mehr ausschließlich durch nationale Politik erreicht werden. Als Folge dessen wächst der Bedarf an kollektiv bindenden Regelungen auf einer Ebene jenseits des Nationalstaats. Es besteht die Notwendigkeit, politische Regelungsmöglichkeiten zu gestalten, die über natio-

---

[231] Vitzthum, Völkerrecht, S. 229.
[232] Seidl-Hohenveldern, Völkerrecht, Rz 129ff.
[233] Herdegen, Völkerrecht, S. 24, 336.
[234] Held, McGrew, Goldblatt, Peratton, Globalization, p. 495.

nalstaatliche Grenzen hinaus wirtschaftliche und gesellschaftliche Handlungsräume erfassen können. Das neue an diesem internationalen Regelungsbereich ist, dass nicht mehr auf eine hierarchische Durchsetzung mittels einer mit Gewaltmonopol ausgestatteten Zentralinstanz zurückgegriffen werden kann[235].

Der Globalisierungsprozess bringt eine Erweiterung und Vertiefung gesellschaftlicher Beziehungen und Institutionen mit sich[236]. Vor dem Hintergrund der sich daraus ergebenden rechtlichen Notwendigkeiten wird sowohl auf globaler Ebene als auch in einigen regionalen Bereichen die Entwicklung deutlich, dass den zunehmenden Transaktionen auch gemeinsame Werte zugrunde gelegt werden. Dies lässt sich im globalen Bereich sowohl an der zunehmenden Menge von Rechtsgrundsätzen belegen, die auf der internationalen Ebene Anerkennung finden, als auch an der steigenden Bedeutung internationaler Organisationen.

In den regionalen Bereichen ermöglicht die größere Homogenität der Beteiligten oft weitergehende Regelungen, die sich dann nicht mehr nur auf allgemeine Rechtsgrundsätze oder Grundwertvorstellungen erstrecken, sondern auch konkretere Regelungsgegenstände erfassen können. Ein entscheidender Vorteil der regionalen Ebene besteht darin, dass nicht nur die Konsensbildung erleichtert wird[237], auch die im regionalen Rahmen erzielten Einigungen können auf internationaler Ebene leichter gemeinsam vertreten werden[238]. Diese durch die Globalisierung ausgelöste Regionalisierung führt unweigerlich zu einem politischen Zusammenwachsen einzelner Regionen, was die Bildung internationaler Blöcke und Fraktionen zur Folge hat.

Dies wird beispielsweise durch das Engagement der G77- Staaten, eines Interessenverbundes von Entwicklungsländern, im Rahmen der Vereinten Nationen deutlich[239]. So hat die G77-Gruppe, der mittlerweile über 130 Staaten angehören, im gemeinsamen Engagement mit der Volksrepublik China eine politische Standpunkterklärung verfasst, nach der humanitäre Interventionen weder durch die UN- Charta noch durch Grundprinzipien internationalen Rechts zu rechtfertigen seien. Auf diese Weise wurde internationales Aufsehen erregt, und die Haltung einer großen Anzahl von Staaten politisch verdeutlicht[240].

Die Form, in der sich ein zentraler Ordnungsrahmen jenseits der Nationalstaaten manifestiert, bilden internationale Institutionen[241]. Institutionen im klassischen

---

235 Zürn, Schwarz- Rot- Grün- Braun: Reaktionsweisen auf Denationalisierung, S. 300.

236 Held, Democracy and the Global Order - From the Modern State to Cosmopolitan Governance, p. 21.

237 Herdegen, Völkerrecht, S. 340.

238 Arndt, Europarecht, S. 12, 26.

239 Bretherton, Allgemeine Menschenrechte – der menschliche Faktor in der Weltpolitik?, S. 266.

240 Standpunkterklärung der G77- Staaten, in: www.g77.org/docs/Deklaration_g77Summit.htm, 12.12.2004.

241 Zürn, Regieren jenseits des Nationalstaats, S.170f.

Sinne begründen dauerhafte und verfestigte Verhaltensmuster einer bestimmten Menge von Akteuren in sich wiederholenden Situationen. Diese Definition lässt sich auch auf internationale Institutionen übertragen, wenn man den Zusatz anfügt, dass die Institutionen über nationalstaatliche Grenzen hinaus Kompetenz erlangen[242]. Ein typisches Beispiel aus dem wirtschaftlichen Bereich stellt das *„General Agreement on Tariffs and Trade"*, GATT, dar, aus dem später die Welthandelsorganisation, WTO, hervorging[243]. Das WTO-System bildet das institutionelle Zentrum der Welthandelsordnung. Die Basis dieses Systems besteht aus einer Reihe multilateraler Handelsabkommen, wobei als zentrales Dokument das reformierte GATT von 1994 genannt werden kann.

Zielsetzung des GATT ist die Verbesserung der Handelsvoraussetzungen auf der internationalen Ebene. Damit erstreckt sich die Bedeutung des Abkommens nicht nur auf Staaten sondern auch auf wirtschaftlich orientierte NGOs, und damit auf die Zivilgesellschaft[244].

Die Entstehung solcher wirtschaftlicher Institutionen setzt allerdings ein Mindestmaß an Rechtsicherheit und Stabilität auf der völkerrechtlichen Ebene voraus. So wurde beispielsweise im Bereich der KSZE, der späteren OSZE, die Vorstellung entwickelt, dass eine nachhaltige Entwicklung, *sustainable Development,* nicht nur die Anerkennung elementarer Grundwerte voraussetzt, sondern darüber hinaus nur möglich ist, wenn auch wirtschaftliche Faktoren auf der Basis dieser Grundwerte realisiert werden. Damit wurde ein Modell einer gemeinsamen regionalen Wertordnung nicht nur im Hinblick auf Menschenrechte sondern auch auf staatliche Binnenstrukturen entwickelt[245].

Ausdruck findet dieses gesamteuropäische und nordamerikanische Bekenntnis zu gemeinsamen Vorstellungen nach Überwindung des Ost-Westgegensatzes im Dokument der Pariser Gipfelkonferenz der KSZE, der „Charta von Paris für ein neues Europa" von 1990. Darin bekennen sich die Teilnehmerstaaten zu Menschenrechten, Demokratie und Rechtsstaatlichkeit, wobei der Zusammenhang von wirtschaftlicher Freiheit und politischem Pluralismus bei der Entwicklung einer marktwirtschaftlichen Ordnung hervorgehoben wird[246].

Insgesamt kann gesagt werden, dass die Bedeutung internationaler Institutionen stetig zunimmt. So ist beispielsweise die jährliche Summe der Anzahl von EU-Verordnungen, Richtlinien und Entscheidungen von 36 im Jahr 1961 über 347 im Jahr 1970 auf inzwischen über 600 jährlich angestiegen. Auch die Anzahl abgeschlossener internationaler Verträge in anderen Bereichen weist ein ähnliches Wachstumsmuster auf. Damit stellen Institutionen jenseits des Nationalstaats bereits heute eine wichtige Ergänzung der nationalstaatlichen Regelungsmöglichkei-

[242] Krasner, International Regimes, p. 83.
[243] Zürn, Regieren jenseits des Nationalstaats, S.172.
[244] Benedek, Developing the Constitutional Order of the WTO – The Role of NGOs, p. 231.
[245] Price, Lester, Die wirtschaftliche Dimension der OSZE am Vorabend des einen 20. Jahrhunderts, S. 391ff.
[246] EuGRZ 1990, S. 517.

ten auf der internationalen Ebene dar. Auch ein Ende dieser Entwicklung ist noch nicht absehbar. Bedingt durch das langsamere Fortschreiten des politischen Globalisierungsprozesses nimmt der Bedarf an positivrechtlichen internationalen Regelungen deutlich schneller zu als das Angebot[247].

b) Internationale demokratische Kontrolle

Durch den ständig steigenden Bedarf und die schnell wachsende Zahl an internationalen Institutionen ergibt sich ein weiteres Problem, das aus dem uneinheitlichen Voranschreiten der politischen Internationalisierung und dem Anwachsen des Regelungsbedarfs folgt. Eine effektive demokratische Kontrolle internationaler Institutionen ist aber nur schwer zu verwirklichen. Die tatsächliche politische Bedeutung internationaler Institutionen übersteigt häufig den Grad ihrer demokratischen Legitimation. Der Grund dafür ist eine immer größere Abweichung zwischen der demokratisch ausgeübten politischen Kontrolle und den von der Politik tatsächlich Betroffenen[248]. In diesem Zusammenhang kritisierte beispielsweise das Europäische Parlament das Wirken von Institutionen der EU als „Macht ohne demokratische Verantwortlichkeit"[249].

Die Politik, die von internationalen Institutionen ausgeht, beeinflusst zwar vielfach den gesellschaftlichen Lebensbereich in den betroffenen Ländern, dennoch sind die demokratischen Einflussnahmemöglichkeiten bei den internationalen Politikbildungsprozessen nur schwach ausgeprägt. Dadurch entsteht ein Ungleichgewicht zwischen der Idee einer demokratischen Kontrolle durch das Volk und den tatsächlichen Auswirkungen, die durch dieselben Leute legitimiert wurden[250]. So haben die Bürger der betroffenen Länder kaum einen Einfluss auf das Zustandekommen und den Ausgang internationaler Konventionen. Dies hat zur Folge, dass unpopuläre Maßnahmen im nationalen Rahmen leicht unter Verweis auf internationale Pflichten durchgesetzt werden können, ohne dass diese Pflichten selbst Resultat eines demokratischen Legitimierungsprozesses wären. Daher bleibt die tatsächliche Verantwortung in solchen Fällen oft im Unklaren und lässt sich leicht auf die internationale Ebene abwälzen[251].

Der Hauptgrund für diese Defizite bei der Gestaltung internationaler demokratischer Institutionen sind die Auswirkungen der Globalisierung auf die Gestaltungsmöglichkeiten der Gesetzgeber und die institutionellen Strukturen. Durch sie wird die politische Ordnung mit neuen Notwendigkeiten konfrontiert, die die Fähigkeiten von Nationalstaaten als Forum allgemeiner Demokratie untergraben. Im

---

[247] Zürn, Schwarz- Rot- Grün- Braun: Reaktionsweisen auf Denationalisierung, S. 302f.
[248] Hersel, Democraticing World Politics: The Role of Non-Governmental Organisations, p. 14.
[249] Goodman, Die Europäische Union: Neue Demokratieformen jenseits des Nationalstaats, S.331.
[250] Hersel, Democraticing World Politics: The Role of Non-Governmental Organisations, p. 14f.
[251] Zürn, Schwarz-Rot-Grün- Braun: Reaktionsweisen auf Denationalisierung, S. 304.

Umkehrschluss würde eine effektive internationale Demokratisierung neue repräsentative Strukturen benötigen, mit denen die herkömmliche Unterscheidung zwischen „inneren“ und „äußeren“ staatlichen Angelegenheiten überwunden werden kann. Demokratische Strukturen dieser Art müssten, um Effektivität zu erlangen, auf bestimmte Wählergruppen zugeschnitten sein und Querverbindungen zwischen bestehenden Staaten bilden können[252]. Wenn der Nationalstaat anfallende Probleme nicht mehr lösen kann, weil sie sich seinem Kompetenzbereich entziehen und die weitgehend deregulierte Weltmarktwirtschaft weder demokratische Kontrolle noch soziale oder ökologische Rücksichtnahmen kennt, müsste er schon aus Eigeninteresse nach einem neuen Ordnungsmodell streben, das Handlungskompetenzen zurückzugewinnen verspricht[253].

Beispiele für neuartige Strukturen demokratischer Verantwortlichkeit, die eine aktive Teilnahme der Bürger jenseits der Grenzen territorialer Demokratie ermöglichen sollen, finden sich bereits im Rahmen der EU. Durch gemeinsame Grundwerte, Wirtschafts- und Währungsunion oder die EU-Staatsbürgerschaft werden transnationale Themen in den Vordergrund nationaler Politik gerückt, wodurch in den nationalen Demokratien Foren internationaler Politik geschaffen werden[254].

Gleichzeitig lässt sich feststellen, dass auch nichtstaatliche Akteure neue transnationale Wege finden, um für Demokratie unterhalb der staatlichen Ebene einzutreten und sie auszudehnen. Dabei werden soziale Bewegungen zu wichtigen Triebfedern einer Stärkung der Demokratie und ihrer Erweiterung in neue transnationale Bereiche politischer Partizipation[255].

3. Globalisierung und Souveränität

Im klassischen Völkerrecht wurde die Vorstellung umfassender staatlicher Handlungsgewalt und Souveränität, gebunden an eine rechtsmoralische Herrschaftslegitimation, allgemein anerkannt. Damit kam dem Staat eine absolute Handlungsfähigkeit zu, die lediglich moralischen Schranken unterlag[256]. Diese Schranken konnten jedoch durch Entscheidung des Souveräns zum Wohle des Staates außer Kraft gesetzt werden. Der zeitgenössische Gesellschaftstheoretiker Machiavelli beispielsweise band seinen „principe“ hauptsächlich an das Recht des Stärkeren,

---

[252] Goodman, Die Europäische Union: Neue Demokratieformen jenseits des Nationalstaats, S.335ff.

[253] Messner, Nuscheler, Global Governance – Organisationselemente und Säulen einer Weltordnungspolitik, S. 17.

[254] Arndt, Europarecht, S. 13ff, sowie Art 6 EUV, Art 17 EGV.

[255] Messner, Nuscheler, Global Governance – Organisationselemente und Säulen einer Weltordnungspolitik, S. 22.

[256] Höffe, Demokratie im Zeitalter der Globalisierung, S. 376f.

und autorisierte ihn im Falle eines ersichtlichen Vorteils auch gegen seine Freunde und sogar gegen die Regeln der Menschlichkeit zu handeln[257].

In der modernen Völkerrechtslehre, die von einer Staatengemeinschaft und Staatenverantwortlichkeit ausgeht, können einige traditionelle Eigenschaften souveräner Staaten von diesen nicht mehr alleine getragen werden, sondern werden auf die inter-nationale Ebene übertragen[258]. Der Begriff einer nicht absoluten, sondern nur relativen Souveränität stützt dabei die neueren Entwicklungen des Völkerrechts, etwa die vertragliche Anerkennung von Menschenrechten, souveränitätstheoretisch ab, und verleiht ihnen positivrechtliche Qualität[259].

Diese Beschränkung der nationalen Souveränität durch einen globalen Ordnungsrahmen stellt eine wichtige Herausforderung an die Souveränität der Nationalstaaten dar[260]. Die im klassischen Völkerrecht entstandene „drei Elemente Lehre“ geht bei der Definition des Staates nach Gebiet, Volk und Staatsgewalt davon aus, dass diese in einem Zusammengehörigkeitsverhältnis stehen müssen. Danach erstreckt sich die Staatsgewalt auf ein begrenztes Gebiet, in dem ein Volk lebt[261].

Nach dieser Vorstellung drängt sich der Schluss auf, dass der Raum in dem die gesellschaftlichen Prozesse stattfinden gleichgroß ist wie der Raum der durch den politischen Regelungsbereich erfasst wird. Solange wirtschaftliche Transaktionen und gesellschaftliche Aktivitäten innerhalb dieses Raumes stattfinden, konnten sie auch im Souveränitätsbereich des Staates geregelt werden. In dem Maß in dem diese Grenze durchbrochen wird, geht im Umkehrschluss eine notwendige Voraussetzung der Steuerungsfähigkeit des Staates verloren, da der Staat seine Ziele nur dann erreichen kann, wenn der Kreis der Regelungsadressaten mit den Akteuren des politischen Raums übereinstimmt. Ist dies nicht der Fall, durchbrechen gesellschaftliche wie wirtschaftliche Prozesse den Souveränitätsbereich des Staates, und fördern auf diese Weise den Globalisierungsprozess[262].

Dieser Vorgang lässt sich auch anhand der völkerrechtlichen Entwicklungen im Rahmen der Vereinten Nationen dokumentieren. Nach dem Ende der Kolonialzeit setzte die Charta der Vereinten Nationen mit dem in Art. 2 Z. 1 enthaltenen Grundsatz der souveränen Gleichheit aller Staaten eine neue Dynamik im Völker-

---

[257] Niccolo Machiavelli, Der Fürst – il principe, S. 35.
[258] Held, Democracy and the Global Order - From the Modern State to Cosmopolitan Governance, p. 23ff, 121.
[259] Höffe, Demokratie im Zeitalter der Globalisierung, S. 377.
[260] Bretherton, Allgemeine Menschenrechte – der „ menschliche Faktor“ in der Weltpolitik?, S.256.
[261] Jellinek, Allgemeine Staatslehre, S. 396ff.
[262] Zürn, Schwarz- Rot- Grün- Braun: Reaktionsweisen auf Denationalisierung, S. 298.

recht frei[263]. Wird nun diese völkerrechtliche Entwicklung unter dem Aspekt der Globalisierung betrachtet, so kommt man zu dem Ergebnis, dass durch die neue völkerrechtliche Situation die Globalisierungsprozesse in vielen Bereichen ermöglicht oder zumindest gefördert wurden. Neue globale Institutionen wurden ins Leben gerufen, die als erste Fixpunkte einer neuen, globalen Weltordnung dienten. Außerdem führte die sprunghafte Zunahme der Völkerrechtssubjekte zu verstärkter Kooperation und zahlreichen neuen Interdependenzen[264].

Als nächstes soll eine rechtliche Abgrenzung für den Souveränitätsbegriff in einer sich globalisierenden Welt gefunden werden. Eine genauere Untersuchung der Wirkung der Globalisierung auf die Souveränität setzt zunächst eine Untersuchung der Bedeutung der Globalisierung für das völkerrechtliche Staatenverständnis an sich voraus. Dabei stellt „Globalisierung" ein Glied in einer Kette von Begriffen wie „Internationalisierung" und „internationalen Interdependenzen" dar, die kontinuierlich wegführt vom traditionellen Verständnis souveräner Nationalstaaten[265].

Begriffe die dabei immer wieder miteinander verbunden schienen waren Interdependenz und Globalisierung, wobei Globalisierung in den meisten Definitionen mit „Interdependenzen" einherging. Der Globalisierungsbegriff geht aber über den Begriff der Interdependenz, der bloße wechselseitige Abhängigkeiten beschreibt, hinaus. Globalisierung erweitert dabei das Spektrum des Interdependenzbegriffes um ein gemeinsames Weltbewusstsein sowie um eine enge Verknüpfung weltweiter Transaktionen miteinander[266].

Die Globalisierung hat dabei vor allem zwei Hauptwirkungen auf die Souveränität. Zum ersten werden wirtschaftliche, soziale, kulturelle und politische Aspekte plötzlich „global" und durchbrechen so das bekannte Souveränitätskonzept, das diesen Anforderungen nicht mehr genügt, da es lediglich in „intern" und „extern" unterscheiden kann. Der moderne Staat stellt somit ein Bindeglied zwischen der Erfüllung nationaler Aufgaben und internationalen Vorgaben dar[267]. In diesem Sinne fällt es schwer „internen Vorrang" vor „externer Gleichheit" zu rechtfertigen. Auf diese Weise wird der Übergang von der nationalen auf die internationale Ebene verwischt, und auch die „interne" Willensbildung durch veränderte politische Verhältnisse beeinflusst. Aus diesem Grund kann eine bloße „intern-extern" Abgrenzung für die neuen Anforderungen an den Souveränitätsbegriff nicht mehr genügen.

---

263 Dicke, Erscheinungsformen und Wirkungen von Globalisierung in Struktur und Recht des internationalen Systems auf universaler und regionaler Ebene sowie gegenläufige Renationalisierungstendenzen, S. S.25.
264 Ebd., S. S.29.
265 Williams, Rethinking Sovereignty in: Globalization: Theory and Practice, S. 116.
266 Ebd., S. 118.
267 Held, McGrew, Goldblatt, Peratton, Globalization, p. 495f.

Zum anderen läuft der Globalisierungsprozess dem Territorialitätsgedanken herkömmlicher internationaler Beziehungen zuwider, da diese auf dem Souveränitätsgedanken beruhen, der seinerseits mit dem Territorialitätsprinzip eng verbunden ist. Staatliche Machtstrukturen müssen also, um vom Souveränitätsbegriff in einer sich globalisierenden Welt erfasst zu werden, von der Vorstellung einer territorialen Bindung gelöst werden.

4. Neue Anforderungen an nationale Politiken

Auch auf der nationalen Ebene ergeben sich durch den Globalisierungsprozess tiefgreifende Neuerungen. Das Verhältnis zwischen Wirtschaft und Außenpolitik wurde grundlegend verändert. Beide Bereiche sind in zunehmendem Maße aufeinander angewiesen[268]. Beispielsweise ist die Außenpolitik ein wichtiger Faktor bei der Erschließung neuer Märkte, die zur Stärkung der nationalen Wirtschaft dringend gebraucht werden[269]. Auch die Position inländischer Unternehmen im Ausland kann gestärkt werden, wenn die Außenpolitik, etwa im Rahmen von Entwicklungszusammenarbeit, den Boden hierfür bereitet hat[270].

Umgekehrt beeinflusst auch die wirtschaftliche Globalisierung die Definition der außenpolitischen Interessen. Die nationalstaatlichen Handlungsoptionen werden durch den Globalisierungsprozess eingeschränkt, was eine stärkere wirtschaftliche und globale Orientierung der Politik zur Folge hat. Diese Entwicklung bringt das Problem mit sich, dass sich die betroffenen Individuen zunehmend der Politik, die sie nur indirekt zu betreffen scheint, entfremdet und sich ihrer kulturellen Identitäten beraubt fühlen[271].

Beispielsweise lassen die Bemühungen um weitere Integrationsfortschritte in der Europäischen Union erkennen, dass sich jeder weitere Integrationsschritt schwerer realisieren lässt als der vorhergehende. So wird etwa an der Position einzelner Staaten zum EU-Verfassungsvertrag deutlich, dass, je weiter die europäische Integration geht, nationale Interessen stärker in den Vordergrund treten und den europäischen Einigungsprozess erschweren[272].

Allerdings führt der wirtschaftliche Globalisierungsprozess nicht zur Handlungsunfähigkeit der Politik. Die Politik verliert zwar insoweit durch die Globalisierung an Einfluss, als die Möglichkeiten einer direkten Eingriffspolitik eingeschränkt werden. Die Ordnungsfunktion der politischen Systeme bleibt jedoch erhalten.

---

[268] Cerny, What Next fort the State?, p. 125f.
[269] Fischer, Globalisierung: Bedrohung oder Chance – Der IWF-Stab, in: http://www.imf.org/external/np/exr/ib/2000/deu/041200g.htm, 5.9.2005.
[270] (dt.) BMZ, Entwicklungszusammenarbeit im Zeitalter der Globalisierung, in: http://www.bmz.de/de/service/infothek/fach/spezial/spezial083/spezial083_11.html, 16.3.2005.
[271] Zürn, Schwarz- Rot- Grün- Braun: Reaktionsweisen auf Denationalisierung, S. 301.
[272] Jürgen Schwarze, „Das schwierige Geschäft mit Europa und seinem Recht", in: JZ 21/1998/1082.

Die skizzierten Bestandteile der staatlichen Rahmenbedingungen werden zwar in groben Zügen durch Prozesse auf der internationalen Ebene beeinflusst, ihre Umsetzung ist jedoch unmittelbar durch den Staat zu gestalten.

So wird ein Staat, der in der Hoffnung Arbeitsplätze zu schaffen Projekte eines Konzerns unterstützt, wenig politischen Nutzen daraus ziehen können wenn die wirtschaftlichen Rahmenbedingungen im Inland nicht stimmen, und der Konzern sein Projekt ins Ausland verlagert. Ein Staat, der sich ordnungspolitisch auf die Rahmenbedingungen der Wirtschaft konzentriert, bleibt jedoch nach wie vor auch gegenüber der eigenen Wirtschaft handlungsfähig[273].

5. „Global Governance" - der Weg zum „internationalen Verfassungsrecht"

Durch den Globalisierungsprozess verschmelzen die Grenzen zwischen wirtschaftlichen und politischen Räumen. Je weiter dieser Prozess fortschreitet, desto ineffektiver wird traditionelles nationalstaatliches Regieren, da der politische Machtbereich des Nationalstaats jeweils nur einen Teil der wirtschaftlichen Prozesse erfassen kann[274]. Der Nationalstaat war in der Moderne immer das entscheidende Instrument politischen kollektiven Handelns. Nach dieser Vorstellung stellten Staaten eigenständige Akteure mit besonderen Macht- und Handlungsbefugnissen auf der politischen Ebene dar. Ausgelöst durch den Globalisierungsprozess wird dieses Bild durch die aktuellen Entwicklungen tiefgreifend verändert und umgestaltet. Das internationale System besteht nicht mehr ausschließlich aus Staaten, es hat eine gemischte Gestalt aus Staaten, internationalen Organisationen und nichtstaatlichen Akteuren angenommen[275].

Die Theorie der internationalen Beziehungen, die die Einwirkungen der Staaten aufeinander untersucht, bewertete den Staat immer als entscheidenden Ort kollektiven Handelns. Dabei wurde der Staat auf nationaler Ebene immer mit dem gesamten politischen System gleichgesetzt und als potentiell selbständiger kollektiver Akteur innerhalb des Systems gesehen. Im Umfeld der Globalisierung entstanden internationale Strukturen, die teilweise bereits so formalisiert und etabliert sind, dass sie eigene Institutionen in einem System geteilter Souveränität bilden[276]. Diese strukturelle Differenzierung tritt in immer mehr Staaten und Wirtschaftssektoren zu Tage und bewirkt entscheidende Veränderungen.

Es erlangen jene ökonomischen und politischen Strukturen und Prozesse Vorrang, die eher trans- oder multinational als nationalstaatlich ausgerichtet

---

[273] Zürn, Schwarz- Rot- Grün- Braun: Reaktionsweisen auf Denationalisierung, S. 302.
[274] Ebd., S. 297.
[275] Cerny, Globalisierung und die neue Logik kollektiven Handelns, S. 263.
[276] Messner, Nuscheler, Global Governance – Organisationselemente und Säulen einer Weltordnungspolitik, S. 20f.

sind[277]. Aufgrund ihrer Ausrichtung erlangen sie einen immer größeren Einfluss bei der Gestaltung grenz-übergreifender Problematiken, da sie die beteiligten Akteure in die Lage versetzen, unabhängig von nationalstaatlichen Entscheidungen zu agieren.

Dabei lassen sich während der letzten Jahrzehnte sowohl Regionalisierungs- als auch Globalisierungstendenzen erkennen. Durch diese Tendenzen ergibt sich ein stetiger Kompetenzzuwachs für die internationale Ebene[278]. In dem Maße, in dem sich transnationale Strukturen, sei es durch ökonomische oder politische Prozesse, unabhängig von staatlicher Mitwirkung etablieren können, werden staatliche Autorität und Legitimität sowie die politische Handlungsfähigkeit des Staates in Frage gestellt, da durch die Globalisierung zentrale staatliche Bereiche, wie etwa die Wahrung und Sicherung des Gemeinwohls ausgehöhlt werden[279].

Die zahlreichen Veränderungen, die der Globalisierungsprozess mit sich brachte, haben zu einem Ungleichgewicht zwischen Ökonomie, Sozialwesen und Politik geführt, aus dem heraus regionale Unterschiede und regionale Probleme entstanden sind, und das eine immer stärker werdende Polarisierung der Regionen mit sich bringt. Eine Folge daraus sind Entwicklungen im modernen Völkerrecht, die immer mehr Bereiche aus der souveränen Verantwortung auf die internationale Ebene übertragen. Wenn sich die Probleme globalisieren, muss sich auch die Politik globalisieren. Hieraus ergibt sich die Notwendigkeit, Strukturen und Institutionen aufzubauen, die globales Handeln ermöglichen um den drohenden Gestaltungs- und Steuerungsverlust der national-staatlichen Politik zu verhindern[280].

Die steigende Aktivität auf der internationalen Ebene sowie die zunehmende Dynamik bei der Entwicklung des modernen Völkerrechts haben durch ihre neuen Anforderungen auch eine neue Position des Völkerrechts an sich mit sich gebracht. Das Völkerrecht regelt nicht mehr nur rechtliche Beziehungen von Staaten untereinander, es regelt auch ihre Befugnisse und stellt erste Instanzen zur Verfügung[281].

So haben sich etwa die Vereinten Nationen von einer internationalen Interessenvertretung zu einer zumindest teilweise auch sozialen Institution entwickelt, die erste Ansätze eines *„global governance"*-Systems aufweist. Die Vereinten Nationen und ihre Organe verkörpern nicht mehr in erster Linie die Interessen ihrer einzelnen Mitglieder sondern immer stärker eine diese übergreifende Leit-

---

[277] Cerny, Globalisierung und die neue Logik kollektiven Handelns, S. 265.
[278] Kern, Globl Governance durch UN und Regionsorganisationen – OAU und OSZE als Partner der Weltorganisation beim Konfliktmanagement, S. 34.
[279] Zürn, Schwarz- Rot- Grün- Braun: Reaktionsweisen auf Denationalisierung, S. 298.
[280] Nuscheler, Globalisierung, Gobal Governance und Menschenrechte, S. 166ff.
[281] Dicke, Erscheinungsformen und Wirkungen von Globalisierung in Struktur und Recht des internationalen Systems auf universaler und regionaler Ebene sowie gegenläufige Renationalisierungstendenzen, S. 29ff.

idee. Dies drückt sich dadurch aus, dass die Vereinten Nationen und ihre Organe eine immer stärkere per se Normativität entfalten, deren Rechtsverbindlichkeit in einigen Fällen gemäß Art. 2 Z. 6 SVN nicht nur für ihre Mitglieder sondern für alle Staaten angenommen wird. Dadurch zeigt der heutige Anspruch der Vereinten Nationen eine deutliche Abweichung von einem ihrer ältesten Grundsätze, dem Nichteinmischungsgrundsatz[282].

Beispielsweise wird durch die Annahme von Normen mit *„erga omnes"*-Wirkung im Rechtssystem der Vereinten Nationen oder durch die Beachtung der *„ius cogens"*- Normen im Völkervertragsrecht verdeutlicht[283], dass im modernen Völkerrecht zwischen einem die Völkergemeinschaft insgesamt schützenden und ihre Ordnung gewährleistenden Recht sowie einem zur freien Disposition der Staaten zur Regelung ihrer jeweiligen Interessen stehenden Recht zu unterscheiden ist[284].

Die Entwicklung der Global Governance ist durch die Entstehung eines Netzes sowohl hierarchischer als auch nicht-hierarchisch gegliederter Kooperationsstrukturen gekennzeichnet, dass sowohl IGOs als auch NGOs umfasst[285]. Das neue globale System wird dabei vor allem durch eine Zunahme des Multilateralismus geprägt. Das traditionelle Souveränitätskonzept verändert sich, was durch eine zunehmende Beteiligung zivilgesellschaftlicher Organisationen und eine teilweise Souveränitätsübertragung auf die internationale Ebene zum Ausdruck kommt. Dies zeigt sich an einer Verdichtung der internationalen Zusammenarbeit und an einer Zunahme internationaler Organisationen. Ein weiterer prägender Faktor des neuen Systems ist die zunehmende Tendenz des Zusammenwirkens von staatlichen und nicht-staatlichen Akteuren zur Erarbeitung gemeinsamer Problemlösungen[286].

Global operierende Unternehmen wie NGOs wurden längst zu wichtigen Konsultationspartnern der Staaten, und haben als solche ihren Platz als Akteure im welt-weiten wirtschaftlichen und politischen Gefüge gefunden. Sie stellen den zunehmend transnational vernetzten Organisationskern einer internationalen Zivilgesellschaft dar, und haben durch zahlreiche Partnerschaften im politischen wie wirtschaftlichen Bereich auch bereits die Position eines Bindegliedes zwischen einer internationalen Zivilgesellschaft und staatlichen Akteuren aufgebaut[287].

---

282 Ebd., S. S.32.

283 etwa Art. 53, 64 WVK.

284 Dicke, Interventionen zur Durchsetzung internationalen Ordnungsrechts: Konstitutives Element der neuen Weltordnung?, S. 263f.

285 Kern, Globl Governance durch UN und Regionsorganisationen – OAU und OSZE als Partner der Weltorganisation beim Konfliktmanagement, S. 34f.

286 Messner, Nuscheler, Global Governance – Organisationselemente und Säulen einer Weltordnungspolitik, S. 19f.

287 Nuscheler, Globalisierung, Gobal Governance und Menschenrechte, S. 170ff.

6. Das Heranwachsen der internationalen Zivilgesellschaft

Ein mit der Globalisierung einhergehendes Phänomen ist die Entwicklung der Weltzivilgesellschaft, deren institutionelle Grundlage NGOs darstellen. Daher stellt sich die Frage, welche Möglichkeiten sich anhand der durch die Globalisierung bedingten internationalen Demokratisierungsprozesse für NGOs und ihr Engagement als politische Akteure ergeben[288]. Zunächst sind NGOs oft in nationale Demokratisierungsprozesse als institutionalisierter Ausdruck sozialer Bewegungen eingebunden, die oft mit dem Begriff der „Zivilgesellschaft" in Verbindung gebracht werden[289].

Als Kampfbegriff politischer Bewegungen in Osteuropa und Lateinamerika, die sich gegen die herrschenden Diktaturen stellten, hat das Wort „Zivilgesellschaft" eine starke politische Stoßkraft entwickelt, die sich nach 1989 auch auf die Gesellschaftswissenschaften ausgewirkt und fortgesetzt hat. Zur Beantwortung der Frage wie weit der Begriff der Zivilgesellschaft zu sehen ist und welche Akteure er umfasst, gibt es unter-schiedliche Meinungen aber keine einheitliche Definition[290].

Die Versuche den Begriff zu erfassen, stellen entweder auf den Kreis der beteiligten Akteure ab, wobei zivilgesellschaftliche Akteure alle gesellschaftlichen Institutionen sind, die nicht aufgrund eines staatlichen Autoritätsaktes, etwa in Form eines Verwaltungsaktes, gegründet wurden[291]. Der Begriff kann aber auch über die Form des Handelns der betreffenden Akteure erfasst werden. In diesem Fall erfasst zivilgesellschaftliches Handeln jede ohne staatliche Hoheitsgewalt ausgeübte Tätigkeit, also gegebenenfalls auch unautorisiertes staatliches Handeln oder Handeln durch Unterlassen[292]. Nach dieser Betrachtungsweise ist die Zivilgesellschaft ein Produkt des Zusammenspiels staatlicher und ziviler Akteure, die von einem gemeinsamen ideellen Hintergrund motiviert handeln[293].

Jedenfalls befindet sich die Zivilgesellschaft aber in einer vorstaatlichen oder außerhalb der staatlichen Gewalt angesiedelten Handlungssphäre und besteht aus einer Vielzahl pluraler, auf freiwilliger Basis gegründeter Organisationen und Assoziationen, die ihre spezifischen materiellen und normativen Interessen artikulieren und autonom organisieren. Sie ist zwischen der Privatsphäre des Einzelnen und dem Staat angesiedelt.

---

[288] Benedek, The Emerging Global Civil Society: Achievements and Prospects, p.1.
[289] Smith, Transnational Politics and the Human Rights movement, S. 187.
[290] Gosewinkel, Reichard, Ambivalenzen der Zivilgesellschaft, S. 1f.
[291] Etwa Colas, Civil Society: a historical and conceptual approach, p.14ff.
[292] Etwa Leonhard, Zivilgesellschaft und Gewalt: Zivilgesellschaft, Bellizismus und Nation, S. 26ff.
[293] Shils, Was ist die Civil Society, S. 14.

Daher resultiert auch die Vielzahl der zivilgesellschaftlichen Organisationsformen und Belange[294]. Die durch sie artikulierten Zielsetzungen betreffen immer öffentliche Angelegenheiten. Akteure der Zivilgesellschaft sind damit in die politische Sphäre involviert.[295] Im Gegensatz zu klassischen politischen Akteuren liegt die Zielsetzung jedoch meist nicht im Erreichen staatlicher Ämter sondern in einer indirekten Einflussnahme über die Öffentlichkeit[296].

Die Funktion zivilgesellschaftlicher Akteure liegt darin, den privaten- und sozialen Bereich vor staatlichen Eingriffen zu schützen, sowie einem Beobachtungs- und Kontrollmechanismus über den Staat zu bilden. Zusätzlich erweitert die Zivilgesellschaft die Partizipationsmöglichkeiten des Einzelnen und nimmt eine ergänzende Position zu politischen Parteien und Parlamenten ein, da sie ein Forum darstellt, in dem gesellschaftliche Interessen artikuliert und umgesetzt werden können. Insbesondere bietet sich dadurch solchen gesellschaftlichen Gruppen die Möglichkeit ihre Interessen zu artikulieren, die zu klein für eine direkte Beeinflussung demokratischer Prozesse sind[297].

Teilt man den staatlichen Einflussbereich in drei Sektoren auf, dann bildet die Zivilgesellschaft neben dem öffentlichen- und den wirtschaftlichen Bereich einen weiteren Faktor. Die zivilgesellschaftlichen Akteure stehen dabei zwischen den staatlichen Einflussbereichen und den Bürgern. Der Zivilgesellschaft kommt dabei eine Kontrollfunktion zu. Durch zivilgesellschaftliche Organisationsformen werden die Interessen der Individuen gebündelt und ihre Durchsetzbarkeit verbessert. Ihre Aufgabe besteht darin, die im staatlichen Einflussbereich getragene Verantwortung transparent zu gestalten und gegebenenfalls einzuklagen[298]. Durch diese Funktion bildet die Zivilgesellschaft einen autonomen sozialen Raum, in dem sozialverantwortlich gehandelt wird[299].

Im modernen westlich-liberalen Nationalstaat stehen sich bei der Machtausübung der Staat als Gesamtmenge aller öffentlichen Autoritäten und eine wechselnde Menge gesellschaftlicher und politischer Kräfte, die an der Gestaltung der öffentlichen Aufgaben nur indirekt teilhaben, gegenüber. Hierunter fallen unabhängige Medien genauso wie Bürgerinitiativen und soziale Bewegungen.

Das faktische Bestehen einer Zivilgesellschaft ist daran zu erkennen, dass die Machtausübung nicht mehr ausschließlich durch staatliche Autorität stattfinden kann, sondern ein Minimum an Konsens zwischen den beteiligten Akteuren

---

[294] Benedek, The Emerging Global Civil Society: Achievements and Prospects, p. 2.
[295] Merkel, Lauth, Systemwechsel und Zivilgesellschaft: welche Zivilgesellschaft braucht die Demokratie?, S. 7.
[296] Kopecky, Mair, Political Parties and Government, p. 277ff.
[297] Merkel, Lauth, Systemwechsel und Zivilgesellschaft: welche Zivilgesellschaft braucht die Demokratie?, S. 6f.
[298] Knoke, Politische Partizipation als Allheilmittel? Theorie und Wirklichkeit der neuen..., S. 82f.
[299] Novy, die Beziehungen von Theorie und Praxis: Zivilgesellschaft, Nichtregierungsorganisationen und Entwicklungspolitik, S. 120.

voraussetzt. Je weiter die Zivilgesellschaft dabei entwickelt ist, desto früher und umfangreicher wird die Konsensfindung notwendig, bevor Akteure der staatlichen Seite effektiv Autorität ausüben können[300].

Für die globale Ebene bedeutet das, dass für eine Teilhabe am System internationaler Organisationen zuvor eine Legitimation über den Konsens auf der nationalen Ebene erfolgen muss. Auf dieser Grundlage wird auch die Bildung von Strukturen einer transnationalen Zivilgesellschaft ermöglicht. Zivilgesellschaftliche Akteure, wie etwa NGOs, können dann nach einen ähnlichen Schema Einfluss auf die globale Ebene nehmen, wie dies bereits im nationalen Bereich vieler Staaten stattfindet.

---

[300] Kocka, Nolte, Reichard, Randeira, Neues über Zivilgesellschaft aus historisch-sozialwissenschaftlichem Blickwinkel, S. 2ff.

C. Zwischenergebnis I

Der Globalisierungsprozess ist in den letzten Jahrzehnten des 20. Jahrhunderts nicht nur ins öffentliche Bewusstsein getreten, sondern auch verstärkt Gegenstand wissenschaftlicher Betrachtungen geworden. In dieser Zeit erleichterte zum einen das Ende des Kalten Krieges, den Aufbau eines Bewusstseins für Grenzüberschreitende globale Problemlagen. Hinzu kam die sprunghafte Entwicklung der elektronischen Kommunikationsmittel, die öffentliche wie wirtschaftliche Aktionsräume erweiterte, wodurch eine bis dahin ungekannte weltweite Vernetzung geschaffen wurde. Die nicht nur Wirtschaftsräume, sondern auch private Organisationen und Individuen verband.

Das Ergebnis war eine zunehmende Globalisierung von Märkten, Politik, Recht und Gesellschaft, wobei die Globalisierung keinesfalls nur ein rein wirtschaftliches Phänomen darstellt, sondern als allgemeiner Prozess der „Entstaatlichung" verstanden werden muss. Dies ist teilweise darauf zurückzuführen, dass vor allem moderne demokratische Staaten einerseits aus Gründen der Rentabilität, andererseits aufgrund ihrer Vorstellungen von politischen Teilhabesystemen, immer mehr der traditionellen staatlichen aufgaben abgeben. Nach innen vollzieht sich dieser Prozess durch Übertragung öffentlicher Aufgaben an Akteure, die materiell dem privatrechtlichen Sektor zuzuordnen sind. Nach außen wird dieser Rückzug des Staates aus der Erfüllung öffentlicher Aufgaben durch die Übertragung öffentlicher Bereiche an überstaatliche Institutionen vollzogen. Diese werden durch Übertragung von Souveränitätsrechten mit Hoheitsgewalt ausgestattet, so dass der Staat an ihrer Entscheidungsfindung zwar mitwirken kann, rechtlich bleiben die Entscheidungen dieser Institutionen jedoch überstaatlich und wirken daher für den Staat verbindlich.

Hinzu kommt, dass der traditionelle Staat zusätzlich durch die Entwicklung moderner Kommunikationsmittel an Steuerungsfähigkeit verliert. Die Zugriffsmöglichkeiten des Staates auf den Staatszielen zuwiderlaufende internationale Kommunikationen im wirtschaftlichen oder politischen bereich werden dadurch sehr erschwert. Die meisten Staaten versuchen zwar durch Ausübung grenzübergreifender Hoheitsgewalt - etwa durch eine Beteiligung an internationalen Organisationen - Einfluss zurückzugewinnen, tragen damit aber auch gleichzeitig zum Abbau des traditionellen Staatsverständnisses bei.

Anhand der Entwicklung des internationalen Menschenrechtsschutzes lässt sich vor diesem Hintergrund ein getrennter Globalisierungsprozess menschenrechtlicher Vorstellungen belegen, der beispielsweise durch die zunehmende Annahme universeller Wertvorstellungen, die steigende Zahl menschenrechtlicher Verträge und auch durch die stetig fortschreitende internationale Institutionalisierung im Bereich des Menschenrechtsschutzes zum Ausdruck kommt. Allerdings kann aufgrund regionaler politischer und kultureller Unterschiede nicht von einer einheitlichen globalen Entwicklung ausgegangen werden. Daher ist der internationale Menschenrechtsschutz oft eher ein politischer als ein rechtlicher Faktor. Unumstritten sind lediglich elementare Menschenrechte der ersten und teilweise der zweiten Generation. Daher gibt es in den regionalen Bereichen einen stärker ausgeprägten menschenrechtlichen Schutzbereich, wodurch auch ein effektiverer Menschenrechtsschutz ermöglicht wird.

Im wirtschaftlichen Bereich dagegen scheint der Globalisierungsprozess auf weniger Grenzen und Widerstände zu stoßen. Bedingt durch den technischen Fortschritt werden internationale Transaktionen erleichtert. Für den wirtschaftlichen Bereich ergibt sich daraus, dass sich in den unterschiedlichsten Gebieten profitable, neue Märkte und Absatzmöglichkeiten ergeben. Für die staatliche Seite wird daher die Auseinandersetzung mit grenzübergreifenden wirtschaftlichen Fragen oft zur politischen Notwendigkeit, da Gewinne im wirtschaftlichen Bereich letztlich auch der staatlichen Seite zugute kommen. Als Folge entstehen neue internationale Akteure, etwa in Form von Konzernen, die zu wirtschaftlichen Machtfaktoren werden und so zunehmenden Einfluss auf die Politik der Staaten ausüben können.

Auch wenn sich folglich in beiden Bereichen getrennt von einander ablaufende Globalisierungs- beziehungsweise Internationalisierungsprozesse zu entwickeln scheinen, bestehen dennoch einige Verbindungen. So ist zunächst eine Interdependenz zwischen nationaler Wirtschaft und nationaler Außenpolitik erkennbar. Oft ist eine grenzübergreifende Entwicklung im wirtschaftlichen Bereich ohne die politischen Voraussetzungen, die von staatlicher Seite geschaffen werden, nicht möglich.

Für die staatliche Seite ergibt sich daraus, dass die Grundlage für die Gestaltung rechtlicher Standards, die eine wirtschaftliche Globalisierung, und dadurch auch eine Stärkung der eigenen Wirtschaft ermöglichen, zunächst in der Gestaltung günstiger, politischer und sozialer Bedingungen zu sehen ist. Eine wichtige Grundlage sind in diesem Zusammenhang die Menschenrechte.

Dadurch werden einerseits zumindest die elementaren Menschenrechte zu einer indirekten Grundlage der wirtschaftlichen Globalisierung. Andererseits wird auch das wechselseitige Verhältnis zwischen politischer und wirtschaftlicher Globalisierung deutlich. Ohne wirtschaftliche Notwendigkeit wäre die Globalisierung im Bereich der Menschenrechte ausschließlich auf moralische oder idealistische Motive begründet, wodurch eine über bloße Regionalisierung hinausgehende Internationalisierung der Menschenrechte deutlich verlangsamt wäre. Umgekehrt wäre auch eine wirtschaftliche Globalisierung ohne Rechtsgrundlagen wie Freiheitsrechte oder ein Diskriminierungsverbot, nicht denkbar.

So wie durch den allgemeinen Globalisierungsprozess die Zahl der internationalen Akteure im wirtschaftlichen Bereich ansteigt, bilden sich aufgrund der mit der

Umsetzung politischer Menschenrechte einhergehenden zivilgesellschaftlichen Partizipationsmöglichkeiten auch im menschenrechtlichen Bereich neue Akteure. Die Existenz dieser Organisationen gründet sich zwar auf staatliches Privatrecht, ihr Aktionsfeld erstreckt sich aber zunehmend auch auf die internationale Ebene. Diese zivilgesellschaftlichen Akteure, NGOs, leisten einen Beitrag zur Effizienz, Effektivität und Stabilisierung demokratischer Prozesse und bewegen sich in einigen Bereichen auch in die Nähe der Funktionen politischer Parteien. Sie bieten ein Forum zur Artikulierung und Kanalisierung sozialer Interessen und stellen in Kombination mit der Dynamik der öffentlichen Meinung eine zusätzliche Kontrollfunktion gegenüber dem Staat dar. Eine genauere Betrachtung der Rechtspersönlichkeit der NGOs sowie ihrer praktischen Möglichkeiten wird daher Gegenstand der folgenden Untersuchung sein.

Teil II.: Die Bedeutung der Nichtregierungsorganisationen für den internationalen Menschenrechtsschutz

A. NGOs in der internationalen Rechtspraxis

I. Der Rechtscharakter der Nichtregierungsorganisationen – Versuch der Klassifikation und Standardisierung

1. Begriffliche Abgrenzung

Der in der Praxis übliche Sprachgebrauch versteht internationale NGOs ganz allgemein als internationale Personenverbände, die nicht durch ein völkerrechtliches Übereinkommen gegründet wurden. Hierunter fallen alle grenzüberschreitend tätigen privatrechtlichen Organisationen, die international Mitglieder für ihre Zwecke anwerben[301]. Dabei verbirgt sich hinter der Abkürzung NGO eine Vielzahl von Erscheinungsformen der Zivilgesellschaft[302].

Die Abkürzung NGO für Nichtregierungsorganisationen kommt aus dem anglo-amerikanischen Sprachkreis, und bezeichnete ursprünglich Organisationen, die zwar international tätig sind, aber nicht auf die Initiative von Regierungen gegründet wurden. Allerdings hat sich der Begriff im allgemeinen Sprachgebrauch in erster Linie für solche Organisation eingebürgert, die weder dem staatlichen Sektor zuzuordnen, noch im wirtschaftlichen Geschehen anzusiedeln sind[303]. Meist werden, vor allem in der amerikanischen Literatur, mit dem Begriff NGO solche Organisationen bezeichnet, die mit Attributen wie „private-", „nonprofit-", „voluntary-" oder „aid-organisation" in Verbindung gebracht werden[304]. Der Begriff NGO bezeichnet daher keine konkrete Organisationsform, sondern er steht als Überbegriff für die verschiedensten Organisationen des nichtstaatlichen

---

301 Art.1 European Convention on Recognition of the legal Personality of Non-Governmental Organisations von 1986, abgedruckt in: ETS Nr. 124, S. 1ff.

302 Keppler-Schlesinger, Nichtstaatliche Organisationen (NGOs) und die Vereinten Nationen, S. 253.

303 Gladgow, die Nicht- Regierungsorganisationen in der internationalen Entwicklungszusammenarbeit, S. 306.

304 Siehe etwa: NGOs, in: EPIL, Vol. III, S. 115ff; Weissbrodt, The Contribution of Nongovernmental Organisations to the Protection of Human Rights, p. 405- 429; oder Oloka Onjango, Modern Day Missionarys or Misguided Miscreants?, p. 287- 293.

Sektors, unabhängig von ihrem geografischen Wirkungskreis, der Organisationsform oder der rechtlichen Stellung[305].

Damit eine Organisation im völkerrechtlichen Sinn auf der internationalen Ebene als NGO angesehen werden kann, müssen bestimmte Mindestvoraussetzungen erfüllt werden. Die wichtigste Voraussetzung für eine Organisation ist dabei ein gewisses Maß an Autonomie[306]. Das bedeutet, sie sollte sowohl in ihrer internen Meinungsbildung als auch im finanziellen Sinne unabhängig von staatlichem Einfluss existieren können. Dabei spielt es jedoch nur eine geringe Rolle, ob und wie häufig die Organisation durch öffentliche Fördermittel unterstützt wird[307]. Für die jeweiligen Organisationen ergibt sich daraus, dass sie nicht nur Fachkompetenz und Verantwortungsbewusstsein gegenüber der Öffentlichkeit an sich, sondern auch gegenüber den Mitgliedern und Spendern zeigen müssen, um nicht ihre Existenzgrundlage zu verlieren[308]. Dies setzt ein gewisses Maß an Transparenz und Öffentlichkeitsarbeit voraus, womit nicht nur eine Kontrollfunktion gegenüber der Organisation, sondern auch ein regelmäßiges in Erscheinung treten gesichert wird.

Eine weitere Klassifizierungsmöglichkeit ist die gewinnorientierte Ausrichtung der Organisation. Die von den im menschenrechtlichen Bereich tätigen Organisationen geleistete Arbeit sollte jedoch zumindest teilweise gemeinnützigen Charakter haben. Die Ziele der Organisation dürfen folglich nicht gewinnorientiert verfolgt werden[309].

Das Ziel muss es vielmehr sein, gesellschaftliche Solidarbeiträge zu kanalisieren, und in Kollektivgüter umzuformen[310]. Menschenrechtliche NGOs versuchen der Gesellschaft, oder zumindest einem Teil davon, zu helfen, ohne selbst Vorteile aus dieser Hilfe zu ziehen. Sie stellen daher sowohl eine Voraussetzung, als auch eine Unterstützung für das politische System demokratischer Staaten dar[311]. So werden etwa Beratung, technische Hilfe und konkrete Aufbauarbeit von zahlreichen NGOs als Mittel der Menschenrechtspolitik eingesetzt. Vor allem in Ländern, die sich in einem Übergangstadium von totalitären zu demokratischen Regierungen befinden, geht es oft darum, rechtsstaatliche Strukturen aufzubauen und durch Ausbildung und Erziehung ein neues kulturelles Selbstverständnis im

---

305 de Crombrugghe, Institutional Support for NGOs in the South, in: the Courrier 1995/152, p. 71.
306 Wolfrum, United Nations: Law, Policies and Practice, p. 927f, Hüfner.
307 Gladgow, die Nicht-Regierungsorganisationen in der internationalen Entwicklungszusammenarbeit, S.307.
308 Benedek, The Emerging Global Civil Society: Achievements and Prospects, p. 5.
309 Morales, Vier Generation von NROs im Süden – Ein Überblick, in: E+Z 34 (1993) 10.
310 Gladgow, die Nicht- Regierungsorganisationen in der internationalen Entwicklungszusammenarbeit, in: Handbuch der Dritten Welt, S.316.
311 Oloka-Onyango, Modern-day Missionaries or Misguided Miscreants? NGOs, the Women's Movement and the Promption of Human Rights in Africa, p. 287.

Sinne der Menschenrechte zu fördern[312]. Daher sind NGOs auch nicht mit sozialen Bewegungen an sich gleichzusetzen, allerdings stehen sie häufig im Zentrum sozialer Bewegungen und werden so zu ihrem institutionalisierten Ausdruck[313].

2. Materiell- rechtliche Definitionen

Auf materiell- rechtlicher Ebene traten NGOs im Völkerrecht erstmals im Zusammenhang mit dem Wirtschafts- und Sozialrat der Vereinten Nationen, WSR, in Art. 71 SVN in Erscheinung. Dort findet sich allerdings keine Definition für NGOs. Dem WSR wird nur eingeräumt, „geeignete Abmachungen zwecks Konsultation mit nichtstaatlichen Organisationen zu treffen, die sich mit Angelegenheiten seiner Zuständigkeit befassen. Solche Abmachungen können mit internationalen Organisationen und soweit angebracht, nach Konsultation des betreffenden Mitglieds der Vereinten Nationen auch mit nationalen Organisationen getroffen werden". Hieraus geht zunächst also nur hervor, dass eine NGO sowohl nationalen, als auch internationalen Charakter haben kann.

Eine erste nähere Definition ging erst deutlich später aus der Resolution 288 B (X) des WSR von 1950 des WSR hervor, die NGOs als „internationale Organisationen, die ohne zwischenstaatliche Übereinkommen begründet werden" bezeichnet. Problematisch ist in diesem Zusammenhang allerdings die Auslegung der Definition eines zwischenstaatlichen Übereinkommens, die in der Praxis oft zur Verschleppung der betreffenden Angelegenheiten führen kann[314]. Daher wurde diese Definition der NGOs wurde später noch um das Kriterium ergänzt, dass Mitglieder der Organisationen nur dann von Regierungsbehörden designiert werden dürfen, wenn sie dadurch nicht in ihrer Unabhängigkeit beeinträchtigt werden[315].

Eine praxisorientierte Alternative stellt in diesem Zusammenhang das Konzept der „wichtigsten gesellschaftlichen Gruppen", „major groups" dar, das durch die Agenda 21 im Rahmen der UNCED 1992 eingeführt wurde[316]. Es erweitert zwar grundsätzlich das Spektrum des NGO-Begriffs, unterscheidet aber zwischen den Interessenlagen der NGOs, womit eine differenzierte begriffliche Klärung ermöglicht wird. So werden Interessenvertretungen von Frauen, Minderjährigen, einzelnen Bevölkerungsgruppen sowie wirtschaftliche und wissenschaftliche Interessenverbände innerhalb des NGO- Begriffs differenziert[317]. Ein ähnlich praxisorientiertes erweitertes Begriffsspektrum liefert die Europäische Konvention über die Anerkennung der Rechtspersönlichkeit internationaler nichtstaatlicher Orga-

---

[312] Leuprecht, Menschenrechte zwischen Öffentlichkeitsarbeit und stiller Diplomatie, S. 62.
[313] Smith, J., Transnational Politics and the Human Rights movement, S. 186f.
[314] Hummer, Internationale nichtstaatliche Organisationen im Zeitalter der Globalisierung, S. 64f.
[315] Resolution 1296 (XLIV) des WSR vom 23. Mai 1968.
[316] Rechenberg, Non-Governmental Organisations, in: EPIL, p.616.
[317] Hummer, Internationale nichtstaatliche Organisationen im Zeitalter der Globalisierung, S. 65.

nisationen, wonach auch solche Verbände als NGOs anerkannt werden können, an denen auch staatliche Vertreter beteiligt sind, solange diese keinen maßgeblichen Einfluss auf die Entscheidungsfindung der Organisation ausüben können[318].

Weitere Definitions- und Klassifikationsansätze für den Begriff der NGOs unternahmen die *„Union of International Associations"*, UIA, die sich als Dachorganisation zur Dokumentation internationaler Organisationen versteht, sowie die OECD[319]. Beide Klassifikationsansätze sind allerdings sehr spezifisch auf den Wirkungsbereich dieser Organisationen ausgelegt, und bieten daher keine geeignete Grundlage für eine allgemeine Definition.

II. Die steigende Zahl der NGOs

Eine wichtige Forderung der allgemeinen Erklärung der Menschenrechte bildet die durch Art. 21 der Allgemeinen Erklärung der Menschenrechte und Art. 21 des Paktes über Bürgerliche Rechte angestrebte Schaffung einer Zivilgesellschaft. Hier wird das Recht des einzelnen festgehalten, an der Gestaltung der öffentlichen Angelegenheiten teilzunehmen. Ferner soll nach Art. 21 der Allgemeinen Erklärung der Menschenrechte der Wille des Volkes die Grundlage für die öffentliche Autorität bilden. Hieraus lässt sich ein Anspruch auf eine demokratische Mitwirkung des Einzelnen auf der internationalen Ebene ableiten. Dem universellen Völkerrecht lässt sich jedoch nicht entnehmen, wie eine solche Mitwirkung konkret auszusehen hat[320].

Das Rechtskonstrukt der NGOs stellt in diesem Zusammenhang einen möglichen Ansatz dar. Öffentliche Aufmerksamkeit und gesellschaftliche Kontrolle können dazu beitragen, staatlicher Macht Grenzen zu setzen. Eine Voraussetzung dafür ist, dass die Kenntnis von der Existenz und des Inhaltes der Verträge zu den Menschenrechten und den sich daraus ergebenden Verpflichtungen verbreitet wird[321]. Aus diesem Grund nehmen NGOs weltweit zunehmend an der Umsetzung von Menschenrechtsverträgen teil.

Einhergehend mit dem stetigen Globalisierungsprozess kann, wie zuvor festgestellt wurde, ein grundsätzliches Anwachsen der Aktivitäten und Transakti-

---

[318] Art. 1 lit. a der Europäischen Konvention über die Anerkennung der Rechtspersönlichkeit internationaler nichtstaatlicher Organisationen vom 24.4.1986, ETS No. 124, 2; dazu auch Bianchi, Globalisation of Human Rights: The Role of Non-State Actors, p. 191.

[319] Ebd., S. 49f.

[320] Heintze, Menschenrechte durchsetzen – Forderungen zum 50. Jahrestag der UN-Menschenrechtserklärung, S. 8.

[321] Zippelius, Allgem. Staatslehre, § 28 I.

onen auf der internationalen Ebene festgestellt werden[322]. Privaten Organisationen wurde in diesem Zusammenhang bisher wenig Bedeutung beigemessen. Aktuelle Entwicklungen, wie etwa die Einbeziehung der NGOs in die Menschenrechtsarbeit der Vereinten Nationen, spiegeln deren gewachsene Bedeutung wieder. So waren zur Zeit der Ausarbeitung der Allgemeinen Erklärung der Menschenrechte 1947 nur 15 NGOs mit Konsultationsstatus an diesen Prozess beteiligt, die alle ihren Sitz in Europa oder Nordamerika hatten. Als 1968 die UN-Weltmenschenrechtskonferenz in Teheran stattfand, hatte sich die Zahl der daran beteiligten NGOs bereits verzehnfacht[323]. Heute gibt es NGOs in allen Teilen der Erde, wo sie häufig Interessengruppen vertreten, die vorher völlig unterdrückt waren.

Zum Schutz der NGOs vor staatlichen Eingriffen legte die UN-Menschenrechtskommission 1998 einen Deklarationsentwurf vor dessen Ziel es war, den Schutz von Menschenrechtsverteidigern zu garantieren. Darin wurde bestätigt, dass jeder Mensch einzeln oder in Gemeinschaft, das Recht hat, sich für den Schutz der Menschenrechte auf nationaler- oder internationaler Ebene zu engagieren. Zu diesem Zweck dürfen Versammlungen einberufen und NGOs geschaffen werden. Die Staaten werden verpflichtet gegen Menschenrechtsverletzungen Rechtsmittel zu schaffen und die Tätigkeit der Menschenrechtsverteidiger zuzulassen. Diese dürfen wiederum keine Aktivitäten dulden, die der UN-Charta zuwiderlaufen[324].

Einen vergleichbaren Schutz gab es im europäischen Bereich bereits ab 1986 durch die Europäische Konvention zur Anerkennung der Rechtspersönlichkeit internationaler nichtstaatlicher Organisationen[325]. Die Konvention beschränkt sich jedoch auch nur die darauf festzulegen, dass die Vertragsstaaten NGOs, die in einem Vertragsstaat Rechtssubjektivität nach dessen Rechtsordnung erlangt haben, auch ihrerseits als Rechtssubjekte anerkennen[326].

Die Aktivitäten nichtstaatlicher Organisationen auf dem Gebiet der Menschenrechte erstrecken sich heute auf die unterschiedlichsten Bereiche. Sie beginnen bei bloßer Informationssammlung über Menschenrechtsverletzungen und erstrecken sich über eigene Hilfsprojekte oder Teilnahmen an internationalen Programmen bis hin zu konkreten Aktionen mit dem Ziel, Menschenrechtsverletzungen aufzudecken, und internationale Organisationen oder andere Staaten zu einem Vorgehen dagegen anzuregen[327].

---

[322] Dicke, Erscheinungsformen und Wirkungen der Globalisierung in Struktur und Recht des internationalen Systems auf universaler und regionaler Ebene sowie gegenläufige Renationalisierungstendenzen, S. 21.

[323] Heintze, Menschenrechte durchsetzen – Forderungen zum 50. Jahrestag der UN-Menschenrechtserklärung, S. 5.

[324] Ebd. S. 5.

[325] Bianchi, Globalisation of Human Rights: The Role of Non-State Actors, p.191.

[326] Delbrück, Nichtregierungsorganisationen: Geschichte – Bedeutung – Rechtsstatus, S. 15.

[327] Hummer, Internationale nichtstaatliche Organisationen im Zeitalter der Globalisierung, 45ff.

Die ständig steigende Zahl der Nichtregierungsorganisationen sowie die zunehmende Bedeutung ihrer Aktivitäten auf der internationalen Ebene stellen die Rechtspraxis vor das Problem diese neuen Akteure auch völkerrechtlich einzuordnen, da die Anzahl möglicher Völkerrechtlicher Akteure nicht materiell begrenzt ist, sondern von der faktischen Handlungsfähigkeit und Anerkennung auf der internationalen Ebene abhängt[328].

III. Der völkerrechtliche Status von NGOs

1. Die relative Völkerrechtssubjektivität von NGOs

Die Unterscheidung zwischen internationalen Organisationen, deren Mitglieder durch Regierungsbevollmächtigte vertretene Staaten sind, und solchen internationalen Organisationen deren Mitglieder sich aus privatrechtlichen Zusammenschlüssen unter nationalem Recht oder Privatpersonen zusammensetzen, ist von wesentlicher Bedeutung.

Dies zeigt sich vor allem bei der Betrachtung ihrer Rechtspersönlichkeit und des auf sie und unter ihren Mitgliedern anzuwendenden Rechts. Internationale Regierungsorganisationen sind Völkerrechtssubjekte soweit ihre Ziele und Zwecke reichen und im Hinblick auf diejenigen Staaten, die sie anerkannt haben[329]. Ihre Völkerrechtssubjektivität ergibt sich aus einer Übertragung von Souveränitätsrechten der Mitgliedstaaten auf die internationale Ebene. Dabei übertragen die Mitgliedstaaten Kompetenzen und ermächtigen die internationale Organisation zu völkerrechtlichem handeln[330].

Dabei handelt es sich im Gegensatz zur allgemeinen Völkerrechtssubjektivität der Staaten nur um eine partielle Völkerrechtssubjektivität, begrenzt auf die dem jeweiligen Statut der Organisation zu entnehmenden Aufgaben. Internationale Organisationen sind demnach dann Völkerrechtssubjekte, wenn der Wille der beteiligten Mitgliedstaaten dahin geht, ihnen Völkerrechtspersönlichkeit zu verleihen. Damit ist auch deren Rechtspersönlichkeit für den Bereich des innerstaatlichen Rechts der Mitgliedstaaten zwangsläufig verbunden[331]. Die Völkerrechtspersönlichkeit im Außenverhältnis ergibt sich durch Rechtspraxis oder Anerkennung der an der Organisation nicht beteiligten Staaten[332].

Obwohl die Möglichkeit der Schaffung eines internationalen Personalstatuts, beziehungsweise der Ausarbeitung einer Konvention zur Anerkennung der Rechts-

---

[328] Vitzthum. Völkerrecht, S. 14.

[329] Rechenberg, Non-Governmental Organisations in: Encyclopaedia of Public International Law, p.617.

[330] Herdegen, Völkerrecht, S. 91.

[331] Seidl-Hohenveldern/Stein, Völkerrecht, Rz. 808.

[332] Kimminich, Einführung in das Völkerrecht, S. 213.

persönlichkeit internationaler NGOs an sich nichts mit der Verleihung partieller Völkerrechtssubjektivität zu tun haben, stehen sie doch indirekt in engem Zusammenhang damit. Ein möglicher Grund für die fehlende Ausarbeitung einer allgemeinen internationalen Konvention zur Anerkennung der Rechtspersönlichkeit von NGOs liegt im Fehlen einer anerkannten einheitlichen Definition und kollisionsrechtlichen Eingrenzung der NGOs als Privatrechtssubjekte. Im Bereich der EU trat 1991 die „Europäische Konvention über die Anerkennung der Rechtspersönlichkeit internationale NGOs“, die die gegenseitige Anerkennung transnationaler NGOs zum Gegenstand hatte, in Kraft[333].

Trotz langjähriger internationaler Bemühungen um die Schaffung einer allgemeinen völkerrechtlichen Grundlage für die Rechtspersönlichkeit internationaler Vereine, existiert bis heute keine Vereinbarung, nach der die Rechtspersönlichkeit internationaler Vereine für die Staaten allgemein verbindlich geregelt und unmittelbar, also ohne Vermittlung durch staatliches Recht anerkannt wäre[334]. Als Folge dessen gründen sich internationale NGOs meist als nationale Vereine in Ländern deren nationales Recht günstigste Gründungsvoraussetzungen bietet, wie etwa den Niederlanden. So können zwar handlungsfähige internationale Vereine entstehen, jedoch bleibt die prinzipielle Kontrolle durch nationales Recht erhalten[335].

Verhältnismäßig geringe Probleme treten bei der Beurteilung der Rechtssubjektivität nationaler NGOs auf. Ihr Handeln ist meist auf den nationalen Rechtsbereich beschränkt, dessen Rechtssphäre sie auch als Vereine oder Verbände entstammen. Ihre Handlungs-fähigkeit unterliegt daher dem nationalen Recht[336]. Insoweit als das tatsächliche Handeln nationaler NGOs, etwa in Form von Individualbeschwerden vor internationalen Gerichtshöfen, internationale Bedeutung erlangt, sind die betreffenden NGOs genau wie INGOs jedenfalls im Rahmen des universellen Menschenrechtsschutzes handlungsfähig. Das bedeutet, sie genießen die gleiche relative Völkerrechtssubjektivität die im modernen Völkerrecht auch Individuen zugestanden wird. Darüber hinaus können NGOs noch durch Gewohnheits- oder Vertragsrecht internationale Handlungsfähigkeit erlangen. In der Praxis kann dies beispielsweise durch Verträge mit internationalen Organisationen oder Aufnahme von Konsultations- oder sonstigen Kooperationsverhältnissen geschehen[337].

Die Rechtsstellung der internationalen Nichtregierungsorganisationen wird kollisionsrechtlich nicht durch ein internationales Personalstatut bestimmt, sondern richtet sich wie bei nationalen Vereinen und Körperschaften nach dem Recht ei-

---

333 Europäische Konvention über die Anerkennung der Rechtspersönlichkeit internationaler nichtstaatlicher Organisationen vom 24.4.1986, ETS No. 124 ,2.

334 Hummer, Internationale nichtstaatliche Organisationen im Zeitalter der Globalisierung, S. 68f.

335 Benedek, The Emerging Global Civil Society: Achievements and Prospects, p. 5.

336 Doehring, Völkerrecht, Rz 194f.

337 Neuhold, Hummer, Schreuer, Österreichisches Handbuch des Völkerrechts, Rz 1177ff.

nes bestimmten Staates, in der Regel des Sitzstaates[338]. Das kann für internationale NGOs, INGOs, sowohl internationale privatrechtliche als auch fremdenrechtliche Probleme aufwerfen. Dabei handelt es sich etwa um arbeits- oder steuerrechtliche Probleme, da internationale NGOs in einigen Staaten trotz Gemeinnützigkeit wie gewinnorientierte nationale Vereinigungen behandelt werden[339].

NGOs besitzen keine generelle Völkerrechtssubjektivität. Das hat zur Folge, dass ihre Mitglieder als Privatrechtsubjekte unter nationalem Recht auch nicht über eine solche verfügen können. Völkerrechtssubjektivität kann allerdings auch ihnen von Staaten zuerkannt werden, wenn ihre selbst gestellten Aufgaben dies im Interesse der Staatengemeinschaft erfordern[340]. Dies ist in der Staatenpraxis allerdings selten der Fall. Beispielsweise wurde aber dem internationalen Komitee des Roten Kreuzes durch die Genfer Konventionen sowie deren Zusatzprotokolle die Rechte einer „Schutzmacht" übertragen[341].

Nichtregierungsorganisationen sind Verbände deren Zweck eher im gesellschaftlichen als im hoheitlichen Bereich im Sinne von Staatsaufgaben liegt. So haben sich Privatpersonen oder Vereine national, regional oder sogar weltweit vereinigt, und sich spezielle Statuten gegeben[342]. Diese Zusammenschlüsse nehmen im internationalen Rechtsverkehr eine einzigartige Stellung ein. Der Geltungsgrund ihrer selbst gewählten Rechtsordnung liegt weder im Völkerrecht, da sie keine Völkerrechtssubjekte sind und Völkerrechtssubjektivität nur in Ausnahmefällen zuerkannt bekommen, noch kann er in einer nationalen Rechtsordnung gefunden werden, da diese nur durch staatliche Legitimation errichteten Vereinigungen Rechtsqualität verleihen kann. Das Recht unter den Mitgliedern dieser Organisationen beruht in erster Linie auf dem Willen es zu befolgen sowie auf gemeinsamen Rechtsvorstellungen. Die NGOs können sich einen Verwaltungssitz in einem nationalen Staat wählen und sich nach nationalem Recht als Vereine registrieren lassen. Damit werden sie Vereinigungen nach dem jeweiligen nationalen Recht, woraus aber noch keine völkerrechtliche Position abzuleiten ist[343].

Die Rechtsbeziehungen unter den Mitgliedern einer Nichtregierungsorganisation richten sich ausschließlich nach ihren Statuten. Ein solches Statut kann die Grundlage seiner Auslegung auch in dem Sinne erhalten, dass internationales Recht, etwa bei internen Streitfragen, *per analogiam* anzuwenden sei.

Schließt eine Nichtregierungsorganisation Verträge mit Völkerrechtssubjekten, beruhen Geltungsgrund und anwendbares Recht auf dem nationalen Recht des Vertragspartners, im Falle von internationalen Organisationen auf deren Statut.

---

[338] Herdegen, Völkerrecht, S. 5.
[339] Hummer, Internationale nichtstaatliche Organisationen im Zeitalter der Globalisierung, S. 69.
[340] Doehring, Völkerrecht, Rz 196f.
[341] Abgedr. in Sartorius II, 53ff, etwa Art. 3 III. Genfer Konvention.
[342] Rechenberg, Non- Governmental Organisations, in EPIL, p.613.
[343] Doehring, Völkerrecht, Rz 198.

Auch hier können völkerrechtliche Regelungen analog angewendet werden, wenn dies im Einverständnis mit dem Vertragspartner geschieht.

2. Teilweise faktische Anerkennung in der Rechtspraxis

Grundsätzlich haben bisher weder nationale noch internationale NGOs den Status voller Völkerrechtssubjektivität erreicht. Allerdings gibt es zunehmend stärkere Tendenzen, bestimmten NGOs einzelne Rechte zuzugestehen[344]. Von der Entwicklung dieser Tendenzen hängt die jeweilige Anerkennung von NGOs in der Rechtspraxis ab. Sie kommen etwa in Bestrebungen zum Ausdruck, internationale Abkommen über die Anerkennung der Rechtspersönlichkeit von Nichtregierungsorganisationen zu gestalten. Eines dieser Abkommen ist das Europäische Übereinkommen zur Anerkennung der Rechtspersönlichkeit internationaler Nichtregierungsorganisationen, das am 1. Januar 1991 in Kraft trat[345].

Häufiger findet sich die Variante, dass NGOs in internationalen Übereinkommen einzelne genau definierte Rechte oder Aufgaben vor internationalen Foren oder Gremien übertragen bekommen. Ein Beispiel hierfür wäre die Möglichkeit für NGOs eine wenn auch nur begrenzte Rechtsposition im Völkerrecht zu erlangen, wenn sie als Hilfsorgane des Wirtschafts- und Sozialrates der Vereinten Nationen von diesem anerkannt werden. Sie werden dann von den Vereinten Nationen in eine nach ihrer Bedeutung zugeordneten Kategorie aufgenommen[346]. Solche NGOs werden dann zur Konsultation und Mitwirkung im Rahmen der Arbeit des Wirtschafts- und Sozialrates herangezogen.

Ähnlich wie die Vereinten Nationen hat auch der Europarat einigen Nichtregierungsorganisationen beratenden Status verliehen. Dieser Status berechtigt die NGOs ihre Entschließungen als Dokumente den Mitgliedern des Europarates zur Kenntnis zu bringen[347]. Eine vergleichbare Regelung über die Zusammenarbeit mit NGOs besteht auch im Bereich der WTO[348].

Es ist auch noch denkbar, dass NGOs von Staaten oder zwischenstaatlichen Organisationen mit bestimmten Aufgaben betraut werden, wie etwa der Überwachung einer Volksabstimmung. In diesem Fall entspricht ihre Stellung etwa der eines beliehenen privaten Unternehmens im innerstaatlichen Recht. Als völkerrechtlich verantwortlich, und somit als Völkerrechtssubjekt gilt in diesem Fall weiterhin der betrauende Staat der Organisation[349].

---

[344] Ölz, Non Governmental Organisations in Regional Human Rights Systems, p. 322f.
[345] European Convention on the Recognition of the Legal Personality of international Non Governmental Organisations, 24.4.1986, European Treaties, ETS No. 124.
[346] Art. 71 UN- Charta 1945.
[347] Seidl-Hohenveldern, Völkerrecht, Rz. 1569ff.
[348] Art. V (2) des Übereinkommens zur Errichtung der WTO, abgedr. In Sartorius II, 500.
[349] Seidl-Hohenveldern, Völkerrecht, Rz. 805.

3. Die rechtliche Position der Angehörigen einer NGO

Die umstrittene Völkerrechtssubjektivität der Nichtregierungsorganisationen wirft die Frage nach der völkerrechtlichen Position ihrer Angehörigen auf. Die Befreiung internationaler Organisationen von nationaler Gerichtsbarkeit kann sich aus den Gründungsverträgen, einem Übereinkommen mit dem Sitzstaat oder anderen vertraglichen Regelungen ergeben[350]. Im Bereich der Vereinten Nationen beispielsweise genießt nach Art. 105 (1) SVN die Organisation im Hoheitsgebiet der Mitglieder „die Vorrechte und Immunitäten, die zur Verwirklichung ihrer Ziele erforderlich sind". Frag-lich ist, inwieweit NGOs in diesem Zusammenhang mit internationalen Organisationen vergleichbar sind, und inwieweit sie folglich einen ähnlichen Status genießen könnten.

Verneint man die Annahme einer Völkerrechtssubjektivität von NGOs völlig, dann haben auch ihre Mitglieder keine völkerrechtliche Position, die über den Rahmen der grundsätzlichen Individualrechte hinausgeht. In diesem Fall wäre die Organisation ausschließlich als privatrechtliche Organisation ihres Gründungsstaates zu betrachten. Für die Mitglieder würde dies bedeuten, dass sie nach ihrer Staatsangehörigkeit zu beurteilen und durch privat- oder kollisionsrechtliche Verträge an die Organisation gebunden sind.

Problematischer gestaltet sich die Situation, wenn man von einer teilweisen Völkerrechtspersönlichkeit nichtstaatlicher Organisationen, etwa anhand ihrer faktischen Anerkennung ausgeht. Hierfür spricht etwa, dass NGOs und ihre Angehörigen bei ihrem Auftreten auf der internationalen Ebene keiner staatlichen Weisungsgebundenheit unterliegen[351]. In diesem Fall wäre NGO-Angehörigen auch ein Status zuzusprechen, wie er sich durch die regionale Rechtspraxis, etwa im Rahmen der Banjul-Charta in Afrika, ergeben hat. In diesem Bereich nehmen NGOs durch ihre faktische Bedeutung ohnehin staatliche Organfunktionen war[352]. Dabei könnten sich An-gehörige der betreffenden Organisationen beispielsweise auf eine gewohnheitsrechtliche Übung durch den vertraglich anerkannten Arbeitsbereich ihrer Organisation berufen.

Arbeiten NGOs mit internationalen Organisationen, etwa im Rahmen eines UN-Programms zusammen, oder sind sie in das Organ einer internationalen Organisation direkt integriert, wie etwa im Falle von UNAIDS, können sie als „beliehenes Organ" der Organisation verstanden werden[353]. In diesem Fall haben sie eine ähnliche Stellung wie internationale Beamte. Der Status eines internationalen Beam-

---

[350] Herdegen, Völkerrecht, S. 100.
[351] Neuhold, Hummer, Schreuer, Österreichisches Handbuch des Völkerrechts, Rz 920.
[352] Krisch, The Establishment of an African Court an African Court on Human and Peoples Rights, p. 720.
[353] Hummer, Internationale nichtstaatliche Organisationen im Zeitalter der Globalisierung, S. 126f.

ten ist dadurch gekennzeichnet, dass er hinsichtlich seines arbeitsrechtlichen Verhältnisses keinem nationalen Recht unterliegt, sondern einem speziellen Rechtssystem mit internationalem Charakter unterworfen ist. Internationale Beamte üben eine Funktion im öffentlichen Dienst einer internationalen Organisation in ausschließlicher Weise und ohne zeitliche Begrenzung aus[354].

Demnach sind die Angehörigen von NGOs keine internationalen Beamten, und genießen grundsätzlich auch keine Immunität. Bezüglich ihrer faktischen Organfunktion im Rahmen der betreffenden internationalen Organisation kann aber möglicherweise dennoch von einer Immunität im Rahmen der Arbeit der Organisation ausgegangen werden. Damit hätten auch Angehörige der betreffenden NGOs zumindest bezüglich ihrer Tätigkeit in Organfunktion eine gewohnheitsrechtliche Immunität gegenüber den Mitgliedstaaten der internationalen Organisation, soweit dies zur Erfüllung des Organisationszwecks erforderlich ist[355].

4. Legitimationsversuch anhand des menschenrechtlichen Schutzbereichs

Zentraler Inhalt der menschenrechtlichen Schutzpflicht des Staates ist die Abwehr von Verletzungshandlungen durch Dritte[356]. Der menschenrechtliche Schutzbereich des Völkerrechtes erstreckt sich dagegen auf die Fälle, bei denen der Staat entweder nicht in der Lage ist seiner Schutzpflicht gegenüber den Individuen nachzukommen, oder auf Situationen, in denen die Individuen keinen grundsätzlichen Schutz gegenüber Verletzungshandlungen Dritter sondern einen konkreten Schutz gegenüber ihrem eigenen Staat benötigen[357]. Damit stehen ganz generell die Interessen des Individuums im Mittelpunkt sowohl des staatlichen als auch des internationalen Menschenrechtsschutzes[358].

Wenn es also das Ziel des staatlichen Schutzbereiches ist, menschenrechtliche Interessen zu garantieren, und es darüber hinaus Ziel des völkerrechtlichen Menschenrechtsschutzes ist, dieses Interesse der Individuen auch gegenüber ihren eigenen Staaten zu wahren, zeigt sich eine Lücke im Rechtsschutzsystem. Einerseits kommt der völkerrechtliche Schutzbereich nur dann zur Geltung, wenn der staatliche Schutzbereich nicht mehr funktioniert. Andererseits ist aber die mangelnde Durchsetzbarkeit des Völkerrechts auch einer der Hauptkritikpunkte an der Völkerrechtsordnung an sich, da die Durchsetzung völkerrechtlicher Vorschriften oft mehr eine Frage der politischen Machbarkeit als des materiellen Rechtsgehalts ist. Der verletzende Staat behält also die Möglichkeit, seine Übergriffe durch poli-

---

354 Röttinger, Die Europäischen Beamten, S. 239.

355 So etwa Herdegen, Völkerrecht, S. 100; oder Neuhold, Hummer, Schreuer, Österreichisches Handbuch des Völkerrechts, Rz 926.

356 Schilling, Die staatliche Pflicht zum Schutz von Grundrechten und Menschenwürde, Seite 468f.

357 Becker, der Tatbestand des Verbrechens gegen die Menschlichkeit, S. 41.

358 Schilling, Die staatliche Pflicht zum Schutz von Grundrechten und Menschenwürde, S. 453.

tische Einflussnahme abzusichern. Diese Lücke zeigt sich beispielsweise an der nachträglichen Ablehnung des IStGH-Statutes durch die USA[359] oder die Verabschiedung des *„american service member protection act"*[360]. Weitere Lücken im völkerrechtlichen Menschenrechtsschutz können auch durch sich widersprechende völkerrechtliche Schutzbereiche, auftreten. Mögliche Kollisionen können etwa zwischen menschenrechtlichen Verpflichtungen und der Achtung des Nichteinmischungsgebots oder der kulturellen Rechte entstehen[361].

Eine Lückenfüllung kann hier etwa durch die menschenrechtliche Arbeit von NGOs erfolgen. NGOs, und damit auch ihre faktischen Einsatzmöglichkeiten, finden jedoch oft keine völkerrechtliche Anerkennung[362]. Daraus ergibt sich für die Fälle, in denen ein effektiver Rechtsschutz weder international noch staatlich möglich ist, das Problem, dass die Völkergemeinschaft einem ihrer zentralen Ziele, nämlich der Wahrung des Menschenrechtsschutzes[363], aufgrund selbst auferlegter Schranken gar nicht gerecht werden kann.

Möglichkeiten diese rechtlichen Hindernisse zu umgehen ergeben sich oftmals aus der umstrittenen Rechtsnatur von NGOs. Einerseits verfügen diese Organisationen nur über sehr eingeschränkte Völkerrechtssubjektivität, andererseits kommt ihnen aufgrund ihrer handlungsfähigkeit aber auch eine große praktische Bedeutung zu. In einigen Bereichen verfügen manche Organisationen sogar über ein gewisses Maß an anerkannter Völkerrechtssubjektivität, wie etwa im Rahmen einzelner Organe der Vereinten Nationen[364].

Damit wird zum einen dem Umstand Rechnung getragen, dass die Arbeit von NGOs den internationalen Menschenrechtsschutz oft effektiv unterstützt, zum anderen spiegelt sich hierin jedoch auch die häufig in der modernen Völkerrechtslehre vertretene Rechtsauffassung wieder, nach der nicht nur Staaten sondern auch Individuen und Personenverbände, die auf der internationalen Ebene faktisch auftreten, ein gewisses Maß an eingeschränkter Völkerrechtssubjektivität genießen[365].

Für den internationalen Menschenrechtsschutz kann sich durch das Vorhandensein von NGO-Aktivität daher oft ein Mindestmaß an Umsetzung ergeben, wo er an politischen Hindernissen scheitert. NGOs können häufig faktisch handlungs-

---

[359] Boos, Der Internationale Strafgerichtshof und die Geschichte seiner Behinderung, in: http://www.friedenskooperative.de/ff/ff02/4-66.htm, 18.01.2005

[360] Herbst, Immunität von Angehörigen der US-Streitkräfte vor der Strafverfolgung durch den IStGH , S. 582ff.

[361] Brock, Der Streit um die Menschenrechte – Universalismus, kulturelle Differenzen und Interessenpolitik, in: epd - Entwicklungspolitik (1996) 5/6, g.

[362] Seidl-Hohenveldern, Völkerrecht, Rz. 808.

[363] Etwa Präambel und Art. I Z. 3 SVN.

[364] Neuhold, Hummer, Schreuer, Österreichisches Handbuch des Völkerrechts, Rz 1179ff.

[365] Etwa Bassiouni, in: Das Vermächtnis von Nürnberg - Eine historische Bewertung 50 Jahre danach, S. 115; oder auch Herdegen, Völkerrecht, S. 64ff.

fähig bleiben, wo es weder innerstaatlichen Menschenrechtsschutz noch eine funktionierende Umsetzung über die internationale Ebene gibt[366]. Mangels Völkerrechtssubjektivität handeln sie in den Eingriffsstaaten zwar oft illegal, aber dennoch auf der Grundlage nationalen Rechts[367]. Auf der internationalen Ebene kann sich für die betreffenden NGOs aufgrund von Kooperationsverhältnissen oder Anerkennung durch internationale Organisationen dennoch ein Mindestmaß an Handlungsfähigkeit ergeben.

IV. Organisationsformen von Nichtregierungsorganisationen

1. Unterscheidung der NGOs nach ihrer geografischen Organisation

Aufgrund der mangelnden Standardisierung des Typenbegriffs „NGO" bestehen in Literatur und Lehre unterschiedliche Auffassungen hinsichtlich ihrer völkerrechtlichen Rechtsnatur und Handlungsfähigkeit[368]. Die weitestgehende Abgrenzungsmöglichkeit ergibt sich, wenn man NGOs in drei unterschiedliche Ebenen einteilt, auf denen sie ihre Aktivitäten Entfalten können. Dabei kann es sich sowohl um den nationale, als auch um den internationalen oder transnationalen Bereich handeln[369]. Im Zusammenhang mit menschenrechtlicher NGO-Arbeit sind dabei der regionale und der internationale Bereich von besonderer Bedeutung[370].

a) Nationale und regionale NGOs

Eine nationale NGO wird nur innerhalb der Rechtsordnung des Staates tätig, in dem sie sowohl organisatorisch als auch personell beheimatet ist[371]. Sie kam entweder mit einer aus dessen Zivilrechtsordnung stammenden Rechtspersönlichkeit, in der Regel als eingetragener Verein, oder auch ohne eine solche existieren. In diesem Fall handelt es sich meist um NGOs, denen eine offizielle Gründung oder öffentliches Agieren von staatlicher Seite untersagt werden. Man spricht in diesem Fall auch von „apatriden" NGOs. Diese alleine auf der innerstaatlichen Ebene vorhandenen NGOs entfalten keine eigene Völkerrechtssubjektivität, die über das Maß der vom universellen Menschenrechtschutz erfassten demokratischen teilhaberechte hinausgeht[372].

---

366 Fowler, The role of NGOs in Changing State-Society Relations: Perspectives from Eastern and Southern Africa, p. 57f.
367 Rechenberg, Non-Governmental Organisations, p.613.
368 Etwa Vitzthum, Völkerrecht, S. 14, Doehring, Völkerecht, Rz 26; oder Neuhold, Hummer, Schreuer, Österreichisches Handbuch des Völkerrechts, Rz 144ff.
369 YUN 1996, p. 1360ff, § 3 WSR-Res. 1996/3.
370 Bayefsky, The UN Human Rights Treaty System in the 21st Century, p. 198, Alice Miller.
371 Bratton, Non-Governmental Organisations in Africa: Can they influence public policy?, p. 48.
372 Doehring, Völkerrecht, Rz 26.

Dementsprechend ist der internationale Einfluss dieser Organisationen meist begrenzt. Neben der direkten Arbeit an menschenrechtlichen Brennpunkten haben nationale NGOs nur wenige Möglichkeiten über ihren nationalen Wirkungsbereich hinaus in Aktion zu treten. So ist beispielsweise die Kanalisierung und Organisation von Individualbeschwerden, die ein vorgesehenes Rechtsinstrument in einigen menschenrechtlichen Verträgen sind, ein mögliches Betätigungsfeld, etwa vor dem Afrikanischen Gerichtshof für Menschenrechte[373].

In Ausnahmefällen können nationale NGOs auch vor einigen internationalen Gremien als Experten konsultiert werden. Die Möglichkeit nationale NGOs bei der Beurteilung ihrer eigenen Staaten heranzuziehen ist allerdings umstritten. Da nationale NGOs meist relativ klein und daher von staatlicher Seite leicht zu beeinflussen sind, ist die Objektivität ihrer Gutachten oft umstritten[374]. Andererseits können solche Organisationen, eben weil sie direkt an der Quelle arbeiten, eventuelle Mißstände am besten aufdecken. Problematisch die Frage, inwieweit internationale NGOs solche Aufgaben in Zusammenarbeit mit nationalen NGOs auch effektiv erfüllen können. Ziel internationaler Arbeit ist schließlich eine internationale Einflussnahme auf nationale Verhältnisse. Daraus kann jedoch oft eine Gefährdung der Organisationsmitglieder im eigenen Land entstehen, wenn Organisationen, die ohnehin oft problematische Stand-punkte in den nationalen Systemen vertreten, internationale Zusammenarbeit mit dem Ziel in die nationale Sphäre, und damit in die Autonomie der Staaten einzugreifen, anstreben[375].

Organisationen dieser Art, die ihre Aktivitäten auf zwei bis maximal drei Staaten erstrecken, und ihren Tätigkeitsbereich an kulturellen und nicht an politischen Grenzen orientieren werden als regionale NGOs bezeichnet. Solche Organisationen können im Sinne des Art. 71 S. 2 SVN als gleichbedeutend mit nationalen NGOs eingestuft werden.

b) Internationale NGOs

Internationale NGOs, INGOs, sind zunächst von internationalen Regierungsorganisationen zu unterscheiden. Eine internationale Regierungsorganisation, IGO, erhält ihre Rechtspersönlichkeit nach völkerrechtlichen Grundsätzen[376]. Im Gegensatz dazu ist eine INGO im Regelfall in einer nationalen Rechtsordnung beheimatet, aus der sie auch ihre Zivilrechtspersönlichkeit bezieht. Dies trifft sowohl auf internationale, als auch auf nationale NGOs zu. INGOs unterscheiden sich von

---

[373] Krisch, The Establishment of an African Court on Human and Peoples Rights, p. 720f.
[374] Bayefsky, The UN Human Rights Treaty System in the 21st Century, p. 187, Alice Miller.
[375] Fowler, The role of NGOs in Changing State-Society Relations: Perspectives from Eastern and Southern Africa, p. 58f.
[376] Gladgow, die Nicht- Regierungsorganisationen in der internationalen Entwicklungszusammenarbeit, S. 316.

ihren nationalen Gegenstücken darin, dass sie ihre Aktivitäten in mehr als einem Staat entfalten[377].

Die Anerkennung der Internationalität einer NGO richtet sich nach dem NGO- Komitee des WSR , Commitee of Non- Governmental Organisations, nach dessen Definition eine NGO dann als international gilt, wenn sie Organisationen in mindestens drei Staaten unterhält[378]. Der Begriff „international" bedeutet im völkerrechtlichen Sinn „zwischen einzelnen nationalen Rechtsordnungen agierend". Internationale NGOs, INGOs, stellen einen Dachverband für einzelne nationale NGOs dar, und sind genau genommen nur dann international, wenn sie sich keiner bestimmten staatlichen Rechtsordnung unterwerfen, also im internationalen Sinne „apatrid" sind. In der Praxis haben sich dabei bestimmte Formen internationaler Nichtregierungsorganisationen herausgebildet.

Zum einen gibt es INGOs, die in keiner nationalen Rechtsordnung verankert sind, die also im strengsten Sinne „apatrid" existieren. Eine INGO kann aber auch aus verschiedenen Zweigvereinen in verschiedenen Ländern existieren, die nach dem jeweiligen nationalen Recht Rechtspersönlichkeit besitzen. Die INGO stellt in diesem Fall einen vertraglich organisierten nationalen Dachverband zwischen den nationalen Teilorganisationen dar. Schließlich gibt es auch noch die Möglichkeit, dass eine nationale NGO als organisatorisch übergeordneter Dachverband mehrerer nationaler NGOs fungiert, und auf diese Weise auf der internationalen Ebene auftritt[379].

c) Transnationale Organisationen

Transnationale Unternehmen treten zwar häufiger im wirtschaftlichen als im menschenrechtlichen oder entwicklungspolitischen Bereich auf, von dem Standpunkt aus, dass sie weitgehend unabhängig von staatlicher Einflussnahme gegründet werden können, können jedoch auch sie zum nichtstaatlichen Bereich gezählt werden. Sie setzen durch ihr Handeln nicht-hoheitliche, jedoch faktisch wirksame Akte und bedürfen dabei weder einer demokratischen noch einer politischen Legitimation[380].

Unternehmen oder Konzerne dieser Art begründen sich über Teilorganisationen in verschiedenen Staaten, die alle in derselben internen Verwaltungsstruktur organisiert sind. Solche Teilorganisationen unterscheiden sich von den Ableger- oder Schwesterorganisationen internationaler menschenrechtlich orientierter NGOs dadurch, dass sie keine eigenständigen Aktionen ausführen können, und weniger selbstständig gegenüber ihrer Mutterorganisation agieren. Infolge des mangeln-

---

[377] Art. 1, European Convention on the Recognition of the Legal Personality of international Non Governmental Organisations, European Treaties, ETS No. 124.

[378] Resolution 3 (II) des WSR vom 21. Juni 1946.

[379] Hummer, Internationale nichtstaatliche Organisationen im Zeitalter der Globalisierung, S. 201.

[380] Feld, Multinational Corporations an UN-Politics, p. 35f.

den hoheitlichen Bezugs verfügen Unternehmen generell nicht über Völkerrechtssubjektivität. Sie leiten ihre Rechtspersönlichkeit aus den nationalen Rechtsordnungen der Sitzstaaten ab, und verfügen international nur über faktisches Handlungspotential[381].

Transnational bedeutet an sich, das die Aktivität eines Privatrechtssubjekts aus einer nationalen Rechtsordnung heraus, ohne das dabei auf der internationalen Ebene zwischen zwei oder mehreren nationalen Rechtsordnungen agiert wird, Einfluss im Bereich einer anderen nationalen Rechtsordnung ausgeübt wird. Diese Organisationsform bietet so transnationalen Unternehmen die Möglichkeit sich staatlicher Kontrolle zu entziehen[382]. Geht man bei dem Begriff transnational allein von diesen Organisationsmerkmalen aus, so können auch internationale menschenrechtlich orientierte NGOs durchaus transnational agieren. Schließlich ist es auch das Ziel vieler menschenrechtlicher NGOs unter Umgehung nationaler Vorschriften transnationale Menschenrechtsnetzwerke aufzubauen[383].
Das direkte Unterhalten von vertraglichen Beziehungen zwischen Staaten und Konzernen ist mittlerweile ein nicht mehr wegzudenkendes Merkmal der internationalen Wirtschaftsordnung geworden[384]. Transnationale nicht-hoheitliche Aktivität, die von Unternehmen oder Konzernen ausgeht, wirkt grenzüberschreitend aus der Rechtsordnung eines Staates heraus in die eines anderen Staates hinein. Die Unternehmen als Privatrechtssubjekte werden dabei nicht international, also zwischen staatlichen Rechtsordnungen aktiv, sondern wirken als Mutterunternehmen grenzüberschreitend auf ihre ausländischen Tochterunternehmen ein. Dabei entsteht ein extraterritorialer Geltungsbereich der unternehmensinternen Akte, der faktisch wirksamen Einfluss auf staatliche Rechtsordnungen ausüben kann[385].

Dabei können internationale Konzerne, vor allem im wirtschaftlichen Bereich, oft beträchtlichen politischen Einfluss mit gewinnorientierter Zielsetzung ausüben[386]. Im völkerrechtlichen Sinn können transnationale Unternehmen Staaten in unterschiedlicher Weise entgegentreten. Sie schließen Verträge, können in Schiedsgerichtsverfahren auftreten oder sogar Sanktionen gegen Staaten ergreifen. Diese können etwa in Form wirtschaftlicher Boykotte stattfinden und so weit gehen, dass sie als Eingriffe in die inneren Angelegenheiten von Staaten gewertet werden können[387].

Bei ihren Vertragsabschlüssen sind transnationale Unternehmen oft bemüht ihre Verträge aus den nationalen Rechtsordnungen herausgelöst zu gestalten. Auf diese Weise kann der fremde Staat im Weg der nationalen Gesetzgebung durch

---

381 Seidl-Hohenveldern, Völkerrecht, Rz. 911.
382 Müller, Globalisierung, S. 48f.
383 Smith, Transnational Politics and the Human Rights Movement, p. 200ff.
384 Vitzthum, Völkerrecht, S. 15.
385 Neuhold, Hummer, Schreuer, Österreichisches Handbuch des Völkerrechts, Rz 1146.
386 John, Menschenrechte – Verpflichtung für transnationale Konzerne, S. 116f.
387 Neuhold, Hummer, Schreuer, Österreichisches Handbuch des Völkerrechts, Rz 1146f.

Änderung eines eigenen Rechts vertragliche Ansprüche der Unternehmen nicht mehr insoweit abändern, als diese der innerstaatlichen Rechtsordnung unterliegen. Die Vertragsbeziehungen transnationaler Unternehmen werden dadurch internationalisiert und dem Völkerrecht unterstellt. Sie verfügen damit über eine begrenzte privatrechtliche völkerrechtliche Handlungsfähigkeit, die sich aus der souveränen Anerkennung durch den Vertragsstaat ergibt[388].

2. Unterscheidung nach kulturell-gesellschaftlichem Hintergrund

Wenn man das Auftreten, die Möglichkeiten und die Wirkungsweise der NGOs in der Praxis betrachtet, liegt es nahe, diese Organisationen nicht nur nach geografischen Kriterien, sondern auch nach ihrem kulturellen und gesellschaftlichen Hintergrund zu beurteilen. So unterscheiden sich beispielsweise viele NGOs auf der nördlichen Erdhalbkugel, die in Industrienationen beheimatet sind, von vergleichbaren Organisationen in den Entwicklungsländern in ihrer Arbeitsweise und Ausrichtung. Außerdem fällt auf, dass sich Organisationen auch je nach infrastrukturellem oder gesellschaftlichem Hintergrund unterschiedlich zu entwickeln scheinen.

a) NGOs in Industrienationen - nördliche NGOs

Die nördlichen NGOs sind im Bereich der Menschenrechte meist international organisiert. Sie haben ihren Ursprung im Regelfall in Industrienationen, den sogenannten Geberländern. Von dort versuchen sie aus idealistischen, religiösen oder auch karitativen Motiven heraus, Einfluss auf die menschenrechtliche Situation in Entwicklungsländern zu nehmen[389]. Dabei werden von den Akteuren in den nördlichen Kulturkreisen die Menschenrechte häufig als Basis für eine nachhaltige Entwicklung der betreffenden Regionen betrachtet[390]. Aus diesem Grund konzentriert sich die Schwerpunktsetzung bei der Arbeit nördlicher NGOs häufig in einer abstrakten Ausrichtung auf das Gebiet der Menschenrechte oder auf ideell motivierte allgemeinpolitische Arbeit[391].

NGOs dieser Art können grundsätzlich in zwei Varianten agieren. Einerseits können sie als bloße Geldgeber auftreten, die Projekte von Partner-NGOs in Entwicklungsländern finanziell unterstützen. Dabei bleibt die Umsetzung dieser Projekte den meist südlichen Partnerorganisationen überlassen, die sowohl NGOs als auch

---

[388] Herdegen, Völkerrecht, S. 105.

[389] Gladgow, die Nicht- Regierungsorganisationen in der internationalen Entwicklungszusammenarbeit, in: Handbuch der Dritten Welt, S. 312.

[390] Siehe etwa das EU- Abkommen über Entwicklungspartnerschaft, Art. 9 Z. 3.

[391] Smith, Pangucco, Lopez, Globalizing Human Rights: The Work of Transnational Human Rights NGOs, p. 391ff.

den lokalen Regierungen nahe stehende Organisationen sein können[392]. Dies kann beispielsweise durch die grundsätzliche Bereitstellung von Geldmitteln, oder durch den Unterhalt von Fachpersonal in den betreffenden Regionen geschehen. Dadurch unterstützen nördliche NGOs sowohl die eigenständige Umsetzung bestimmter Projekte durch ihre südlichen Partner, gleichzeitig können sie durch ihre Position als Geldgeber aber auch eine Kontrollfunktion wahrnehmen und bestimmte Qualitätsstandards garantieren[393].

Nördliche NGOs können andererseits aber auch selbst als operationelle Organisationen eigene Projekte unter Ausnutzung der lokalen Gegebenheiten vorantreiben. NGOs dieser Art verfügen gewöhnlich über besonders ausgeprägtes Fachwissen auf sehr speziellen Gebieten, etwa im Bereich des Katastrophenschutzes. Die Projekte dieser Art werden gewöhnlich von lokalen Teilorganisationen oder Einsatzgruppen direkt umgesetzt[394].

b) NGOs in Entwicklungsländern – südliche NGOs

Zu den Entwicklungsländern, die meist auf der Südhalbkugel liegen, gehören die Staaten, die aus menschenrechtlicher Sicht oft die größten Defizite aufweisen. Geografisch sind sie meist im afrikanischen, karibischen oder pazifischen Gebiet angesiedelt, den so genannten AKP- Regionen. Diese Regionen beherbergen auch die ärmsten Entwicklungsländer, die im internationalen Zusammenhang als „Least Developed Countries", LDCs, bezeichnet werden[395].

Die aus diesen Gebieten stammenden NGOs sind personell und organisatorisch in südlichen Ländern beheimatet, und entfalten ihre menschenrechtlichen Aktivitäten auf nationaler oder regionaler Ebene[396]. Dabei spielen sie oft als aktivistische Partner der nördlichen Geber zentrale Rollen bei der lokalen Menschenrechtsarbeit, wobei sie auch oft in die an sich unpolitische Entwicklungszusammenarbeit miteingebunden werden[397]. Darüber hinaus unterscheiden sich NGOs in den Entwicklungsländern auch häufig durch Organisationenzweck und Selbstverständnis von den sogenannten nördlichen NGOs. Während nördliche NGOs meist einen allgemein-politisch orientierten oder karitativen Charakter haben, engagieren sich südliche NGOs stärker im national- oder regionalpolitischen Bereich.

---

[392] de Crombrugghe, Institutional Support for NGOs in the South, in: The Courrier, 152/1995, p. 72.

[393] Benedek, The Emerging Global Civil Society: Achievements and Prospects, p. 5.

[394] Horejs, "Partizipation" and "Empowerment" – ein Bumerang?, in: gesammelte Grundsatzbeiträge zur Entwicklungszusammenarbeit , S. 18f.

[395] Europäisches- Parlament- Informationsreihe, beratende Versammlung des Abkommens von Lomé, S. 7.

[396] Bratton, Non-Governmental Organisations in Africa: Can they influence public policy?, p. 49.

[397] Thiel, NROs, besser als der Staat? – Editorial, in: E+Z 34/1993,10, S.251

Dabei ist ihre Zielsetzung häufig darauf ausgerichtet, Einfluss auf konkrete Institutionen oder auf bestimmte national-politische Prozesse zu gewinnen[398].

Aus diesem Grund liegt der Schwerpunkt südlicher NGOs auch häufig nicht in der Vermittlung allgemeiner politischer Werte oder eines allgemeinen Menschenrechtsverständnisses nach europäischem Vorbild. Die ideelle Positionierung südlicher NGOs setzt entsprechend der entwicklungspolitischen Situation häufig eher Schwerpunkte im Bereich der Menschenrechte der dritten Generation, wie etwa einem Recht auf Entwicklung oder weiteren Solidaritätsrechten[399].

Für das Verhältnis zwischen Nord- und Süd-NGOs sind oft quasi-hierarchische Strukturen kennzeichnend. Dies fällt besonders ins Gewicht, da die südlichen NGOs oft nicht nur vom Know-how ihrer nördlichen Partner, sondern vor allem von einer externen Finanzierung abhängig sind. Diese finanzielle Abhängigkeit kann gegenüber Entwicklungshilfe- und Unterstützungsprojekten aus Geberländern bestehen, sie kann aber durch eine Abhängigkeit von nördlichen Partner-NGOs zum Ausdruck kommen. In Entwicklungsländern ansässige NGOs können nur selten Mittel aus ihrer Basis, der lokalen Bevölkerung, beziehen, was sie von externen Geldgebern abhängig macht[400].

Problematisch an einer solchen finanziellen Abhängigkeit ist die Tatsache, dass dadurch das typischerweise ideell motivierte Wesen einer Organisation durch Fördermittel und Gehaltszahlungen beeinflusst werden kann. Daher gestalten sich die Beziehungen zwischen nördlichen und südlichen NGOs oft problematisch, da zahlreiche Faktoren und Interessen gegeneinander abgewägt werden müssen[401].

c) Community Based Organisations

„Community Based Organisations", *CBOs,* die auch als *„Grassroots-Organisations"* bezeichnet werden, sind ressourcenarme Mikrogruppierungen auf lokaler Ebene[402]. Die mangelnde Präsenz staatlicher Organisation oder das Fehlen eines stattlich gewährleisteten Schutzbereichs in einigen Regionen der Erde hat zur Folge, dass die Bevölkerung alternative Organisationsformen zur Bewältigung ihrer Bedarfslage aufbaut[403]. Aus dieser Lage heraus entstehen an der Basis der Gesellschaft Selbsthilfegruppen zur gegenseitigen Unterstützung und kollektiven Problemlösung, die so genannten CBOs. Von einer CBO kann bereits dann gesprochen

---

398 Smith, Pangucco, Lopez, Globalizing Human Rights: The Work of Transnational Human Rights NGOs, p. 390.
399 Ebd., p. 391ff.
400 Gladgow, die Nicht-Regierungsorganisationen in der internationalen Entwicklungszusammenarbeit, in: Handbuch der Dritten Welt, S. 314.
401 Benedek, The Emerging Global Civil Society: Achievements and Prospects, p. 5.
402 Keppler-Schlesinger, Nichtstaatliche Organisationen (NGOs) und die Vereinten Nationen, S. 253.
403 Nyang'oro, Development, Democracy and NGOs in Africa, p. 282.

werden, wenn sich Mitglieder verschiedener Haushalte organisieren, um bestimmte Probleme zu lösen. Solche Aktivitäten werden auch als *grassroots*- Aktivitäten bezeichnet[404].

Für die internationale nichtstaatliche Menschenrechtsarbeit ist nicht nur die Stellung von NGOs bedeutsam, auch CBOs können bereits einen gewissen Einfluss ausüben, da sie aufgrund ihrer Organisationsform auf der Mikroebene oft effektiver arbeiten können als viele NGOs. Solche Organisationen können im menschenrechtlichen Bereich etwa als regionale Selbsthilfegruppen oder auch als Bürgerinitiativen mit internationalem Informationsaustausch aufgebaut sein[405].

Während NGOs ihre Arbeit ausschließlich auf staatlich begangene Menschenrechtsverletzungen konzentrieren, muss dies bei anderen privaten Organisationen nicht notwendigerweise der Fall sein. Ein Charakteristikum von CBOs ist das Engagement ihrer Mitglieder, temporäre Missstände bei akutem Bedarf zu bekämpfen. CBOs operieren daher meist nur in sehr kleinem Rahmen und in sehr bescheidenen Verhältnissen. Sie werden lokal begründet und bieten ihren Mitgliedern die Möglichkeit, spezielle Probleme innerhalb der Gemeinschaft zum Ausdruck zu bringen, und gegebenenfalls über Lösungsmöglichkeiten zu diskutieren[406].

„*Grassroot*"-Organisationen verfügen nicht über feste Organisationsstrukturen, weshalb sie auch nur selten dauerhaften Organisationscharakter entfalten. Sie basieren meist auf lokaler Kommunikation oder auf Massenmedien, und richten ihr Handeln in der Regel nicht gegen konkrete staatliche Belange, sondern gegen gesellschaftliche Missstände. Diese können sich beispielsweise aus der Mentalität der Bevölkerung oder kulturellen Hintergründen ergeben. Dabei ist der Organisationszweck meist die Erreichung eines konkreten Zieles. Beispiele wären etwa die Verbesserung eines bestimmten Aspektes bei der Integration bestimmter Randgruppen, Frauenfragen oder die Herabsetzung des Wahlalters[407].
Viele CBOs arbeiten mit regionalen oder nationalen NGOs zusammen, von denen sie oft finanziell, politisch oder auch durch Fachwissen unterstützt werden[408]. So entsteht der Kontakt zu öffentlichen Stellen oft über intermediäre NGOs, die mit CBOs in Verbindung stehen[409]. Ist das Ziel ihrer Arbeit erreicht, lösen sich die entstandenen CBO- Netzwerke dann häufig wieder auf[410].

---

404 Thiel, NROs: Besser als der Staat? – Editorial, in: E+Z 34(1993)10, S.251.
405 Theunis, Non-Governmental Development Organisations of Developing Countries, p. 15ff.
406 Busingye, Self Governance and Sustainable Development: The case of Community Based Organisations, p. 3.
407 Bianchi, Globalisation of Human Rights: The Role of Non-State Actors, p. 192f.
408 Theunis, Non Governmental Development Organisations of Developing Countries, p. 15.
409 Thomas Caroll, Intermediary NGOs – The supporting Link in Grassroots Development, p. 9.
410 Bianchi, Globalisation of Human Rights: The Role of Non-State Actors, p.193f.

Wie in anderen Bereichen nichtstaatlicher Organisationsformen lässt sich bei den CBOs im Verlauf des Globalisierungsprozesses ebenfalls ein Anstieg an Organisationen und Aktivitäten feststellen[411]. Diese Entwicklung geht sowohl mit den gestiegenen Kommunikationsmöglichkeiten als auch mit der durch die weltweite Verbreitung der Menschenrechte verbesserten demokratischen Situation in vielen Ländern einher.

3. *Profit*- und *Non-Profit* Organisationen

Weitere grundsätzliche Unterschiede zwischen den Organisationstypen von Nichtregierungsorganisationen lassen sich an der Ausrichtung der Organisation erkennen. Grundsätzlich kann dabei zwischen gewinnorientierten „For-Profit-Organisationen" und gemeinnützigen NGOs unterschieden werden. Gewinnorientierte NGOs sind meist im wirtschaftlichen Sektor tätig und als Konzerne oder Unternehmen organisiert[412].

Die im menschenrechtlichen Bereich tätigen NGOs haben überwiegend einen zumindest teilweise gemeinnützigen Charakter, und finanzieren sich daher aus Mitgliedsbeiträgen, Spenden oder öffentlichen Fördermitteln. Sie werden oft auch als „Non-Profit-Organisations" bezeichnet, da sie keine kommerziellen Interessen verfolgen, sondern gemeinnützigen sozialen, kulturellen oder wissenschaftlichen Zielsetzungen ihrer Mitglieder dienen[413].

Aus diesem Selbstverständnis und aus der Tatsache, dass der Organisationszweck nicht im eigenen Profit liegt ergibt sich der Anspruch der betreffenden Organisationen - zumindest nach eigener Auffassung - im öffentlichen Interesse tätig zu sein. Aus diesem Anspruch heraus ergibt sich allerdings auch das Problem, dass das öffentliche Interesse meist nicht abstrakt oder allgemeingültig erfasst werden kann. Daher kann es in der Praxis vorkommen, dass *non-profit* NGOs entgegengesetzte Ziele verfolgen, oder untereinander im Konkurrenzkampf um den öffentlichen Einfluss stehen, was ihre Arbeit Effektivität gegebenenfalls mindert. Zu diesen Organisationen zählen Anstalten, Körperschaften und Stiftungen des öffentlichen Rechts, gemeinnützige Kapitalgesellschaften und Genossenschaften, privatrechtliche Stiftungen und Vereine, aber auch Parteien und Kirchen können gegebenenfalls dazu gerechnet werden[414].

Durch die zunehmende Professionalisierung vieler NGOs stellt sich auch im menschen-rechtlichen Bereich die Frage nach einer Abgrenzung zu profitorientierten oder staatlichen Organisationen. Einerseits erfordert die zunehmende Bedeutung

---

[411] Busingye, Self Governance and Sustainable Development: The case of Community Based Organisations, p. 3f.
[412] Frieling, Kompetenz- und Organisationsentwicklung in Non-Profit-Organisationen, S. 6.
[413] Badelt, Handbuch der Nonprofit-Organisationen: Strukturen und Management, S. 12.
[414] Frieling, Kompetenz- und Organisationsentwicklung in Non-Profit-Organisationen, S. 8.

der größeren NGOs zwar eine professionelle Organisation, andererseits wird durch die dadurch entstehenden Kosten auch das Problem finanzieller Abhängigkeit aufgeworfen[415].

Ein anderes Problem kann durch die teilweise Verschmelzung von staatlichen und nichtstaatlichen Interessen entstehen, wenn NGOs mit öffentlichen Aufgaben betraut werden. Hierdurch können nicht nur, wie etwa im Fall des „Roten Kreuzes", verfassungsrechtliche Probleme entstehen[416], auch die betreffenden Organisationen laufen Gefahr, zu sehr unter staatlichem Einfluss ausgesetzt zu werden[417].

---

[415] Benedek, The Emerging Global Civil Society: Achievements and Prospects, p. 6.
[416] Lang, Holowbek, ecolex 2004,654, über VfGH vom 16.1.2004, B 1248/03.
[417] Benedek, The Emerging Global Civil Society: Achievements and Prospects, p. 7.

B. Zusammenarbeit mit internationalen Organisationen

I. NGO-Beteiligung im Rahmen der Vereinten Nationen

1. Allgemeines

In Art. 71 SVN wurden NGOs erstmals in einem völkerrechtlichen Vertrag erwähnt[418]. Primärrechtlich existiert im System der Vereinten Nationen der Konsultativstatus für NGOs formell nur beim WSR, seinen Nebenorganen und funktionellen Kommissionen. Bei anderen Hauptorganen ist ein solcher Status nicht vorgesehen. Allerdings wirken eine Reihe von NGOs bei der Arbeit der Generalversammlung, deren Hauptausschüssen und anderen Hilfsorganen informell durch einen eingeräumten „Beobachterstatus“ mit[419].

Um effektiver im Rahmen der Vereinten Nationen arbeiten zu können, und um ihre Interessen zu bündeln, schlossen sich 1948 die NGOs mit Konsultativstatus beim WSR in einem *„Interim Committee of the Consultative NGOs“* zusammen. Dieses Komitee wurde 1950 in die *„Conference of Non-Governmental Organisations in Consultative Status with the UN-ECOSOC“*, CONGO, umbenannt und ist heute in Washington, New York, Genf und Wien tätig[420].

Entsprechend der damaligen völkerrechtlichen Situation war zum Zeitpunkt der Ausarbeitung der Satzung der Vereinten Nationen, die Aufnahme von Bestimmungen, die in Bezug zu Nichtregierungsorganisationen standen, nicht vorgesehen. Die internationale Bedeutung der Nichtregierungsorganisationen war in den frühen vierziger Jahren noch zu gering[421]. Als es im Juni 1945 zur Gründungskonferenz der Vereinten Nationen in San Francisco kam, wurde dennoch eine grundsätzliche Übereinstimmung darüber erzielt, dass die Vereinten Nationen Beziehungen zu NGOs unterhalten sollten[422]. Immerhin wurden bereits damals einige Fraktionen, unter anderem die der USA, von Vertretern nichtstaatlicher Organisationen beraten. Auf diesen Fraktionen beruhte dann die Unterstützung der NGOs[423].

Da damals noch keine konkreten einheitlichen Vorstellungen über die Zusammenarbeit mit NGOs bestanden, musste Art. 71 SVN dementsprechend weit formuliert werden. Der WSR kann geeignete Abmachungen zwecks Konsultationen

---

[418] Hummer, Internationale nichtstaatliche Organisationen im Zeitalter der Globalisierung ,S. 97.

[419] Bayefsky, The UN Human Rights Treaty System in the 21st Century, p. 48ff, Judith Karp.

[420] Hummer, Internationale nichtstaatliche Organisationen im Zeitalter der Globalisierung, S. 95.

[421] Rechenberg, Non-Governmental Organisations in: EPIL, p.613f.

[422] YUN 1946-47, p. 552.

[423] Hummer, Internationale nichtstaatliche Organisationen im Zeitalter der Globalisierung,S..97.

mit nichtstaatlichen Organisationen treffen, die sich mit Angelegenheiten seiner Zuständigkeit befassen. Solche Abmachungen können mit internationalen NGOs oder nach Zustimmung des betreffenden Mitglieds, auch mit nationalen NGOs getroffen werden[424].

Damit sind sowohl Beziehungen zu internationalen als auch, wenn geeignet, zu nationalen NGOs mit Zustimmung des betreffenden Staates geregelt. Allerdings begründet sich die Beziehung der NGOs zu den Vereinten Nationen gemäß Art.71 SVN nicht auf einen Anspruch aus der UN-Charta selbst, sondern sie wird nach Art. 71 S. 1 SVN vom Handeln des WSR abhängig gemacht, der in geeigneten Fällen Beziehungen zu NGOs unterhalten kann.

Später wurde die Zusammenarbeit der Vereinten Nationen mit NGOs in verschiedenen Resolutionen geregelt, die als die Zusammenarbeit festere Formen angenommen hatte, vor dem Hintergrund der jeweiligen völkerrechtlichen und politischen Situation erlassen wurden[425]. Daraus entwickelte sich eine symbiotische Beziehung zwischen den Vereinten Nationen und NGOs. Studien und Daten die von NGOs bereitgestellt werden arbeiten Fakten auf die heute für den Zwischenstaatlichen Entscheidungsprozess maßgeblich sind[426]. Für die zivilgesellschaftlichen Organisationen bietet sich die Möglichkeit einer, wenn auch nur beschränkten, Einflussnahme auf die internationale Rechtspraxis, während die Vereinten Nationen eine breitere Öffentlichkeitswirkung und eine höhere Transparenz ihrer Arbeit erreichen[427].

Durch den Zuspruch eines Konsultativstatus wird auch die Expertenstellung der Organisation vor internationalen Gremien anerkannt. Dadurch bietet sich der Organisation die Möglichkeit sich über ihre „Expertenmeinung" in die Arbeit der jeweiligen Gremien einzubringen, auch ohne direkt daran beteiligt zu sein. So können NGOs die Angehörigen der Gremien etwa darin unterstützen Aspekte auszuwählen, die dann bei eventuellen Vertragsverhandlungen mit den betreffenden Regierungen erörtert werden. Zudem bietet sich durch die Beiziehung von NGOs noch die Möglichkeit, Alternativen zu den staatlichen Positionen aufgezeigt zu bekommen[428].

---

[424] Art. 71 SVN.

[425] Rechenberg, Non-Governmental Organisations in: EPIL, p.614.

[426] Keppler-Schlesinger, Nichtstaatliche Organisationen (NGOs) und die Vereinten Nationen, S. 259.

[427] Bayefsky, The UN Human Rights Treaty System in the 21st Century, p. 93f, Joan Fitzpatrick.

[428] Bayewsky, The UN Human Rights Treaty System in..., p.192.

2. Der Konsultativstatus beim Wirtschafts- und Sozialrat der Vereinten Nationen nach Art 71 SVN

a) Die Resolution 288 B (X) des WSR von 1950

Als Art. 71 SVN erarbeitet wurde, waren die Beziehungen des WSR zu NGOs nur grundsätzlich beschlossen, aber noch nicht inhaltlich definiert. Der WSR setzte sich auf seinen ersten Sitzungen 1946 mit der Ausgestaltung der Beziehungen zu NGOs auseinander. Dabei wurde ein eigenes Komitee für die Konsultationen eingerichtet[429], und generelle Zielsetzungen hinsichtlich der Ausgestaltung der Konsultationsbeziehungen wurden festgelegt[430].

Auf der dritten Sitzung wurden dann vorläufige Grundsätze zur Institutionalisierung des Konsultativstatus angenommen[431]. Auf dieser Grundlage wurden 1948 bereits Konsultationsbeziehungen zu 41 NGOs unterhalten[432]. Die Grundsätze erhielten dann 1950 mit der Resolution 288 B (X) des WSR ihre formale Basis[433]. In der Resolution wurde Art und Inhalt der Konsultationen geregelt. Die Konsultativbeziehungen sollen dabei nicht nur Fachwissen und Expertenberatung für den WSR und seine Unterorgane sicherstellen, sondern auch die öffentliche Meinung in seine Entscheidungen einfließen lassen[434]. Außerdem wurde eine strikte Unterscheidung in NGOs mit Beobachterstatus gemäß Art 71 SVN und Teilnehmern ohne Stimmrecht nach Art. 70 SVN getroffen.Zusätzlich wurde nochmals zwischen Staaten und staatlichen Organisationen mit Beobachterstatus nach Art. 69 SVN und Sonderorganisationen ohne Stimmrecht nach Art. 70 SVN, etwa NGOs, mit vergleichbarem Status unterschieden[435].

Im Gegensatz zum Konsultativstatus stellt der Beobachterstatus dabei als Sonderform abgeschwächter Mitgliedschaft eine weitere Beteiligungsform dar die zur Teilnahme an den Beratungen eines Organs berechtigt, und nicht bloß in dessen beratender Unterstützung besteht[436].

Ferner wird in den Punkten 8 und 9 der Resolution 288 B (X) noch eine Unterscheidung zwischen nationalen und internationalen NGOs vorgenommen. Zur Erlangung des Konsultationsstatus muss eine NGO grundsätzlich eine internationale Struktur aufweisen, wobei Organisationen nur dann als internationale NGOs

---

429 Wolfrum, United Nations: Law, Policies and Practice, Vol. I. p. 464, Rainer Lagoni.
430 YUN, 1946-47, 1947, p. 552.
431 YUN, 1946-47, 1947, p. 553.
432 Keppler-Schlesinger, Nichtstaatliche Organisationen (NGOs) und die Vereinten Nationen, S. 255.
433 Rechenberg, Non- Governmental Organisations, in: EPIL, Vol. III, p. 614.
434 WSR Res. 288 B (X), 14.
435 YUN, 1950, p. 656ff.
436 Hummer, Internationale nichtstaatliche Organisationen im Zeitalter der Globalisierung, S. 98.

gelten, wenn sie nicht durch zwischenstaatliche Übereinkünfte gebildet wurden. Nationale NGOs müssen sich nach Punkt 9 der Resolution von internationalen NGOs vertreten lassen, denen dann die Funktion eines Dachverbandes zukommt. Ansonsten ist eine Kontaktaufnahme zu nationalen NGOs nur in Ausnahmefällen und nur mit Zustimmung des Heimatstaates möglich.

An die Vergabe eines Konsultativstatus vor dem WSR knüpft die Generalversammlung verschiedene Bedingungen: Der Wirkungsbereich einer NGO muss zum einen in die Kompetenz des WSR fallen und in Konformität zur UN-Charta stehen[437]. Zum anderen werden auch ein demokratischer Aufbau innerhalb der NGO sowie ein Mindestbestehen von zwei Jahren vorausgesetzt[438].

Um ein möglichst breites Informationsfeld abdecken zu können, teilt der WSR die NGOs, denen Konsultationsstatus verliehen wurde, nochmals in drei Kategorien ein. Die erste Gruppe, Kategorie (a), besteht dabei aus Organisationen, die ein möglichst breites Spektrum im Kompetenzbereich des WSR abdecken und darüber hinaus eine enge Verbindung zur Gesellschaft ihres Wirkungsbereichs aufweisen. Zu Kategorie (b) gehören Organisationen, von deren Fachwissen in einzelnen Bereichen profitiert werden kann. Die dritte Kategorie repräsentiert Vertreter bestimmter Bevölkerungsgruppen, die sich entweder wirtschaftlich, religiös, politisch oder ethnisch definieren[439].

Der Akt der Statusvergabe an NGOs efolgt grundsätzlich auf Antrag. Zuständig zur Prüfung der Anträge ist die NGO-Sektion des *"Department of Economic and Social Affairs"*, DESA. Diese übermittelt dem WSR nach positiver Prüfung gegebenenfalls Empfehlungen. Das DPI entscheidet dann als Hauptabteilung für Presse und Informationen letztendlich über die Statusvergabe. Diese wird zugestanden, wenn eine Organisation den als allgemein betrachteten Kriterien der WSR-Resolution 1297 (XLIV) entspricht, international anerkannt ist, seit mindestens drei Jahren existiert und ein Interesse an einer fortgesetzten Zusammenarbeitmit dem WSR glaubhaft machen kann.

Die Beziehungen zu NGOs mit Konsultativstatus gestalten sich im konkreten so, dass den NGOs zum einen ermöglicht wird, die verschiedenen Abteilungen des Sekretariats der Vereinten Nationen zu konsultieren, zum anderen kann der Generalsekretär der Vereinten Nationen aber auch bei den NGOs Studien zu bestimmten Fachgebieten anfordern. Zudem ist es Aufgabe des Generalsekretärs, die für die Konsultationsbeziehungen notwendigen Einrichtungen zur Verfügung zu stel-

---

[437] YUN, 1946- 47, p. 551.

[438] Leininger, Die Reform der Vereinten Nationen – Chancen auf eine Erneuerung zivilgesellschaftlicher Beteiligung, S. 14.

[439] YUN, 1946-47, p. 552.

len. Dazu gehört der Zugang zu den Dokumenten der Vereinten Nationen, die Durchführung informeller Treffen und die Bereitstellung von Räumlichkeiten[440].

b) Die Resolutionen 1296, 1297 (XLIV) des WSR von 1968

In den sechziger Jahren hatte der Ost- West Konflikt einen Höhepunkt erreicht, der auch das Verhältnis der Vereinten Nationen zu den NGOs prägte[441]. Die USA versuchten die Verleihung des Konsultativstatus an Organisationen die Kommunistischen Regimen nahe standen zu verhindern, da diese durch das kommunistische Parteiverständnis unter zu großem staatlichen Einfluss stünden. Dagegen versuchte die UdSSR bei einigen NGOs finanzielle Unterstützung durch westliche Geheimdienste nachzuweisen, um auf diese Weise den bereits verliehenen Konsultativstatus entziehen zu können. In diesem Konflikt entwickelte sich eine immer stärkere Dominanz der westlichen Konsultativorganisationen. Dies führte wiederum zu Kritik von Seiten der Entwicklungsländer, die in ihren rechtlichen Vorstellungen vielfach dem östlichen Block näher standen[442].

Aus diesen Gründen wurde das Verhältnis der Vereinten Nationen zu den NGOs, und damit auch die Resolution 288 B (X) des WSR von 1950 überarbeitet. Das Ergebnis dieser Reform wurde die Resolution 1296 (XLIV) des WSR von 1968, „*Arrangements for Consultation with Non-governmental Organisations*“[443]. Die neue resolution enthielt erstmals detaillierte Regelungen über die Voraussetzungen für die Verleihung des Konsultativstatus vor dem WSR, womit eine neue Prägung der UN-NGO Beziehungen begründet wurde[444].

Ziel der neuen Ausarbeitung war es, einige Kriterien für die Vergabe und den Behalt des Konsultativstatus näher zu definieren. In erster Linie wurde dabei auf die Finanzierung einer Organisation sowie die Zusammensetzung der Mitglieder und Funktionäre geachtet. So konnten von nun an etwa designierte Mitglieder staatlicher Organisationen Mitglieder einer Nichtregierungsorganisation werden, wenn ihre Stellung ihnen die Möglichkeit einer unabhängigen Arbeitsweise erlaubte[445].

Die Verleihung eines Konsultativstatus an nationale NGOs sollte weiterhin nur im Ausnahmefall möglich sein, allerdings wurde sie mit dem erschwerenden Kriterium verbunden, dass von nun an zusätzlich eine ausgewogene Repräsentation der NGOs an sich gewährleistet sein sollte, die sich an den weltweiten Interes-

---

440 Hummer, Internationale nichtstaatliche Organisationen im Zeitalter der Globalisierung, S. 101.
441 Hummer, Internationale nichtstaatliche Organisationen im Zeitalter der Globalisierung, S. 101f.
442 YUN 1968, p. 637ff.
443 YUN 1968, p. 647ff.
444 Keppler-Schlesinger, Nichtstaatliche Organisationen (NGOs) und die Vereinten Nationen, S. 255.
445 WSR Res. 1296 (XLIV) Part I. § 7.

sen der NGOs orientiert[446]. So sollte eine möglichst weitgehende blockfreie Orientierung nationaler NGOs gewährleistet werden.

Auch die am gesellschaftlichen Status der Organisationen orientierte Kategorisierung der NGOs wurde geändert. Die neue Einteilung umfasste nur noch zwei Kategorien, wobei Kategorie I. generellen und Kategorie II. allgemeinen Konsultativstatus bedeutete. Nicht eindeutig zuweisbare Organisationen konnten sich in einer eigenen Liste (Roster) eintragen lassen. Diese sollten allerdings nur in Ausnahmefällen konsultiert werden[447]. Auch bezüglich der NGO-Hearings des WSR und seiner Unterorgane haben NGOs der unterschiedlichen Kategorien unterschiedliche Mitwirkungsmöglichkeiten. Besonders zu erwähnen ist hier, dass NGOs der I. Kategorie, wenn sie vom Ausschuss für NGOs dem Rat zur Anhörung empfohlen werden berechtigt sind, in einmaligen Erklärungen ihren Standpunkt darzulegen, wenn der Rat oder seine Unterorgane dem zustimmen[448].

Einen erweiterten Konsultativstatus erhielten erstmals auch die NGOs deren Zielsetzung im Bereich der Menschenrechte lag. Damit wurde gleichzeitig die exponierte Position der menschenrechtlichen NGOs gegenüber anderen Organisationen manifestiert. Die unter § 17 der Resolution fallenden Organisationen dürfen allerdings nicht bloß regionale Interessen verfolgen. Der erweiterte Konsultativstatus sollte eine besondere Beachtung der Berichte und sonstigen Aktivitäten, *(applications)*, der betreffenden Organisationen zur Folge haben[449].

Als zusätzliche Neuerung beinhaltete die Resolution 1296 (XLIV) gegenüber der Resolution 288 B (X) auch verschiedene Bestimmungen über eine Statusaberkennung[450]. Demnach ist die Verleihung eines Konsultativstatus nicht explizit unwiderruflich oder mit Exklusivrechten verbunden[451]. Als konkrete Aberkennungsgründe werden dabei verdeckte finanzielle Regierungsunterstützung mit nicht UN-satzungskonformer Zielsetzung, Missbrauch des Konsultativstatus mit politischer Motivation sowie die Untätigkeit einer Organisation über drei Jahre angeführt[452].

Wenig später wurde die Resolution 1296 (XLIV) durch die Resolution 1297 (XLIV) WSR ergänzt. Hiermit wurde festgelegt, daß NGOs mit rassistischer oder religiös-diskriminierender Zielsetzung von der Verleihung eines Konsultativstatus grundsätzlich ausgenommen werden sollten, wodurch der WSR auch weitgehende politische Wertungsmöglichkeiten bei der Statusvergabe erhielt[453].

---

[446] WSR Res. 1296 (XLIV) Part I. § 9.
[447] WSR Res. 1296 (XLIV) Part I. § 16, 19.
[448] WSR-Res. 1296 (XLIV) Part V.
[449] WSR Res. 1296 (XLIV) Part I. § 17.
[450] WSR Res. 1296 (XLIV) § 35ff.
[451] Rechenberg, Non-Governmental Organisations in: EPIL, vol. III, p. 115.
[452] WSR Res. 1296 (XLIV) § 36 lit a-c.
[453] WSR Res. 1297 (XLIV) § 2.

Weiters wurde auf eine beschleunigte Aufnahme von NGOs aus Afrika verwiesen, wodurch der Kritik einiger afrikanischer Staaten Rechnung getragen wurde, die sich über ein Übergewicht des Nordens bei den NGOs mit Konsultativstatus beklagten[454]. Hintergrund für den Erlass der Resolution 1297 (XLIV) war die Situation im postkolonialen Afrika[455].

c) Die WSR-Resolution 1996/31

Seit 1968 hatte sich die Zusammenarbeit der Vereinten Nationen mit Nichtregierungsorganisationen zunehmend intensiviert. Dabei hatte sich sowohl die Zahl der NGOs vergrößert, als auch deren Betätigungsfelder stark erweitert[456]. Dazu kam noch, dass die politische Situation nach dem Ende des kalten Krieges neue Möglichkeiten für die Zusammenarbeit eröffnete[457]. Die Folge war, dass die Rechtslage für die Beziehungen der Vereinten Nationen zu NGOs, deren Kern die Resolution 1296 (XLIV) des WSR von 1968 darstellte, den gewachsenen Anforderungen nach über 25 Jahren nicht mehr genügen konnte.

So hatten sich etwa zahlreiche neue NGOs mit stark erweiterten Aufgabenfeldern und Wirkungsmöglichkeiten entwickelt. Diese strebten danach, ihren Einfluss nicht nur beim WSR und dessen Nebenorganen sondern auch bei den übrigen Hauptorganen der Vereinten Nationen einzubringen. Zu diesen hatten NGOs aber bis 1996 keine Zugangsmöglichkeit. Darüber hinaus war die Form der Mitwirkungsmöglichkeiten für NGOs an sich schon stark beschränkt. Viele NGOs trachteten danach sich nicht nur durch bloße Anwesenheit und gelegentliche Konsultation sondern durch weitergehende Mitspracherechte einzubringen[458]. Solche weitergehenden Beteiligungen waren aber durch die WSR Resolution 1296 (XLIV) von 1968 ausgeschlossen. Die neue Resolution sollte sich daher nicht mehr nur auf den WSR selbst, sondern auch auf seine Unter-organe sowie die UN-Weltkonferenzen und ihre Vorbereitungsgremien erstrecken[459].

Im Februar 1993 beauftragte der WSR mit den Resolutionen 1993/80 und 1993/214 eine Arbeitsgruppe mit der Überprüfung der Konsultativbeziehungen und deren Rechtsgrundlage. Einige Hindernisse und Gegensätze galt es dabei zu überwinden. So gab es etwa Spannungen zwischen „nördlichen“ und „südlichen“ oder nationalen und inter-nationalen NGOs, die überwunden werden sollten[460].

---

[454] WSR Res. 1297 (XLIV) § 3.
[455] YUN 1968, p. 638.
[456] Welch, Taking Rights Seriously: Citizen Action Through NGOs, p. 119.
[457] Seidl-Hohenveldern, Völkerrecht, Rz 129ff.
[458] Welch, Taking Rights Seriously: Citizen Action Through NGOs, p. 120.
[459] Keppler-Schlesinger, Nichtstaatliche Organisationen (NGOs) und die Vereinten Nationen, S. 255.
[460] WSR Res. 1995/304 lit (b).

Außerdem stießen die Reformversuche auch auf den Widerstand vor allem islamischer und postkommunistischer Staaten, die eine erweiterte Einflussnahme von NGOs auf internationaler Verhandlungsebene ablehnten[461]. Trotz dieser Gegensätze konnte der WSR jedoch im Juli 1996 die Resolution 1996/31 über *„Consultative relationship between the United Nations and non-governmental organisations"* erlassen, die im Wesentlichen auf ihrer Vorgängerresolution 1296 (XLIV) beruhte[462].

Die durch die strikte Kategorisierung der NGOs in drei Klassen erreichte Abstufung, wurde als dem NGO-Gedanken widersprechend empfunden, da sie einer Gleichberechtigung der NGOs und einer Zusammenarbeit und Vernetzung auf gleicher Ebene zuwiderlief. Der erste Teil der WSR-Resolution 1996/31 unterscheidet NGOs nach ihrer geographischen Organisation, wobei die Aufnahme nationaler NGOs in Absprache mit dem Sitzstaat erfolgt[463].

Eine Abstufung fand dabei nicht nur zwischen internationalen und nationalen NGOs, die in den Bestimmungen ohnehin wenig Aufmerksamkeit erhielten, statt. Selbst innerhalb der internationalen NGOs wurde eine Differenzierung dadurch erreicht, dass fachlich spezialisierte aber stark politisch geprägte NGOs trotz ihrer exponierten menschenrechtlichen Zielsetzung anders eingestuft wurden als traditionelle NGOs[464]. So verfügt etwa „Amnesty International" nur über Konsultativstatus der Stufe II, während etwa die „International Federation of Christian Trade Unions" oder die Vereinigung französisch sprachiger Parlamentarier Stufe I beibehielten[465].

Auch diesen Kritikpunkten versuchte die Resolution 1996/31 entgegenzukommen. Dabei wurde das Modell der Klassifizierung in drei Kategorien allerdings mit geringfügigen Änderungen beibehalten[466]. Die Gruppen wurden lediglich wieder, wie bereits bei der Resolution 288 B (X), in Allgemeinen-, Speziellen- und Rosterstatus (Registerstatus) umbenannt[467].

An die Vergabe bestimmter Kategorien knüpfen auch hier wieder unterschiedlich ausgeprägte Teilhaberechte an. Es erhalten zwar alle NGOs die Tagesordnungen der WSR-Sitzungen, jedoch nur NGOs der I. Kategorie können ihrerseits dem NGO-Unterausschuss des WSR vorschlagen, den Generalsekretär aufzufordern Punkte ihres besonderen Interesses auf die vorläufigen Tagesordnungen zu setzen. NGOs der ersten beiden Kategorien können zudem autorisierte Vertreter benennen, die als Beobachter öffentlichen Sitzungen des WSR und seiner Un-

---

[461] Hummer, Internationale nichtstaatliche Organisationen im Zeitalter der Globalisierung, S. 104f.
[462] YUN 1996, p. 1360ff.
[463] Keppler-Schlesinger, Nichtstaatliche Organisationen (NGOs) und die Vereinten Nationen, S. 255.
[464] Hummer, Internationale nichtstaatliche Organisationen im Zeitalter der Globalisierung, S. 103.
[465] YUN 1968, p. 143.
[466] Benedek, Developing the Constitutional Order of the WTO – The Role of NGOs, p. 246.
[467] WSR- Res. 1996/31, § 22ff.

terorgane beiwohnen, und dort nach Aufforderung Stellungnahmen abgeben dürfen. Vertreter von NGOs der III. Kategorie können lediglich bei Sitzungen, die sich mit Angelegenheiten ihres Kompetenzbereichs befassen Vertreter entsenden. Im Rahmen dieser Teilnahmerechte können NGOs auch vom GS in Abstimmung mit dem Ausschuss für NGO-Angelegenheiten oder dem Vorsitzenden des Rates eingeladen werden[468].

Die wohl weitestgehenden Neuerungen kamen durch eine Erweiterung des Konsultativsystems auf nationale NGOs zustande. Während eine Konsultation dieser Organisationen nach der Regelung der Resolution 1296 (XLIV) nur in Ausnahmefällen und mit Zustimmung des betreffenden Staates möglich war, sind diese nach der neuen Regel den internationalen NGOs gleichgestellt, soweit sie einem internationalen Dachverband angehören[469]. Allerdings können sie sich entsprechend ihrer nationalen Orientierung nur um speziellen Konsultativstatus und Rosterstatus, bewerben[470].

Auch auf die sogenannten gruppenspezifischen Menschenrechtsorganisationen wurde die Vergabe des Konsultativstatus erweitert, wodurch die exponierte Stellung der Menschenrechtsorganisationen vor den Vereinten Nationen weiter ausgebaut wurde[471]. Diese konnten bisher nur dann mit einem Konsultativstatus beliehen werden, wenn sie ein allgemeines menschenrechtliches Interesse nachwiesen und ihre Arbeit nicht bloß auf bestimmte Personengruppen beschränkten. Hierdurch wurden die NGOs, die sich mit der Menschenrechtssituation im eigenen Land befassten, lange von der Vergabe eines Konsultativstatus ausgeschlossen[472]. Vom allgemeinen Konsultativstatus sind sie jedoch, wie auch die nationalen NGOs, wegen ihres lediglich gruppenspezifischen beziehungsweise nationalen Interesses ausgenommen[473].

NGOs die eine Akkreditierung erreichen wollen, haben bestimmte Kriterien zu erfüllen und verschiedenen Pflichten nachzukommen. Diese reichen von einer generellen Unterstützung der Arbeit der Vereinten Nationen über das Vorlegen eines vierjährigen Tätigkeitsberichtes bis hin zur Weiterleitung oder Erstellung von Informationen aus ihrem jeweiligen Tätigkeitsbereich. Im Gegenzug werden die betreffenden Organisationen mit Dokumenten und Informationen aus dem Arbeits- und Erkenntnisbereich der Vereinten Nationen versorgt[474].

Um zusätzlich bei der Aufnahme nationaler NGOs ein Übergewicht bestimmter Regionen zu vermeiden, hat der WSR bei der Vergabe des Konsultativ-

---

[468] Delbrück, Nichtregierungsorganisationen: Geschichte – Bedeutung – Rechtsstatus, S. 17.
[469] WSR- Res. 1996/31, § 4, 8f.
[470] WSR- Res. 1996/31, § 23, 24.
[471] WSR- Res.1996/31, § 25.
[472] Hummer, Internationale nichtstaatliche Organisationen im Zeitalter der Globalisierung, S. 106.
[473] WSR- Res. 1996/31, § 22.
[474] Benedek, Developing the Constitutional Order of the WTO – The Role of NGOs, p. 246.

status, soweit dies möglich ist, eine quantitative geographische Prüfung vorzunehmen[475]. Allerdings wurden nicht nur Vergabe sondern auch die Aberkennungskriterien des Konsultativstatus erweitert. Als neue Kriterien wurden unerlaubter Waffen- oder Drogenhandel sowie Geldwäsche eingeführt[476].

Auch eine Abänderung, die Suspendierung oder der völlige Entzug des Konsultativstatus ist nach der WSR-Resolution 1996/31 möglich, wenn die in der Resolution definierten Voraussetzungen nicht mehr erfüllt werden. In Frage käme in diesem Zusammenhang etwa ein Verstoß gegen die Ziele der Vereinten Nationen oder ein politisch motiviertes Vorgehen gegen einen der Mitgliedstaaten[477].

Ein zentrales, in § 41 der neuen Resolution 1996/31 definiertes Ziel war es, eine verstärkte und transparentere Teilhabe der NGOs an der Arbeit der Vereinten Nationen zu ermöglichen. Dies geschah in der Form, dass den NGOs gestattet wurde, an allen internationalen Konferenzen die von den Vereinten Nationen einberufen werden, teilzunehmen, soweit ihre Zielsetzung zum Inhalt der Konferenz in Zusammenhang steht und die Organisation in der Lage ist, einen Beitrag zu leisten[478]. Handelt es sich dabei um Organisationen ohne Konsultativstatus, so können sie sich im Vorfeld der Konferenz um eine Teilnahme bewerben und anschließend im Wege eines *„follow up"*- Systems den Konsultativstatus verliehen bekommen, wenn der Beteiligungsgrund im Rahmen des Zuständigkeitsbereiches des WSR liegt[479].

In der Frage, ob NGOs ihre Tätigkeit auch bei anderen Organen der Vereinten Nationen ausüben sollten, wurde mit der Ergänzungsresolution 1996/97 eine Kompromisslösung gefunden. Der WSR empfahl der Generalversammlung eine verstärkte Teilhabe von NGOs auch in anderen Organen der Vereinten Nationen[480]. Daraufhin wurde 1997 eine Arbeitsgruppe für NGOs gebildet, die der „Arbeitsgruppe der Generalversammlung zur Stärkung der Vereinten Nationen" untergeordnet ist.

d) Der neue UN-Menschenrechtsrat als Rechtsnachfolger der UN-Kommission für Menschenrechte

Der UN-Menschenrechtsrat wurde durch die von UN-Generalsekretär Kofi Annan vorangetriebene Reform der Vereinten Nationen im Juni 2006 zum Nachfolgerorgan der UN-Menschenrechtskommission[481]. Durch die Kompetenzzuteilung an

[475] WSR- Res. 1996/31, § 5.
[476] WSR- Res. 1996/31, § 55 lit. b.
[477] WSR- Res. 1996/31, § 57ff.
[478] Hummer, Internationale nichtstaatliche Organisationen im Zeitalter der Globalisierung, S.108.
[479] WSR- Res. 1996/31, § 50ff i. V. m. Art. 62 SVN
[480] YUN 1996, p. 1360.
[481] GA-Doc. A/59/2005, § 166, In Larger Freedom: towards development, security and human

ein Hauptorgan wird der steigende Stellenwert deutlich, den die Förderung der Menschenrechte im Bereich der Vereinten Nationen einnimmt. Amnesty International sprach von einem „Sieg für die Achtung der Menschenrechte“ und forderte einen möglichst reibungslosen Übergang der Kommissionsarbeit in die neuen Ratsstrukturen. Auch der UN-Generalsekretär Kofi Annan bewertete die Gründung des Rates optimistisch als einen historischen Neubeginn der Arbeit der Vereinten Nationen für die Menschenrechte[482].

Neben diesen optimistischen Bewertungen knüpfen die operativen Arbeitsmodalitäten des Rates jedoch lückenlos an die bisherige Arbeit der Kommission an. Damit bleibt zunächst auch die WSR-Resolution 1996/31 in der vorliegenden Form bis auf weiteres gültig[483]. Dabei übernahm der Rat wegen des oben beschriebenen allgemeinen Charakters der UN-NGO Beziehungen die bestehenden Beziehungen zu NGOs innerhalb seines Kompetenzbereiches, und verfügte somit bereits zum Zeitpunkt seiner Gründung über ein ausgeprägtes Teilhabesystem.

Insgesamt bot der Rahmen des WSR mit der Resolution 1996/31 zahlreiche Möglichkeiten für NGO-Beteiligungen. Die Teilhabe von NGOs an der Arbeit des WSR war von beiderseitigen Rechten und Pflichten derart geprägt, um eine verstärkte Integration der NGO-Arbeit in das System der Vereinten Nationen zu erreichen[484]. Bis Anfang 2006 waren weltweit über 1400 NGOs durch ihre Zusammenarbeit mit dem WSR assoziiert[485]. Unklar bleibt allerdings ob die Beziehungen zu NGOs durch den Menschenrechtsrat in den nächsten Jahren reformiert und weiter ausgebaut werden, da NGO Aktivitäten auch im Rahmen des Menschenrechtsrates von einigen Mitgliedern als problematisch eingestuft werden[486].

e) Konsultativ- und Beobachterstatus bei anderen Organen der Vereinten Nationen

Nach wie vor ist der Konsultativstatus für NGOs bei den Vereinten Nationen primärrechtlich nur beim WSR vorgesehen[487]. Andere Organe haben keine primärrechtliche Bindung an NGOs, und auch sekundärrechtlich weist nur die Resolution 1996/31 einen Bezug zur Generalversammlung auf, da hier der Generalsekretär ermächtigt wird, NGOs geeignete Sitzmöglichkeiten sowie erweiterten Datenzu-

---

rights for all, Report of the Secretary-General.
482

483 Keppler-Schlesinger, Nichtstaatliche Organisationen (NGOs) und die Vereinten Nationen, S. 255.

484 Benedek, Developing the Constitutional Order of the WTO – The Role of NGOs, p. 247.

485 Keppler-Schlesinger, Nichtstaatliche Organisationen (NGOs) und die Vereinten Nationen, S. 255.

486 Bundeszentrale für politische Bildung, UN-Menschenrechtsrat nimmt Arbeit auf, in: http://www.bpb.de/themen/E1NH3Z,,0,UNMenschenrechtsrat_nimmt_Arbeit_auf.html, 19.6.2006.

487 Hummer, Internationale nichtstaatliche Organisationen im Zeitalter der Globalisierung, S. 114.

gang zu beschaffen, soweit sich die Generalversammlung mit Gegenständen, die in die Zuständigkeit des WSR fallen befasst[488].

Ein weiterer Bezug zur Generalversammlung findet sich in der WSR-Resolution 1996/297, in der der WSR der Generalversammlung empfahl, die Frage der Mitwirkung von NGOs auch in anderen Bereichen der Vereinten Nationen zu untersuchen[489]. Hierbei handelte es sich allerdings nicht um die Einrichtung eines dauerhaften Rechtsinstitutes sondern um eine bloße Empfehlung des WSR. Darüber hinaus wirken NGOs auch bei anderen Hauptorganen der Vereinten Nationen wie etwa dem Sicherheitsrat oder dem Sekretariat mit.

Eine, wenn auch äußerst begrenzte, Mitwirkung bei der Arbeit der Vereinten Nationen, kann auch noch durch Verleihung eines bloßen Beobachterstatus gewährt werden[490]. Ein solcher Beobachterstatus wurde etwa der SWAPO in Namibia vor dem Erreichen der Unabhängigkeit oder der PLO in Palästina verliehen[491].

aa) Die Generalversammlung

Ein grundsätzliches Recht an der Generalversammlung, GV, der Vereinten Nationen teilzunehmen oder mitzuwirken, besteht für NGOs nicht. NGOs können lediglich seit der GV Res. 606 (VI) 2. Februar 1952 dann den Sitzungen der Generalversammlung beiwohnen, wenn es sich um ihre eigenen Interessen oder um die Interessen des WSR im Bereich ihrer Fachgebiete handelt. Dabei wird mittlerweile von einem gewohnheitsrechtlichen Anspruch ausgegangen, wonach solchen Organisationen, die Interessen bestimmter Bevölkerungsgruppen repräsentieren ein gewohnheitsrechtlicher Anspruch auf Verleihung eines Beobachterstatus vor der GV zusteht[492].

Informell nehmen NGOs regelmäßig an der Arbeit der Hauptausschüsse der GV teil. Die Hauptausschüsse greifen dabei auf das Fachwissen einiger NGOs zurück. Derzeit handelt es sich dabei meist um besondere regionale politische Fragen oder um Entkolonialisierung.

Eine besondere Anerkennung dieser Art genießen vor der GV nur wenige NGOs die sich durch ein jahrzehntelanges Engagement um Humanität und Menschenrechte verdient gemacht haben. Diesen wurde der Beobachterstatus als Würdigung ihrer Arbeit verliehen. Dazu gehört das „Internationale Komitee des Roten Kreuzes“, IKRK[493]. Es wurde jedoch von vornherein festgelegt, dass es sich hierbei um

---

488 WSR Res. 1996/31 § 67 lit. f.
489 GA Doc. A/51/3 - (Part II) Rz. 250.
490 Karl Doehring, Völkerrecht, Rz. 434.
491 PLO: GV Res. vom 12.11.1974, 3237 (III); SWAPO: GV Res. vom 20.12.1976, 31/152.
492 Wolfrum, United Nations: Law, Policies and Practice, Vol. I. p. 464, Christian Tomuschat.
493 GA Doc. A/RES/45/6, 16.10.1990.

Ausnahmen und nicht um Präzedenzfälle für die Verleihung eines Beobachterstatus vor der Generalversammlung handeln sollte[494]. Dennoch wurden weitere Ausnahmen gemacht. So wurde ein vergleichbarer Status beispielsweise vier Jahre später an den Weltbund der Rotkreuz- und roter Halbmond Gesellschaften vergeben[495].

Im Gegensatz dazu wurde der Beobachterstatus bei der GV verhältnismäßig häufig an transnationale Regierungsorganisationen vergeben. So erhielten beispielsweise im gleichen Jahr zwei wesentlich jüngere transnationale Regierungsorganisationen, Interpol und das internationale Seerechts- Tribunal, einen Beobachterstatus aufgrund ihrer internationalen Funktion verliehen[496].

Insgesamt kann gesagt werden, dass NGOs im Rahmen der GV nur sehr eingeschränkte Mitarbeitsmöglichkeiten haben. Dennoch konnten sich einige trotz der erschwerten Zugangsmöglichkeiten für NGOs im Lauf der letzten Jahre auch hier etablieren. Auch die Position des WSR, der der GV am 25.7.1996 empfahl, NGOs grundsätzlich im Rahmen eines Beobachterstatus an ihren Sitzungen teilhaben zu lassen, kann als weiterer Schritt zu einer Öffnung der Vereinten Nationen für NGOs gesehen werden[497]. Damit besteht grundsätzlich auch im Bereich der GV der Trend, NGOs immer stärker in die Arbeit der Vereinten Nationen einzubeziehen.

bb) Der Sicherheitsrat

Weniger problematisch ist die Teilnahme von NGOs an den Sitzungen des UN-Sicherheitsrates, SR. Eine Teilnahme von Nichtmitgliedstaaten der Vereinten Nationen an den Sitzungen des SR unter vorbehaltenen Bedingungen ist in Art. 32 SVN geregelt und somit unproblematisch. Eine Handhabe für die Teilnahme von NGOs ergibt sich hieraus allerdings nicht. Sie wäre bestenfalls durch eine sehr weitläufige Interpretation herzuleiten, wenn man argumentieren würde, dass im Sinne der SVN nicht nur Staaten sondern Völkerrechtssubjekte im Allgemeinen gemeint sind. Und selbst dann müsste man den Begriff des Völkerrechtssubjekts so weit auslegen, dass er auch NGOs erfassen könnte[498].

Eine Möglichkeit NGOs in die Arbeit des SR einzubeziehen, lässt sich jedoch aus Regel 39 der vorläufigen Geschäftsordnung des SR ableiten[499]. Demnach kann der SR solchen Personen bei seinen Sitzungen zulassen, die er für „qualifiziert hält, Informationen zur Verfügung zu stellen oder ihn auf sonstige

---

[494] UN Doc. A/49/231,2.
[495] YUN 1994, p. 256; GA Doc. A/RES/49/2, 27.10.1994.
[496] YUN 1996, p.1359; GA Res. 51/1, 15.10.1996; GA Res 51/205, 17.12.1996.
[497] WSR Res. 1996/297.
[498] Hierzu etwa Vitzthum, Völkerrecht, S. 14, wonach NGOs grundsätzlich über gar keine (auch keine relative) Völkerrechtssubjektivität verfügen.
[499] Abgedruckt in: www.un.org/docs/sc/scrules.htm.

Weise bei der Prüfung der in seine Zuständigkeit fallenden Angelegenheiten zu unterstützen". Diese Bestimmung erlaubt eine hinreichend breite Auslegung, mit der sich auch die Teilnahme von NGOs an den Sitzungen des SR begründen lässt. So hat der SR die Möglichkeit, bei Bedarf Expertisen von NGOs einzuholen, um sich in Krisensituationen ein Bild von der Lage zu machen. Damit können NGOs gegebenenfalls die Position eines „amicus curiae" vor dem SR einnehmen. In Einzelfällen kam es sogar bereits zur faktischen Anerkennung der Völkerrechtssubjektivität einzelner Organisationen, die Interessen geschlossener Bevölkerungsgruppen vertreten und über „de facto Autorität" verfügten. So gründete sich die Präsenz der UN-Friedenstruppen 1991 im Nordirak auf die Einladung lokaler kurdischer Organisationen, während das geschwächte irakische Regime handlungsunfähig blieb[500].

Seit 1995 ist auch eine organisierte *„NGO-Working Group"* eingerichtet, von der die Zusammenarbeit von NGOs im Rahmen der Tätigkeit des SR koordiniert wird. Diese *„NGO-Working Group"* hat als Organe einen Vorsitzenden, dessen Stellvertreter sowie eine Koordinationszentrale, die aus der *„Steering Group"* und der *„Consultation Group"* besteht. Die Tätigkeit dieser NGO-Arbeitsgemeinschaft besteht darin, mit Beauftragten des SR informelle Treffen abzuhalten, bei denen Informationen aus-getauscht und Expertenmeinung eingeholt werden. Zusätzlich besteht noch eine weitere bereits institutionalisierte Konsultationenbeziehung zwischen dem Präsidenten des SR und dem vor der GV beauftragten Vertreter des „Internationalen Komitees vom Roten Kreuz" besteht seit 1994[501].

Damit haben die Vereinten Nationen die Vorteile, die sich durch die Einbeziehung von NGOs bieten, auch im Bereich der Arbeit des SR erkannt. Die sich durch Regel 39 der vorläufigen Geschäftsordnung des SR ergebende Möglichkeit, NGOs in die Arbeit des SR einzubeziehen, hat in den letzten Jahren den Aufbau institutionalisierter Konsultationsbeziehungen ermöglicht. NGOs haben somit auch im Bereich der Arbeit des SR einen gewissen Stellenwert eingenommen.

cc) Das Sekretariat

Das Sekretariat stellt nach Art. 97ff SVN den administrativen Unterbau der Vereinten Nationen dar. Der von der Generalversammlung auf Empfehlung des Sicherheitsrates gewählte Generalsekretär steht dem Sekretariat vor. Er nimmt als oberstes Verwaltungsorgan der Vereinten Nationen sowohl Verwaltungsaufgaben nach Art. 97 SVN als auch politische Initiativaufgaben nach Art. 98f SVN wahr.

Etwa seit der Mitte der achtziger Jahre des letzten Jahrhunderts hat die Bedeutung der Menschenrechtsthematik im Bereich der Vereinten Nationen stark zugenommen. Dadurch hat auch die Position des UN-Sekretariats, dem wichtige

---

[500] Bailey, The UN-Security Council and Human Rights, p. 123.
[501] Hummer, Internationale nichtstaatliche Organisationen im Zeitalter der Globalisierung, S. 106.

Kompetenzen, etwa aufgrund Art. 99 SVN, im Bereich der UN-Menschenrechtsarbeit zufallen, an Gewicht gewonnen [502]. Dabei haben die UN-Generalsekretäre ein hohes Maß an Eigeninitiative bei der Wahrung des Weltfriedens und der internationalen Sicherheit entwickelt[503]. Erwähnenswert sind in diesem Zusammenhang etwa die auf Initiative des damaligen UN-Generalsekretärs Boutrous Ghali entwickelte *„Agenda for Peace*[504]*"* von 1992 sowie ihre Ergänzung von 1995[505], die sich mit Konzepten zur Bewältigung neuer friedenserhaltender und konfliktvorbeugender Aufgaben befassen. Gründe für die steigende Initiative dafür waren ein steigendes Interesse der Öffentlichkeit an Menschenrechtsfragen, steigende Erwartungen, die in die Menschenrechts Arbeit gesetzt wurden, und die aufkommende Forderung nach größerem Einfluss und mehr Möglichkeiten für die Öffentlichkeit.

Gleichzeitig stieg auch das Interesse von NGOs an der Arbeit der Vereinten Nationen, da viele Angehörige von NGOs erkannten, welches Potenzial eine Zusammenarbeit mit den Vereinten Nationen für den Arbeitsbereich ihrer Organisation eröffnen könnte[506]. In dieser Zeit gingen auch zahlreiche Vorschläge von NGOs für gemeinsame Projekte und Betätigungsbereiche bei den einzelnen Organen der Vereinten Nationen ein. Auch Beschwerden, Ansuchen und Anfragen von Opfern von Menschenrechtsverletzungen erreichten die Vereinten Nationen in ständig wachsender Zahl[507].

Diese neuen Entwicklungen der Menschenrechtsthematik im politischen und öffentlichen Bereich gestalteten ein Umfeld im Rahmen der Vereinten Nationen, in dem neue Nebenorgane und Arbeitsmethoden, vor allem im *„fact-finding"*-Bereich entstanden. Beispielsweise wurde in dieser Zeit ein eigenes Sekretariat für Menschenrechtsfragen als Nebenorgan des UN-Sekretariats eingerichtet[508].

Seither findet auch eine regelmäßige Zusammenarbeit mit NGOs im Bereich des Sekretariats statt. Im Jahr 1994 legte die Arbeitsgemeinschaft *„joint inspection unit on opportunities and problems involved in greater collaboration among international organisations"*, JIU, dem Generalsekretär einen analytischen Bericht über die operativen Arbeitsmöglichkeiten von NGOs vor und bewertete darin die Möglichkeiten einer erweiterten Zusammenarbeit mit den vereinten Nationen[509]. Dieser Bericht des JIU, der an die GV und den WSR weitergeleitet wurde, endete in seiner Bewertung mit der Feststellung, dass eine verstärkte Zusammenarbeit

---

502 Siehe zur praktischen Relevanz § etwa 9 WSR-Res 1503 (XLVIII).
503 Herdegen, Völkerrecht, S. 291.
504 UN Doc. A/47/277-S/24111.
505 UN Doc. A/50/60-S/1995/1.
506 Leininger, Die Reform der Vereinten Nationen – Chancen auf eine Erneuerung zivilgesellschaftlicher Beteiligung, S. 17.
507 van Boven, The United Nations Secretariat, p. 551 at sec.
508 Bayefsky, The UN Human Rights Treaty System in the 21st Century, p. 65ff, Joan Fitzpatrick.
509 YUN 1994 S. 790.

mit NGOs sowohl den Einflussbereich als auch die Effektivität der Arbeit der Vereinten Nationen, vor allem im Bereich der Entwicklungszusammenarbeit stark erweitern könnte[510].

Seit 1995 ist dem UN-Generalsekretär ein Sonderberater für NGO Angelegenheiten beigestellt dessen Aufgabe es ist, die Zusammenarbeit zwischen dem Sekretariat und NGOs zu koordinieren. Im Laufe dieser Zusammenarbeit wurden verschiedene NGO-Verbindungsstellen, sogenannte *„focal points"* gebildet[511]. Einen weiteren deutlichen Vorschub im Bereich der Menschenrechte erhielt die Arbeit des Sekretariats durch die Bemühungen des zweimaligen Generalsekretärs Kofi Annan, der im März 2005 die Punkte Entwicklung, Sicherheit und Menschenrechte als Vorraussetzungen für Sicherheit und Freiheit in einer globalisierten Welt in seinem Bericht *„in larger freedom"* hervorhob[512].

Einen hohen Stellenwert nimmt dabei die zivilgesellschaftliche Partizipation ein, wobei Transparenz häufig als entscheiudender Faktor gesehen wird. So bietet etwa die im Sekretariat angesiedelte UN-Hauptabteilung für Presse und Informationen, DPI, seit 1948 einen Assoziierungsstatus für NGOs an, mit dem die Zivilgesellschaft als Multiplikator für die Öffentlichkeitsarbeit der Vereinten Nationen gewonnen werden soll.

Die Assoziierung berechtigt die NGOs in der Folge Dienstleistungen und Informationen des DPI zu nutzen. Die Zusammenarbeit umfasst wöchentliche *NGO-briefings,* eine jährliche NGO/DPI Konferenz zu einem Schwerpunktthema sowie die Nutzung der informellen Dienstleistungen des *NGO-Ressource Center.* Die Zusammenarbeit wird vom *NGO/DPI Executive Committee* geregelt, das seinerseits NGO Informationen sammelt und dem *Ressource Center* übermittelt[513].

3. Unterstützung des Menschenrechtsschutzes durch die UN-Sonderberichterstatter

a) „Special Procedures" nach den WSR-Res. 1235 (XLII) und 1503 (XLIII)

Die UN-Menschenrechtskommission hat seit Beginn der achtziger Jahre Sonderverfahren, *„spezial procedures"*, zur Untersuchung Beobachtung und Berichterstattung über themen- oder länderspezifische Menschenrechtsaspekte eingeführt, wodurch eine enge Zusammenarbeit mit zivilgesellschaftlichen Instanzen ermög-

---

[510] UN-Doc. A/8401 Add. 1, 11.

[511] Alger, The Emerging Roles of NGOs in the UN-System, p. 106.

[512] In larger freedom: towards development, security and human rights for all, Report of the Secretary-General (Dritter Reformbericht des UN-Generalsekretärs), § 16, UN-Doc A/59/2005.

[513] Leininger, Die Reform der Vereinten Nationen – Chancen auf eine Erneuerung zivilgesellschaftlicher Beteiligung, S. 14.

licht wird[514]. Die *„spezial procedures"* gehören zu den öffentlichen Reaktionsmöglichkeiten, die der UN-Menschenrechtskommission durch die Resolution 1235 (XLII) des WSR für Menschenrechtsverletzungen in allen Teilen der Welt eingeräumt wurden, und die heute dem UN-Menschenrechtsrat zur Verfügung stehen. Im Gegensatz zu den regulären vertraglich vorgesehenen Verfahren im Rahmen menschenrechtlicher Verträge werden durch die *„spezial procedures"* auch Reaktionen auch auf nicht vertraglich erfasste Menschenrechtsverletzungen *ad hoc* ermöglicht[515]. Die Schaffung dieser *„spezial procedures"* und die Einführung der UN-Sonderberichterstatter durch die UN-Menschenrechtskommission stellen inzwischen wichtige Faktoren bei der Reaktion auf Menschenrechtsverletzungen durch die Staatengemeinschaft dar.

Durch ihre Einführung wurde es möglich, Regierungen mit Berichten von unabhängigen Experten zu konfrontieren, in denen Menschenrechts-Defizite in einzelnen Staaten dokumentiert und Empfehlungen zu ihrer Behebung erstattet werden[516]. Zusätzlich bietet sich die Möglichkeit, bestimmte Themenbereiche systematisch und auf einzelne Regionen bezogen zu analysieren. Dieser systematischen Vernetzung durch UN-Vertragsorgane mit zivilgesellschaftlichen Instanzen stehen viele Regierungen allerdings eher zurückhaltend gegenüber. Dies zeichnet sich oft in einer halbherzigen oder schlecht Organisierten Zusammenarbeit ab, wodurch die Effektivität der Verfahren beeinträchtigt wird.

Durch die WSR-Res. 1235 (XLII) erteilte der WSR der Menschenrechtskommission die Kompetenz, Informationen über schwere Verletzungen von Menschenrechte zu prüfen und allenfalls eingehende Studien über die jeweilige Situation zu erstellen[517]. Dabei wurde der UN-Menschenrechtskommission am Beispiel der südafrikanischen Apartheidpolitik ein Verfahren zur Überwachung und Kontrolle von Menschenrechtsverletzungen eingeräumt[518]. Dieses Verfahren wurde später mit der WSR-Res. 1503 (XLVIII) von den speziellen Erfordernissen der Apartheidsbekämpfung gelöst und um allgemeine Verfahrensschritte erweitert.

Eingeleitet werden kann das Verfahren durch die Kommission bei ausreichendem Verdacht schwerer Verletzungen der Menschenrechte oder Grundfreiheiten. Die Kommission ist dabei befugt, entsprechende Informationen zu sammeln, sie durch Unterorgane prüfen zu lassen und Untersuchungen durch Arbeitsgruppen, *„ad hoc-Committees"*, mit Zustimmung der betreffenden Staaten durch-

---

[514] Ovett, An NGO perspective of using international human rights law and mechanisms..., p. 33.

[515] Rudolf, Die thematischen Berichterstatter und Arbeitsgruppen der UN-Menschenrechtskommission, S. 10.

[516] Strohal, Die Entwicklung des internationalen Menschenrechts Systems durch die vereinten Nationen, S. 154.

[517] Abgedruckt in: Neuhold, Hummer, Schreuer, Österreichisches Handbuch des Völkerrechts, Bd. 2, D 179 a, b.

[518] §§ 2, 3 WSR-Res. 1235 (XLII).

zuführen[519]. Die Sonderberichterstatter, werden in der Regel nach einer Aufforderung der Menschenrechtskommission oder der GV von den jeweiligen Regierungen eingeladen[520].

Die erste *fact-finding* Mission nach 1235-Verfahren wurde 1979 unter Fernando Jimenez als Sonderberichterstatter durchgeführt. Die Mission erfolgte auf Einladung der neu gewählten Regierung Äquatorial-Guineas nach dem Sturz der Macias-Diktatur, gegen deren Menschenrechtsverletzungen sich die Untersuchungen richteten[521].

Nach Art. 6 der Resolution 1503 entscheidet die Kommission – heutiger Rechtsnachfolger ist der UN-Menschenrechtsrat - nach einer Untersuchung der Situation, ob ein bericht an den WSR erfolgt, und ob eine Untersuchung vor Ort durch ein *ad hoc* Komitee durchzuführen ist[522]. Eine solche Untersuchung findet dann gegebenenfalls nach § 7 der Resolution 1503 unter Ausschluss der Öffentlichkeit statt.

Zusätzlich hat die Kommission noch die Möglichkeit untergeordnete Ausschüsse einzurichten, die eine zusätzliche unabhängige Informationssammlung, gegebenenfalls in Zusammenarbeit mit lokalen Behörden, Kirchen und NGOs ermöglichen[523]. Ein solcher *„subsidiary body"*, die *„Ad-Hoc Working Group of Experts on Human Rights in Southern Africa"*, wurde erstmals 1967 durch die Resolution 2 (XXIII) der Kommission eingerichtet. Seither hat sich diese Praxis der Informationsfindung durchgesetzt, und *ad hoc* Ausschüsse werden regelmäßig zur Untersuchung gravierender Menschenrechtsverletzungen einberufen.

b) Thematische Mechanismen

Der Begriff der thematischen Mechanismen hat sich aus der Praxis der UN-Menschenrechtskommission entwickelt. Durch den Begriff wird eine Berichterstattung über bestimmte Erscheinungsformen von Menschenrechtsverletzungen erfasst, wozu die Kommission eine Reihe von Arbeitsgruppen und Sonderberichterstattern einsetzt[524].

Der erste thematische Sonderberichterstatter wurde 1980 von der Kommission für den Themenbereich „erzwungenes Verschwinden" auf Grund der politi-

---

[519] §§ 5, 6 WSR-Res. 1503 (XLVIII).

[520] Strohal, Die Entwicklung des internationalen Menschenrechtssystems durch die vereinten Nationen, S. 154.

[521] Thoolen, Verstappen, Human Rights Missions – A study of the fact finding practice of non-governmental organisations, p. 10f.

[522] Shelton, Individual complaint machinery under the UN 1503 procedure and the Optional Protocol to the International Covenant on Civil and Political Rights, p. 61 at sec.

[523] Shelton, Utilisation of fact-finding missions to promote and protect human rights: The Chile case, p. 14 at sec.

[524] Rudolf, Die thematischen Berichterstatter und Arbeitsgruppen der UN-Menschenrechtskommission, S. 9.

schen Situation in Argentinien und Chile betraut[525]. Inzwischen setzten die Vereinten Nationen Sonderberichterstatter für die unterschiedlichsten Themenbereiche wie etwa für das „Recht auf Gesundheit"[526] oder „Kinderarbeit", aber auch im Bereich der wirtschaftlichen sozialen und kulturellen Rechte, wie etwa Sonderberichterstatter über die Rechte auf „Bildung", „Nahrung" oder „angemessene Unterbringung" ein.

Die UN-Sonderberichterstatter erhalten periodisch zu erneuernde Mandate, die nicht nur die Berichterstattung an die Kommission sondern auch den Dialog mit Regierungen und lokalen NGOs sowie Besuche in den betroffenen Regionen umfassen[527]. Die Verfahren in Menschenrechtsfragen im Rahmen der *„spezial procedures"* werden aus der Kompetenz des UN-Menschenrechtsrates abgeleitet, die sich aus den WSR-Resolutionen 1235 (XLII) vom 6.6.1967 und 1505 (XLVIII) vom 27.5. 1970 für die Kommission ergabt. Die *„spezial procedures"*-Verfahren selbst stehen dabei zwischen den Verfahren nach 1235 und 1503, da sie sich aus Elementen beider Resolutionen ableiten[528].

Bezüglich der Zulässigkeit von Eingaben in beiden Verfahren hat die Unterkommission der UN-Menschenrechtskommission durch Res. 1 (XXIV) vom 13. August 1971 Bestimmungen über die Zulässigkeit von Mitteilungen erlassen, nach denen nicht nur Einzelpersonen, sondern auch juristische Personen und NGOs Beschwerden einbringen können. Aufgrund der im 1503-Verfahren vorgeschriebenen Vertraulichkeit werden NGOs weder in den Gang der ausgelösten Verfahren eingebunden, noch erhalten sie offizielle Kenntnis davon, wie die eingebrachten Mitteilungen und Beschwerden beurteilt wurden[529].

c) Länderberichterstattung

Bei der Länderberichterstattung handelt es sich um das sichtbarste Instrument, über das die Vereinten Nationen verfügen, um schwerwiegende Menschenrechtsverletzungen zu sanktionieren und einen Beitrag zu ihrer Behebung zu leisten. Vor allem die Vor-Ort-Missionen der thematischen Mechanismen haben sich zu einer Form der Länderberichterstattung entwickelt, in der wegen der engeren Aufgabenstellung oft mit wesentlich größerer Deutlichkeit als in den allgemeinen Berichten Kritik an Staaten geäußert werden kann[530].

---

525 Alston, The Commission on Human Rights, S. 172.

526 Ovett, An NGO perspective of using international human rights law and mechanisms to make trade more accountable and human rights-consistent, p. 32.

527 Strohal, Die Entwicklung des internationalen Menschenrechtssystems durch die vereinten Nationen, S. 154.

528 Alston, The Commission on Human Rights, S. 173ff.

529 Hummer, Internationale nichtstaatliche Organisationen im Zeitalter der Globalisierung, S. 124.

530 Rudolf, Die thematischen Berichterstatter und Arbeitsgruppen der UN-Menschenrechtskommission, S. 550.

Im Gegensatz zu den allgemeinen thematischen Mechanismen ist die Länderberichterstattung zwar auch an Menschenrechtsproblematiken orientiert, jedoch genereller ausgerichtet und zusätzlich räumlich begrenzt. Daher ist sie spezieller als die thematischen Mechanismen, da sie bestimmte Typen von Menschenrechtsverletzungen in einzelnen Staaten erfassen kann[531]. Mit der Möglichkeit konkrete Situation in einzelnen Staaten durch Sonderberichterstattung erörtern zu lassen, hat die UN-Menschenrechtskommission eine Voraussetzung zur effektiven Dokumentierung durch spezifische Berichterstatter geschaffen[532].

Im Rahmen des Länderberichterstattersystems hat sich ein breites Beziehungsgeflecht zu lokalen Behörden und unabhängigen Experten gebildet, wodurch die themen-spezifische Berichterstattung der UN-Menschenrechtskommission um spezifische länder- oder regionalbezogene Beiträge erweitert wird. Die UN-Sonderberichterstatter stellen hierzu fünfköpfige Arbeitsgruppen zusammen[533], die neben den Sonderberichterstattern selbst aus je einem Vertreter der im UN-System bestehenden fünf Regionalgruppen sowie drei thematischen Experten bestehen[534]. Dabei befassen sich die Arbeitsgruppen, denen der jeweilige Berichterstatter vorsitzt, vorwiegend mit innerstaatlichen Gesetzen, und bewerten deren Vereinbarkeit mit anwendbaren völkerrechtlich gewährleisteten Menschenrechten[535].

Bei der Untersuchung ihrer Themenbereiche gehen die eingesetzten Arbeitsgruppen grundsätzlich in drei Schritten, *„investigating"*, *„monitoring"* und *„reporting"* vor. Die ersten beiden Schritte umfassen dabei die Beweissammlung, *„fact finding"*, während der dritte Schritt die Weiterleitung der gefundenen Ergebnisse an die UN-Menschenrechtskommission beinhaltet. Die Beweissammlung ergibt sich dabei durch die Zusammenarbeit mit lokalen Behörden und NGOs, wobei *„fact finding"* vielfach in der Form durchgeführt wird, dass NGOs zu denen die *committees* Beziehungen unterhalten Studien und Berichte weiterleiten, die daraufhin von den Arbeitsgruppen untersucht werden. Nachdem diese die Lage einer Begutachtung vor Ort unterzogen haben, werden die Ergebnisse als *„spezial reports"* an die Menschenrechtskommission weitergegeben[536].

---

531 Ebd., S. 10.

532 Strohal, Die Entwicklung des internationalen Menschenrechtssystems durch die vereinten Nationen, S. 155.

533 Ebd., S. 154.

534 § 1 WSR-Res. 1502 (XLVIII).

535 Rudolf, Die thematischen Berichterstatter und Arbeitsgruppen der UN-Menschenrechtskommission, S. 550.

536 Etwa UN-Doc. CAT/XVIII/CRP.1/Add.4, 11. April 1997, §§ 131-135, abgedr. in: Alston and Crawford, The Future of UN Human Rights Treaty Monitoring, p. 186.

4. Sonstige Zusammenarbeit mit den Vereinten Nationen

Neben der dargestellten formellen Zusammenarbeit beratender oder beobachtender Funktion können NGOs auch in operativer Form an der Arbeit der Vereinten Nationen beteiligt werden. In Frage kommt eine operative Zusammenarbeit der einzelnen Programme oder Konferenzen die, von Nebenorganen der Vereinten Nationen, etwa der UNESCO, durchgeführt werden[537].

Für die in Frage kommenden Programme richten die Vereinten Nationen eigene, durch Exekutivorgane unterstützte Sekretariate ein. Die beteiligten Mitarbeiter werden vom WSR gewählt und sind nur dem WSR selbst direkt verantwortlich, der wiederum der GV berichtet. Nominell werden solche Organe zwar als Teil des Sekretariats der UN organisiert, sie haben jedoch meist die Legitimation, operationell unabhängig zu arbeiten.

NGOs können bei der Durchführung solcher UN-Programme in unterschiedlicher Form eingebunden werden. Sie können als „beliehene" Organisationen zur Durchführung der Projekte direkt herangezogen werden, selbst Begünstigte solcher Projekte sein oder solche Projekte finanziell unterstützen[538].

Besonders stark werden NGOs beispielsweise im Programm der Vereinten Nationen gegen das HIV-Virus, UNAIDS; eingebunden. So ist das Hauptorgan von UN-AIDS nicht nur von Staatenvertretern und den Vertretern der beteiligten UN-Organe sondern auch mit Angehörigen von NGOs und kompetenten Einzelpersonen besetzt. Ein weiteres Beispiel für die NGO-Einbindung bei UN-Programmen stellt die starke Inanspruchnahme von NGO-Kampagnen durch UNICEF dar[539].

Nach Art. 20 SVN hat die GV der Vereinten Nationen die Möglichkeit, außerordentliche Tagungen mit besonderem Themenschwerpunkten wie etwa Abrüstung, Drogen, politische Situation in Israel oder Entwicklungszusammenarbeit einzuberufen. Auch der WSR kann gemäß Art. 62 (4) SVN in Übereinstimmung mit den Richtlinien der Vereinten Nationen internationale Konferenzen über Angelegenheiten seiner Zuständigkeit einberufen. Die Teilnahmemöglichkeit von NGOs nach § 41 der Resolution 1996/31 bezieht sich auf alle von den Vereinten Nationen einberufenen Konferenzen.

Die jeweiligen Teilnahmebedingungen für NGOs und Nichtmitgliedstaaten werden in der Ausschreibung der betreffenden Konferenz, der *„convening decision"*, bekannt gegeben. Strittig ist, ob sich die in der Resolution 1996/31 festgelegte Teilnahmemöglichkeit für NGOs nur auf Konferenzen des WSR oder auch auf

---

[537] Holcombe, Strengthening the United Nations, p. 57 at sec.
[538] Hummer, Internationale nichtstaatliche Organisationen im Zeitalter der Globalisierung, S. 126f.
[539] UN-Docs. A/52/507 pt .65f, vom 21.8.1997; A/53/432 vom 25.9.1998, abgedr. in: Bayefsky, The UN Human Rights Treaty System in the 21st Century, p. 822, 858.

die außer-ordentlichen Tagungen der GV erstreckt[540]. Im Rahmen der Vereinten Nationen wird dabei zunehmend die Meinung vertreten, dass kompetente Organisationen die bereits in einem längeren Zusammenarbeitsverhältnis mit den Vereinten Nationen stehen grundsätzlich auch an allen Konferenzen in ihrem Arbeitsbereich teilnehmen können sollten[541].

Bemerkenswert ist in diesem Zusammenhang nicht nur die seit den 90er Jahren anwachsende Zahl der direkt an den Konferenzen beteiligten eingeladenen NGOs, sondern auch die steigende Beteiligung von NGOs an den parallel zu den UN-Veranstaltungen stattfindenden NGO-Foren[542].

Die starke Beteiligung von NGOs an Konferenzen und Programmen der Vereinten Nationen zeigte auch Auswirkungen auf die weltweite Zusammenarbeit von NGOs untereinander. Sie ermöglichte eine grenzüberschreitende Vernetzung von NGOs und trug damit zum Aufbau neuer internationaler Menschenrechtsnetzwerke bei[543], die ihrerseits wiederum einen Teil zur Globalisierung der internationalen Beziehungen und des internationalen Menschenrechtsschutzes beitragen.

II. NGO Beteiligung im Rahmen europäischer Strukturen

1. Zusammenarbeit im Rahmen des Europarates

Eine zentrale Rolle bei Menschenrechtsfragen im Bereich der EU spielt der Europarat. Diese Position ergibt sich aus der mangelnden Kompetenz der Gemeinschaft, der besonderen Bedeutung der Menschenrechte für die Innen- und Außenpolitik der Union sowie ihrer Mitgliedstaaten. Die besondere Bedeutung des Rates wird vor allem aus der verstärkten Einbindung der Menschenrechte in den Verträgen von Amsterdam und Nizza deutlich[544]. Durch diese Verträge wurden menschenrechtliche Fragen zu zentralen Punkten im Bereich der gesamten Unionspolitik, vor allem aber der GASP, in deren Umfeld der Rat nach Art. 11 (2) EUV weitgehende Kompetenzen hat.

Daraus ergibt sich für den Rat auch eine breite Palette von Aufgaben im Rahmen der europäischen Menschenrechtspolitik, die sich nach Art. 11 (1) EUV nicht nur an den „Zielen und Aufgaben der Vereinten Nationen“ sondern auch an der „Entwicklung und Stärkung von Demokratie und Rechtsstaatlichkeit“ sowie an „der Achtung der Menschenrechte und Grundfreiheiten“ orientiert. Dabei koordiniert der Rat nach Art. 15 EUV die Menschenrechtspolitik der EU mit den

---

[540] Hummer, Internationale nichtstaatliche Organisationen im Zeitalter der Globalisierung, S. 129.
[541] Rechtsmeinung des Sekretariats in: UNJYB 1982, p. 134f.
[542] UN-Doc. A/51/1, Annual Report of the Secretary General on the Work of the Organisation 1996.
[543] Hummer, Internationale nichtstaatliche Organisationen im Zeitalter der Globalisierung, S. 130.
[544] Etwa Art. 6, 7 EUV.

außenpolitischen Positionen der Mitgliedstaaten, trägt auf diese Weise zur Gestaltung der europäischen Außenpolitik bei und nimmt eine zentrale Position bei der Koordination und Repräsentation im Bereich der europäischen Außenbeziehungen, vor allem im Bereich internationaler Organisationen, ein[545].

Der Europarat unterhält seit seiner Gründung im Jahr 1949 Beziehungen zu NGOs. Das Ministerkomitee manifestierte 1951 durch die statutarische Resolution (51) 30 die Möglichkeit, NGO bezüglich Fragen im Bereich ihrer Fachkompetenz zu konsultieren. Ähnlich wie die Generalversammlung oder der WSR der Vereinten Nationen führte der Europarat wegen der starken Beteiligung von NGOs im Jahr 1954 Richtlinien für einen Konsultativstatus für Nichtregierungsorganisationen ein, die im Bereich seiner Zuständigkeit tätig sind[546].

An der Zahl der mit Konsultativstatus vor dem Europarat beliehenen Organisationen lässt sich auch für den europäischen Bereich sowohl die zunehmende Anzahl von NGOs, als auch das steigende Engagement dieser Organisationen belegen. Während der Konsultativstatus im Jahr 1954 an nur neun NGOs vergeben wurde, ist die Zahl der akkreditierten NGOs im Jahr 1985 auf 276 und bis heute auf über 380 angestiegen[547].

Die Bestimmungen über die Verleihung des Konsultativstatus wurden in den letzten Jahrzehnten mehrfach überarbeitet, und liegen heute in Form der im Oktober 1993 verabschiedeten Resolution 93 (38), „Resolution on relations between the Council of Europe and international non-governmental organisations“, vor.

Unter Punkt 1 wird festgehalten, dass der Europarat mit den im europäischen Raum besonders aktiven internationalen NGOs, deren Ziel die Förderung der europäischen Integration ist, Arbeitsbeziehungen aufnehmen und einen Konsultativstatus verleihen kann. Interessierte NGOs können zu diesem Zweck einen Antrag an den Generalsekretär des Europarates stellen, wobei nach Punkt 7 der Resolution Satzung, Zielsetzungen und Struktur der Organisation offen zu legen sind. Den Zuspruch des Konsultativstatus erteilt der Generalsekretär, der nach Punkt 8 dem Ministerkomitee und der parlamentarischen Versammlung verantwortlich ist. Durch Punkt 5 wird die NGO verpflichtet, auf Aufforderung des Generalsekretärs Informationen über ihren Tätigkeitsbereich zur Verfügung zu stellen, die Aktivitäten des Europarates in ihren Tätigkeitsbereich ausreichend publik zu machen sowie dem Generalsekretär alle zwei Jahre einen Rechenschaftsbericht vorzulegen. Kommt der Generalsekretär zu der Überzeugung, dass eine der betreffenden Organisationen gegen die Grundsätze oder den Sinn der Resolution (93) 38 verstößt, kann gemäß Punkt 10 eine Streichung von der Liste vorgenommen werden.

---

[545] Alston, The EU and Human Rights, p. 46f.

[546] Seidl-Hohenveldern, Völkerrecht, Rz. 1570.

[547] Hummer, Internationale nichtstaatliche Organisationen im Zeitalter der Globalisierung, S. 142.

Um die NGO-Zusammenarbeit im europäischen Bereich noch weiter zu verbessern wurde in den siebziger Jahren ein NGO-Verbindungskomitee gegründet, das wie eine eigene NGO organisiert wurde und ebenfalls Konsultativstatus vor dem Europarat besitzt. Das zentrale Organ des Komitees ist die Plenarkonferenz die sich neben administrativen Angelegenheiten mit NGO-Stellungnahmen sowie der Abhaltung von NGO-Konferenzen zu aktuellen Sachthemen beschäftigt. Ziel des Komitees ist eine effektivere Repräsentation vor den Organen der EU und EG durch koordinierte Zusammenarbeit der NGOs.

2. NGO-Beteiligung im Bereich der Europäischen Union

In ihrem Weißbuch über das europäische Regieren hat sich die Kommission dazu verpflichtet, zu einer verstärkten Kultur der Konsultationen und des Dialogs in der EU beizutragen[548]. NGOs spielen dabei mittlerweile eine wichtige Rolle. Daher legte die Kommission im Rahmen eines Arbeitspapiers neben einer Reihe von Grundsätzen, die ihr Verhältnis zu den betroffenen Parteien regeln sollen, Mindeststandards für ein künftiges Konsultationsverfahren fest[549].

Die Kommission und ihre Ausschüsse führen bereits Zeit ihres Bestehens Konsultationen mit zivilgesellschaftlichen Organisationen durch, jedoch gab es bis 2002 hierzu kein einheitliches Verfahren. Jedoch wurden im Wirtschafts- und Sozialausschuss erste Richtlinien für Konsultationen entwickelt, die später auch im Weißbuch als Grundlage für ein allgemeines Verfahren dienen sollten[550].

Die Leitidee des Weißbuchs war es, die Union durch größeren Zusammenhalt intern zu stärken, wovon man sich ein einheitlicheres Auftreten nach außen und eine gute Vorbereitung für die damals bevorstehende Erweiterung versprach. Zu diesem Zweck wurden eine Öffnung der politischen Entscheidungsfindung und eine stärkere Einbindung der Bürger, der Mitgliedstaaten und ihrer Gebietskörperschaften und Organisationen in die Gestaltung und Durchführung der EU-Politik vorgeschlagen. Dadurch sollen die zunehmende Entfremdung zwischen der Europapolitik und ihren Bürgern abgebaut und ein stärkerer Informationsfluss erreicht werden[551].

Ziel bei der Gestaltung des Verfahrens war neben einer besseren Einbindung aller Betroffenen durch höhere Verfahrenstransparenz auch die Bereitstellung allgemeiner Konsultationsstandards die eine flexible Gestaltung der Konsultationen in allen Interessenbereichen ermöglichen sollten[552]. Daher veröffentlichte die Kom-

---

[548] KOM(2001) 428 endgültig.

[549] KOM(2002) 704 endgültig.

[550] Stellungnahmen des Europäischen WSA zum Thema „Europäisches Regieren – ein Weißbuch“ vom 20.3.2002; CES 357/2002.

[551] Kommission der Europäischen Gemeinschaften, Bericht der Kommission über Europäisches Regieren, S. 8ff,40ff

[552] http://europa.eu.int/governance/index_en.html, vom 13.06.2006

mission den Entwurf eines Konsultationsdokuments und forderte interessierte Parteien auf, ihre Kommentare zu den allgemeinen Grundsätzen und Mindeststandards einzureichen [553]. Die Anhörung zu den vorgeschlagenen allgemeinen Grundsätzen und Mindeststandards stieß sowohl auf staatlicher als auch auf nichtstaatlicher Seite auf rege Beteiligung. Dabei werteten die Teilnehmer bereits die Tatsache einer durchgeführten Anhörung - und späteren Einarbeitung der Vorschläge - als „Beispiel bewährter Konsultationspraxis"[554].

Dennoch verabschiedete die Kommission ihre Konsultationsstandards trotz heftiger Kritik einiger zivilgesellschaftlichen Akteure lediglich in Form einer Mitteilung anstatt in Form eines verbindlichen Rechtsakts. Gründe dafür waren die Wahrung einer Trennlinie zwischen Konsultationen, die auf eigene Initiative der Kommission vor Annahme eines Vorschlags eingeleitet werden, und dem sich anschließenden formellen und verbindlichen Beschlussfassungsprozess. Weiters sollten grundsätzlich Situationen ausgeschlossen werden, bei denen Vorschläge der Kommission vor dem Gerichtshof angefochten werden könnten, weil die Konsultationen nicht in entsprechender Weise erfolgten. Daher könnte ein rechtsverbindlicher Ansatz die Verfahren unnötig in die Länge ziehen und damit die Handlungsfähigkeit der Kommission zu stark einschränken[555].

Für NGOs bieten sich nach den Standards der Kommission vor allem zwei Wege, um ihren Einfluss geltend zu machen[556]. Eine indirekte Möglichkeit besteht in der Ansprache von Mitgliedern des Europäischen Parlaments, Mitarbeitern der EU-Kommission oder des Ministerrates. Dabei repräsentieren sich menschenrechtliche Organisationen mittlerweile ebenso stark wie industrielle Interessenvertretungen[557].

Eine direktere Einflussnahmemöglichkeit ist die Beteiligung an Konsultationen, die von den Ausschüssen des Parlaments und der Kommission in den unterschiedlichsten Politikbereichen durchgeführt werden. Zu diesem Zweck stellen die Standards der Kommission zwei Verfahrenstypen zur Verfügung. Bei ausgeschriebenen „offenen Konsultationsverfahren" haben jeder Bürger und jeder Verein die Möglichkeit, Eingaben an die Kommission zu richten. Für stark fachbezogene Angelegenheiten ist ein „zielgerichtetes Konsultationsverfahren" vorgesehen[558]. Zur Teilnahme an diesem Fachverfahren ist zuvor die Aufnahme in die eigens eingerichtete Datenbank „Konsultation, die Europäische Kommission und

---

[553] KOM(2002) 277 endgültig.
[554] http://europa.eu.int/comm/secretariat_general/sgc/consultation/index_de.htm, vom 13.06.2006.
[555] KOM(2002) 704 endg., S. 10.
[556] KOM(2002) 704 endg., S. 3.
[557] Mann, Rolle und Beteiligungsmöglichkeiten von NGOs in der EU, in: http://www.erikamann.com/scripts/index.php3?id=273.
[558] KOM(2002) 704 endg., S. 11.

die Zivilgesellschaft“, CONECCS, zu beantragen, anhand der die Kommission auf ihre Konsultationspartner zurückgreifen kann[559].

Die aus den Konsultationen gewonnenen Erkenntnisse können dann beispielsweise zur Erarbeitung von Gesetzesvorschlägen und Richtlinien herangezogen werden. Die intensivste Zusammenarbeit findet dabei in den Bereichen der Umwelt- und Entwicklungspolitik statt[560]. Beispiele sind etwa der ständige strukturierte Dialog der Kommission mit Menschenrechts- und Entwicklungs-NGOs bei der EU/AKP-Zusammenarbeit sowie der zivilgesellschaftliche Dialog mit der Generaldirektion Handel im wirtschaftlichen Bereich[561].

Neben dem Rat unterhält auch die Kommission Beziehungen zum NGO-Verbindungskomitee, um eine Zusammenarbeit mit NGOs bei sozialen oder menschen-rechtlichen Programmen zu koordinieren. So hat die Europäische Gemeinschaft in den neunziger Jahren auf Antrag der Kommission verschiedene Programme zur effektiveren Gestaltung des Menschenrechtsschutzes, unter anderem in Zusammenarbeit mit der *„International Commission of Jurists“*, ICJ, oder dem „interamerikanischen Institut für Menschenrechte“, finanziert[562].

Auch eine Zusammenarbeit mit nationalen oder regionsfremden NGOs, denen aufgrund ihrer mangelnden Kapazität oder ihres mangelnden europäischen Charakters kein Konsultativstatus zugesprochen werden kann, ist in vielen Bereichen möglich. So erkennt die EU die Bedeutung der Beiträge von NGOs für die soziale Solidarität an, was beispielsweise durch die gemeinsame Erklärung 11 der Schlussakte der Konferenz von Amsterdam oder der gemeinsamen Erklärung 23 der Schlussakte der Konferenz von Maastricht zum Ausdruck kommt[563]. Durch diese Erklärungen wird die Zusammenarbeit und Förderung von NGOs im kirchlichen Rahmen sowie im Wohlfahrtbereich zum Gegenstand des europäischen Primärrechts.

3. NGO-Einbindung in die europäische Entwicklungs- und Menschenrechts-politik sowie in die EIDHR im Sinne der VO (EG) 975/1999 und 976/1999

Bereits in ihrer Mitteilung an den Rat vom 6. Oktober 1975 legte die Kommission Leitlinien für eine mögliche Zusammenarbeit mit NGOs im Entwicklungshilfebe-

---

559 http://ec.europa.eu/comm/civil_society/coneccs/index_de.htm, vom 13.06.06

560 Hummer, Internationale nichtstaatliche Organisationen im Zeitalter der Globalisierung, S. 148ff.

561 Mann, Rolle und Beteiligungsmöglichkeiten von NGOs in der EU, in: http://www.erikamann.com/scripts/index.php3?id=273.

562 Alston, The EU and Human Rights, p. 602.

563 Abgedruckt in Sartorius II, 147a, 148.

reich fest[564]. In der Folge wurde ein Posten für NGO-Kofinanzierungen im Entwicklungshilfebudget der EU eingerichtet der im Verlauf der nächsten zwei Jahrzehnte von 2,5 Millionen Ecu 1976 auf über 174 Millionen 1995 stetig erhöht, und wie sich später zeigen wird bis heute noch weiter ausgebaut wurde[565]. Im Dialog zwischen der EU und den Entwicklungsländern nehmen zivilgesellschaftliche Akteure eine Position zwischen den Stühlen ein. Dabei soll durch eine dezentrale Organisation der NGO-Projekte die direkte Einflussnahme der EU in die innerstaatlichen Sphären der Entwicklungsländer so gering wie möglich gehalten werden[566].

NGOs können dabei zur Erreichung allgemeiner Ziele der EU-Entwicklungspolitik, wie etwa zur Stärkung der Menschenrechte, der Rechtsstaatlichkeit oder *„good governance"* finanzielle Förderungen durch die EU beantragen[567]. Die Entwicklung der Zivilgesellschaft in den Entwicklungsländern soll durch diese politische Stärkung der NGOs gefördert und gleichzeitig auch in supranationale Strukturen eingebunden werden. Auf diese Weise wird eine effizientere und stärker zweckgewidmete Verwendung der zur Verfügung stehenden Mittel erreicht, was gleichzeitig auch einen Beitrag zu einer positiven Regierungsführung im Sinne des in den wichtigsten EU-Entwicklungshilfeabkommen enthaltenen *„good governance"*- Grundsatzes bedeutet[568]. Eine Besonderheit bei der NGO-Einbindung in die Entwicklungszusammenarbeit der EU ist die häufig direkte Implementierung in die Vertragskörper[569]. Während die Einbindung von NGOs an anderer Stelle eher indirekt in Form einer Statusvergabe oder einer darüber hinausgehenden permanenten Kommunikation stattfindet, sind NGOs bei der Entwicklungszusammenarbeit der EU oft als feste Bestandteile in die Vertragsmechanismen eingebunden.

Die Menschenrechtsthematik ist damit insgesamt zu einem festen Bestandteil der EU-Entwicklungspolitik geworden[570]. Dabei ist es das generelle Ziel der Entwicklungszusammenarbeit, mit den Entwicklungsländern gemeinsam in einem konstruktiven „politischen Dialog" Wege für eine nachhaltige entwicklungspolitische

564 KOM(75) 504 endg. vom 6.10.1975.

565 Hummer, Internationale nichtstaatliche Organisationen im Zeitalter der Globalisierung, Seite 152.

566 VO Nr. 1659/98 des Rates vom 17. Juli 1998 über die dezentralisierte Entwicklungszusammenarbeit, Abl. 1998, L 213, 6.

567 Siehe VO (EG) Nr. 976/1999 des Rates vom 29 April 1999.

568 Siehe hierzu die Kommissionsmitteilung an den Rat und das EP über Menschenrechte, Demokratie und Politik der Entwicklungszusammenarbeit (SEK(91)0061), sowie die Präambel der VO (EG) Nr. 1659/98.

569 Siehe hierzu VO (EG) Nr. 975/1999 des Rates vom 29 April 1999, worin sich die ua. EG zur Unterstützung technische oder finanzieller Hilfeleistungen durch NGOs verpflichtet.

570 KOM (2006) 23, Thematisches Programm für die weltweite Förderung der Demokratie und der Menschenrechte im Rahmen der Finanziellen Vorausschau 2007-2013, S. 5.

und menschenrechtliche Aufbauarbeit zu gestalten[571]. Die europäische Entwicklungspolitik verfolgt hierbei ein Konzept der Zusammenarbeit, dass sich an zwei Themenkomplexen orientiert. Zunächst tragen Strukturreformen in den Entwicklungsländern dazu bei, durch mehr soziale Gerechtigkeit und zivilgesellschaftliche Partizipation die Verwirklichung der politischen und sozialen Menschenrechte voranzutreiben. Dieses Ziel wird beispielsweise durch die zunehmende Einbeziehung von Menschenrechts- und Demokratieklauseln in den entwicklungspolitischen Außenbeziehungen der Europäischen Gemeinschaft deutlich[572].

Zusätzlich sollen Rahmenbedingungen geschaffen werden, mit deren Hilfe die wirtschaftliche Benachteiligung der Entwicklungsländer überwunden werden kann, um ihre Chancengleichheit auf dem Weltmarkt herzustellen. Dabei engagiert sich die EU in zwei Bereichen. Zum einen betreibt sie durch ihre AKP-Kooperation eine eigene Entwicklungspolitik, zum anderen bringt sie aber auch mehr als die Hälfte der Kosten für das UNDP auf[573].

Im Bereich der internationalen Förderung von Menschenrechten und Demokratie entwickelte die EU neben den bereits dargestellten Grundsätzen und Programmen der Außenhilfe noch ein weiteres Instrument. Aufgrund einer Initiative des Parlaments von 1994 wurde die „*European Initiative for Democracy and Human Rights*", EIDHR, gegründet, in deren Rahmen die verschiedenen Menschenrechtsprojekte unter dem Budget-Kapitel B7-70 zusammengefasst wurden[574].

Ziel der EIDHR ist es die Achtung von Menschenrechten und Grundfreiheiten sowie Demokratisierungsprozesse zu unterstützen, Maßnahmen der Konfliktprävention beziehungsweise Wiederherstellung des Friedens durchzuführen sowie Hilfeleistungen für gesellschaftlich besonders benachteiligte Personengruppen zu organisieren. Verwaltet wird die EIDHR dabei vom Kommissar für auswärtige Beziehungen[575]. Die rechtlichen Grundlagen für die Finanzierung und die Handlungskompetenzen der EIDHR wurden vom Rat mit den Verordnungen 975/1999 und 976/1999 geschaffen[576].

---

[571] Etwa Präambel S.4 und Art 8 Z.4, 9 Z. 1-4 des Abkommens von Cotonou.

[572] Hoffmeister, Menschenrechts- und Demokratieklauseln in den vertraglichen Außenbeziehungen der Europäischen Gemeinschaft, S. 177ff.

[573] Arnold, Die Politik der EU in der UNO als Möglichkeit und Maßstab für ihre Gemeinsame Außen- und Sicherheitspolitik (GASP) und die Europäische Sicherheits- und Verteidigungspolitik (ESVP), S. 158ff.

[574] Cox, Chapmann, The European Community External Cooperation Programmes – Policies, Management, Distribution, p. 45; Kommission der Europäischen Gemeinschaften, The „*European Initiative for Democracy and Human Rights*", EIDHR, http://www.europa.eu.int/comm/europeaid/projects/ddh/ddh_en.htm, 21.7.2006.

[575] KOM (2000b), Bericht der Kommission über die Durchführung von Maßnahmen zur Förderung der Achtung der Menschenrechte und der Einhaltung demokratische Grundsätze im Zeitraum 1996 bis 1999, S. 43ff; KOM(2000) 726 endg.

[576] VO (EG) Nr. 975/1999 des Rates vom 29. April 99 zur Festlegung der Bedingungen für die Durchführung von Maßnahmen auf dem Gebiet der Entwicklungszusammenarbeit, die zu dem

Die Umsetzung der EIDHR findet mit Hilfe drei unterschiedlicher Verfahren statt. Im „*targeted projects*" Verfahren kann die Kommission selbst aktiv werden, indem sie gezielte Projekte ins Leben ruft. Planung und Umsetzung setzen dabei eine vorhandene Handlungsstrategie der EG sowie vorhandene Kontakte vor Ort voraus. Daher findet die Umsetzung in der Regel in Zusammenarbeit mit internationalen Organisationen oder internationalen NGOs statt. Die Kommission kann aber auch eine Aufforderung zum einreichen von Projektvorschlägen erlassen. Die Adressaten dieser „*call for proposals*"-Verfahren sind in der Regel lokale NGOs. Die dritte Verfahrenskategorie stellen Mikroprojekte, die auf Delegationsebene vergeben und verwaltet werden. Dabei handelt es sich um zeitlich begrenzte Projekte, mit einem Volumen von unter 50.000 €. Durchführungspartner bei diesen Projekten sind daher meist CBOs, da diese den engsten Bezug zur lokalen Ebene aufweisen. Solche Kleinstprojekte wurden ursprünglich lediglich in Osteuropa durchgeführt. Seit 2002 wurde diese Form der Kooperation aber auch auf die AKP-Staaten erweitert. Im Gegensatz zu den wirtschaftlich orientierten EU-Kooperationsprogrammen, wie etwa PHARE, CARDS, TACIS oder ALA werden die menschenrechtlichen Projekte im Rahmen der EIDHR nicht mit Hilfe staatlicher-, sondern überwiegend über zivilgesellschaftliche Kooperation durchgeführt[577].

Die thematischen Prioritäten bei der Durchführung der EIDHR-Projekte wurden nach Maßgabe zahlreicher Konsultationen mit den Länderreferenten der betreffenden EU-Generaldirektion und den Delegationen der Kommission in Drittländern bestimmt und im Jahresbericht der Kommission 2003 festgehalten. Die Projekt-Prioritäten liegen danach bei Maßnahmen zur Unterstützung der Abschaffung der Todesstrafe und Folter, zur Bekämpfung jeder Form der Diskriminierung, zur Förderung der internationalen Justiz und zur Demokratisierung[578]. Dabei werden zivilgesellschaftliche Strukturen bereits durch die Auswahl der Implementierungspartner gefördert. An der folgenden Tabelle lässt sich erkennen, dass der Aufbau der Zivilgesellschaft in der Vergangenheit zusätzlich überproportional bei der Vergabe der Mittel bedacht wurde.

allgemeinen Ziel der Fortentwicklung und Festigung der Demokratie und des Rechtsstaates sowie zur Wahrung der Menschenrechte und Grundfreiheiten beitragen; VO (EG) Nr. 976/1999 des Rates vom 29. April 1999 zur Festlegung der Bedingungen für die Durchführung von anderen als Entwicklungszusammenarbeit betreffenden Gemeinschaftsmaßnahmen, die im Rahmen der Gemeinschaftspolitik auf dem Gebiet der Zusammenarbeit zu dem allgemeinen Ziel der Fortentwicklung und Festlegung der Demokratie und des Rechtsstaates sowie zur Wahrung der Menschenrechte und Grundfreiheiten beitragen.

[577] KOM(2001b), S.16.

[578] KOM(2003) 527 endg., S. 103ff.

Finanzielle Mittel der EU für die EIDHR nach Sektoren (1996-2000 in Mio. Euro)					
	1996	1997	1998	1999	2000
Demokratisierung und Rechtsstaatlichkeit	14,94	19,31	12,03	15,33	18,25
Pluralistische Zivilgesellschaft	23,55	24,97	17,28	47,64	42,56
Vertrauensbildung und Konfliktprävention	14,80	10,60	7,59	9,15	3,44
Initiativen für Zielgruppen	15,72	14,15	19,92	12,37	28,16
Diverses	7,01	7,01	7,01	7,01	4,89
Gesamtbudget	76,02	76,04	63,83	91,50	97,30[579]

Nachdem die Europäischen Positionen zu Demokratieförderung und Menschenrechten evaluiert und ausgebaut wurden, wurde die EIDHR-Strategie 2001 neu überarbeitet[580]. Die inhaltliche Schwerpunktsetzung blieb jedoch im Wesentlichen gleich, es wurde aber eine themenspezifischere Verteilung – die sich vor allem bei der Mittelvergabe auswirkt – vorgenommen[581].

Unter der ersten Kategorie „Unterstützung der Stärkung der Demokratisierung, der *good governance* und der Rechtsstaatlichkeit" finden sich die vom Rat als Kernbereiche identifizierten Themen Demokratisierung und Rechtsstaatlichkeit, Zivilgesellschaft und Konfliktprävention. Als Ergänzung wurden hier die Abschnitte „Maßnahmen zur Unterstützung der Abschaffung der Todesstrafe", „Bekämpfung von Folter und Straffreiheit" sowie eine generelle „Unterstützung für internationale Gerichte" – wie etwa des ICC – und „Bekämpfung von Rassismus, Fremdenfeindlichkeit und Diskriminierung von Minderheiten und indigenen Völkern" angefügt. Inhaltlich hat sich die EIDHR damit nur geringfügig verändert, jedoch kann die Gliederung der Maßnahmen in die Prioritätsgruppen 1-4 als neue politische Schwerpunktsetzung gewertet werden.

Die höchste Prioritätsstufe 1 wurde dem *„Human Rights Capacity Building"* beigemessen, wobei weitere Prioritätsstufen 2-4 an die Bekämpfung der Todesstrafe und der Folter, die Unterstützung internationaler und regionaler Gerichte sowie die Bekämpfung jeder Form der Diskriminierung in abgestufter Reihenfolge vergeben wurden[582]. Dabei wurden die Budgetposten je nach Prioritätsstufe und Gesamtvolumen des Themas in den Focusstaaten vergeben.

---

[579] Santiso, The Reform of EU Development Policy - Improving Strategies for Conflict Prevention, Democracy Promotion & Governance Conditionality, p. 13.
[580] KOM (2001b), S. 15-22.
[581] Vgl. KOM (2001b), S. 15-22.
[582] EIDHR, Commission Staff Working Document, Programming Update 2004, p. 4f.

Finanzielle Mittel der EU für die EIDHR laut Indikativ Programm 2002-2004 (in Mio. Euro)		
	2002	2003/04
Demokratisierung, verantwortungsvolle Regierungsführung, Rechtsstaatlichkeit	60	120
Abschaffung der Todesstrafe	4	8
Folter, Straffreiheit und internationale Gerichtsbarkeit	13	26
Rassismus, Minderheiten und autochthone Bevölkerung	17	34
Notfallfonds	6	12
Gesamtbudget	100	200 [583]

Eine weitere substanzielle Veränderung brachten die Umstellung des Planungszeitraums auf 3 Jahre sowie die Ausrichtung auf eine begrenzte Zahl von Schwerpunktländern. Die Kommission verglich dabei die Situation in den einzelnen Ländern anhand verschiedener Auswahlkriterien. Dazu gehörten hauptsächlich die Erfolgsaussichten, die EIDHR-Maßnahmen in dem betreffenden Land haben könnten. Diese Aussichten orientieren sich vor allem an der Reformbereitschaft und Fähigkeit der jeweiligen Regierungen. Darüber hinaus spielten die Kapazitäten der im Land oder der Region vorhandenen NGOs sowie den Kapazitäten der EG-Delegation vor Ort sowie politische Faktoren – wie etwa die regionale Ausgewogenheit der vergebenen Mittel eine wichtige Rolle[584]. Die durch die EIDHR 2003/04 unterstützten Länder waren Burundi, Kongo, Ruanda, Angola, Simbabwe, Mozambique, Eritrea, Äthiopien, Sudan, Elfenbeinküste, Sierra Leone, Nigeria, Algerien, Israel, Westbank/Gaza, Tunesien, Kambodscha, China, Indone-sien, Nepal, Pakistan, Kolumbien, Guatemala, Mexiko, Russland, Georgien, die Ukraine, Haiti, die Fidschi-Inseln, die Türkei, Bosnien, Serbien sowie seit 2004 auch der Irak[585].

Seit 2006 wurde der Planungsrahmen der EIDHR nochmals um 3 Jahre erweitert, wobei eine abermalige Budgeterhöhung im Finanzierungsplan der Kommission bis 2013 nicht vorgesehen ist. Thematischer Schwerpunkt bleibt weiterhin die Förderung und Einbindung der Zivilgesellschaft, wobei die Einbindung der Zivilgesellschaft durch den EU-Gesamtbudgetposten von 100 Mio. Euro/Jahr

---

583 KOM (2001f); European Initiative for Democracy and Human Rights Programming Document 2002-2004, REV1 (final), in: http://www.europa.eu.int/comm/external_relations/human_rights/doc/eidhr02_04.htm, 20.8.2006.

584 KOM (2006) 23, Thematisches Programm für die weltweite Förderung der Demokratie und der Menschenrechte im Rahmen der Finanziellen Vorausschau 2007-2013, S. 7ff.

585 KOM (2003e), Staff Working Document - European Initiative for Democracy and Human Rights Programming Update 2003.

auch einen immer bedeutenderen Faktor für die Innenpolitik vieler Entwicklungsländer darstellen dürfte[586].

Der wachsende Einfluss von NGOs auf die EU-Entwicklungszusammenarbeit bringt neue Möglichkeiten für die zwischenstaatliche Koordination auf der lokalen Ebene mit sich, in die sowohl nördliche- als auch Süd-NGOs eingebunden werden. Die Einbindung zivilgesellschaftlicher Faktoren, bringt eine neue Komponente in der Innen-, wie Außenpolitik der jeweiligen Staaten mit sich und trägt dazu bei, neue Gesprächspartner für den Dialog in der Entwicklungszusammenarbeit zu mobilisieren.

III. Die OECD

Die *Organisation for Economic Cooperation and Development*, OECD, ist eine Organisation, deren Mitglieder marktwirtschaftlich orientierte Industrienationen sind. Die Hauptaufgabe der OECD ist es, in regelmäßigen Länderprüfungen die Leistungen ihrer Mitgliedstaaten im Hinblick auf die in Art. 1 des Übereinkommens über die OECD, vorgesehenen Zielsetzungen zu überprüfen und entsprechende Empfehlungen abzugeben[587]. Einen besonderen Stellenwert nimmt dabei die Überprüfung der entwicklungspolitischen Leistungen der Mitgliedstaaten ein[588]. Die Entwicklungshilfeleistungen werden im Rahmen eines eigens dafür eingerichteten „*Development Assistance Commitee*", DAC, überprüft, wobei auch Grundsätze für eine gemeinsame Entwicklungspolitik erarbeitet werden.

Politische Partner der OECD sind größtenteils Staaten der UNCTAD, deren Ziel es ist Handelsbeziehungen zwischen Entwicklungsländern und Industrienationen zum Vorteil der Dritten Welt zu gestalten[589]. Durch ihre Tätigkeit im Bereich der Wirtschafts- und Entwicklungszusammenarbeit erstreckt sich die Arbeit der OECD auf einem Gebiet, in dem sich traditionell auch zahlreiche NGOs engagieren.

Hierin werden in der OECD besondere Chancen gesehen, internationale Standards auch in Entwicklungsländern umzusetzen[590]. Dabei ist die Organisation bemüht, Entwicklungshilfe in Zusammenarbeit mit lokalen Systemen oder Organisationen zu leisten. Auf diese Weise soll eine größere Nähe zu der lokalen Bevölkerung in den einzelnen Regionen und ein besseres Verständnis für ihre Bedürfnisse erreicht werden[591].

---

586 KOM (2006) 23, Thematisches Programm für die weltweite Förderung der Demokratie und der Menschenrechte im Rahmen der Finanziellen Vorausschau 2007-2013.
587 Abgedruckt in: Sartorius II, 70.
588 Erbel, How West Germany Revamped ist Policy, S. 73.
589 Seidl-Hohenveldern, Völkerrecht, Rz. 892ff.
590 Kohr, We the People! - An NGO View, S. 54ff.
591 Michael, A New Approach to Development, S. 33.

Die OECD hat die Möglichkeiten einer Zusammenarbeit mit NGOs in Art. 12 OECD festgehalten. Demnach kann die Organisation, zu Bedingungen deren Festlegung dem Rat obliegt, auch Nichtmitgliedstaaten und Organisationen in ihre Arbeit mit einbeziehen. Zu diesem Zweck können Beziehungen aufgenommen und unterhalten sowie Einladungen ausgesprochen werden, an der Arbeit der Organisation teilzunehmen.

Durch diese Formulierungen sind der OECD breite Möglichkeiten gesteckt, ihre Zusammenarbeit mit Außenstehenden zu gestalten, da weder die Beschaffenheit der Organisationen noch die Art der Zusammenarbeit konkret geregelt sind. Aus der Formulierung in Art. 12 OECD, „ Bedingungen, deren Festlegung dem Rat obliegt“ geht hervor, dass die Beziehungen zwischen der OECD und ihren Partnern sich auf einseitige Akte der OECD gründen. Diese Akte werden in Form von OECD-Resolutionen verlautbart, die durch Willenserklärung der Vertragspartner bestätigt werden.

Die Inhalte der Zusammenarbeit können dabei vielseitig gestaltet werden. Sie reichten in der Vergangenheit von der Einrichtung von Monitoring-Organen über einen Austausch von Dokumenten, der Aufnahme von Konsultationsbeziehungen bis hin zur Einrichtung gemeinsamer Ausschüsse[592]. Durch die Zusammenarbeit mit privaten Organisationen konnten von der OECD auch Statistiken angelegt werden, die langfristige Beobachtungen über die Höhe privater wie staatlich geleistete Entwicklungshilfe zulassen. Dadurch können der tatsächlich betriebene Aufwand staatlicher und privater Projekte verglichen, und mit den tatsächlichen Erfolgen in Bezug gebracht werden[593]. Da die Art der in Frage kommenden Zusammenarbeit nicht abschließend geregelt ist, hat nach Art. 10 OECD der Generalsekretär die Möglichkeit, dem Rat auch weitergehende Formen einer Zusammenarbeit vorzuschlagen, über die dann im Rahmen einer Ratstagung der ständigen Vertreter beschlossen werden kann. Zusätzlich kann der Generalsekretär von sich aus Kontakte zu Organisationen aufnehmen, wenn dies zur Durchführung oder Fortsetzung der Arbeit der Organisation erforderlich ist.

Innerhalb der OECD wurden bereits in den 60er Jahren zwei Beratungsausschüsse gebildet, wobei im *Business and Industry Advisory Committee to the OECD*, BIAC, die Industrie- und Arbeitgeberverbände, und in der *Trade Union Advisory Committee to the OECD*, TUAC, die Gewerkschaften organisiert sind. Sowohl BIAC als auch TUAC sind unabhängige Einrichtungen, die von der OECD offiziell als Unternehmervertreter beziehungsweise als Gewerkschaftsvertreter anerkannt wurden. Mit beiden Komitees kooperiert die OECD sowohl auf der politischen- als auch auf der technischen Ebene[594].

---

[592] Solcum, The Search for Workable Solutions, S. 53ff.
[593] Rocard, Relaunching African Development, S. 46f.
[594] Decker, Die Einbindung von Unternehmen in und NGOs in globale Ordnungsstrukturen, in: http://www.h-quandt-stiftung.de/root/index.php?lang=de&page_id=738, 30.9.2006.

Auf der politischen Ebene wird innerhalb des *Liaison Committee Meeting* zwischen OECD und den Beratungsausschüssen jährlich die aktuelle Bandbreite von OECD-Themen diskutiert. Weitere Konsultationen finden unter anderem mit den Vorsitzenden der OECD-Ausschüsse oder bei den jährlichen *Council Ministerial Meetings* statt. Auf technischer Ebene wird Fachwissen zwischen Experten aus BIAC und TUAC mit den Arbeitsgruppen der OECD-Komitees und dem Sekretariat ausgetauscht. Beide Ausschüsse sind somit durch zahlreiche formelle und informelle Konsultationen an der Arbeit der OECD beteiligt und beeinflussen auf diese Weise deren Politik[595].

Die Einbindung einiger weniger Interessengruppen in die Arbeit internationaler Organisationen allein ist jedoch noch keine Garantie für eine breite zivilgesellschaftliche Partizipation, was sich am Beispiel des Multilateralen Investitionsabkommens, MAI, zeigte. Trotz der Einbindung der unabhängigen Arbeitnehmer und Unternehmerverbände TUAC und BIAC in die Arbeit der OECD wurde im Vorfeld des Abkommens zwei Jahre lang außerhalb des Blickfeldes der Öffentlichkeit verhandelt. Schließlich wurden die Verhandlungen jedoch von einigen Umwelt- und Entwicklungs-NGOs aus dem *„like-minded"* Umfeld der OECD public gemacht, wodurch breite öffentliche Kritik ausgelöst wurde, die letztlich zur Ablehnung des MAI in den OECD-Staaten führte. Mit diesem Erfolg konnten sich NGOs die entweder öffentliche Interessen oder internationale Konzerne vertreten als Machtfaktor im internationalen Handelsektor etablieren[596].

IV. Die OSZE

Außerhalb des Europarates ist für den Menschenrechtsschutz im europäischen Bereich vor allem die Organisation für Sicherheit und Zusammenarbeit in Europa, OSZE, von Bedeutung. Wie im Fall der EMRK ist es auch Ziel des Rechtsschutzsystems durch die OSZE, die Wahrung der Menschenrechte gegenüber der Staatsgewalt ihrer Mitgliedstaaten zu sichern. Im Unterschied zum System der EMRK war die OSZE zur Zeit des kalten Krieges durch eine nur prozesshafte und völkerrechtlich unverbindliche Ausgestaltung ihrer Garantien geprägt[597].

Die OSZE, bildet eine institutionalisierte Staatenkonferenz, die sich aus der Konferenz für Sicherheit und Zusammenarbeit in Europa, KSZE, entwickelt hat. Durch die Umbenennung in OSZE wird die institutionelle Verfestigung der Organisation zum Ausdruck gebracht.

---

[595] Ebd.

[596] Brunnengräber, Stock, Wahl, Offensive des Lächelns – NGOs als Hoffnungsträger neuer Weltpolitik, in: http://www.oeku-buero.de/veroeff/sozbewegungen/offensivedeslaechelns.html, 30.9.2006.

[597] Grabenwarter, Europäische Menschenrechtskonvention, S. 4.

Mitglieder der OSZE sind europäische und nordamerikanische Staaten[598]. Eines der Hauptziele der Organisation ist es, die Beziehung der Mitgliedstaaten durch Leitprinzipien wie ein Gewaltverbot, friedliche Streitbeilegung oder die Anerkennung der Menschenrechte und Grundfreiheiten sowie die Gleichberechtigung und das Selbstbestimmungsrecht der Völker zu gestalten[599].

Trotz ihres institutionalisierten Rahmens ist der Charakter der OSZE als internationale Organisation umstritten, da die Budapester Gründungserklärung in ihrem Art. 22 eine Hinterlegung beim Generalsekretariat der Vereinten Nationen nach Art. 102 SVN explizit ausschließt und der vorgesehene Entscheidungsmodus ausschließlich auf Konsens beruht. Durch die Umbenennung auf der Konferenz von Budapest 1994 wurden die Rechtsnatur der Verpflichtungen im Rahmen der Organisation und der Status ihrer Institutionen nicht verändert[600]. Sie ist seit der Konferenz von Helsinki von 1992 als regionales Abkommen im Sinne des Kapitels VIII. SVN zu werten, und genießt damit ähnlich einer NGO Beobachterstatus vor der Generalversammlung der Vereinten Nationen[601].

Die Bedeutung der förmlichen Anerkennung der Prinzipien liegt darin, dass sie über die inneren Angelegenheiten der Staaten hinaus an Bedeutung gewinnen, und deren Einforderung im Rahmen eines internen Krisenmanagements nicht mehr der völker-rechtliche Grundsatz der Nichteinmischung entgegensteht[602].

Das Bekenntnis der OSZE-Mitgliedstaaten zu einer gemeinsamen europäischen Wertordnung im Hinblick auf Menschenrechte und staatliche Binnenstrukturen findet im Dokument der Pariser Gipfelkonferenz vom 21. November 1990, der *„Charta von Paris für ein neues Europa"*, formellen Ausdruck[603].

Die Charta von Paris hebt dabei besonders den Zusammenhang von wirtschaftlicher Freiheit und politischem Pluralismus hervor. Freiheit und politischer Pluralismus sind für die OSZE-Staaten notwendige Elemente „gemeinsamer Bemühungen um die Entwicklung von Marktwirtschaften hin zu dauerhaftem Wirtschaftswachstum, Wohlstand, sozialer Gerechtigkeit, wachsender Beschäftigung und rationeller Nutzung der wirtschaftlichen Ressourcen". Der Erfolg von Ländern, die den Übergang zur Marktwirtschaft anstreben, ist für die OSZE-Staaten nach eigener Definition wichtig und liegt in „aller Interesse" [604].

Bei der Verwirklichung dieser Zielsetzungen trägt die Charta von Paris auch der Rolle von NGOs in einem eigenen Abschnitt Rechnung. Dabei wird die Bedeutung der Arbeit nichtstaatlicher- und religiöser Organisationen bei der Verwirkli-

---

598 Herdegen, Völkerrecht, S. 322.

599 Barkoff, Die Organisation für Sicherheit und Zusammenarbeit in Europa..., S. 46f.

600 Geremek, Entwicklung und Perspektiven der OSZE, S. 27.

601 Neuhold, Hummer, Schreuer, Österreichisches Handbuch des Völkerrechts, Rz 1769.

602 Seidl-Hohenveldern, Völkerrecht, Rz. 146, 165f.

603 Neuhold, Hummer, Schreuer, Österreichisches Handbuch des Völkerrechts, Rz 1767.

604 EuGRZ 1990, S. 517ff.

chung der Ziele der KSZE anerkannt und festgehalten, dass diese Organisationen auch künftig in „geeigneter Art und Weise“ in die Tätigkeit der OSZE integriert werden sollen[605]. Seither hat sich eine umfassende Zusammenarbeit zwischen der OSZE und NGOs etabliert[606].

Auf der Konferenz von Helsinki am 10. Juli 1992 wurde dann ein Dokument über das Verhältnis der OSZE zu Nichtmitgliedstaaten, internationalen Organisationen und NGOs verfasst[607]. Die detaillierten Regelungen beinhalten eine stärkere Einbeziehung von NGOs in die Aktivitäten der OSZE sowie weitere Maßnahmen für eine transparentere Gestaltung der Organisation. NGOs wird dabei der Zutritt zu Plenarmeetings und Folgekonferenzen und das Einbringen schriftlicher Stellungnahmen ermöglicht.

Von zentraler Bedeutung für die menschenrechtliche Ausrichtung der OSZE ist das erstmals im Dokument des Moskauer Treffens von 1994 enthaltene Prinzip, das die Einhaltung oder Verletzung der Menschenrechte ein unmittelbares Anliegen aller Teilnehmerstaaten darstellt, und keine Teilnehmerstaatenvorrechte in diesem Bereich geltend machen können. Dadurch wurde die Grundlage für Reaktionen der OSZE in menschenrechtlichen Konfliktsituationen geschaffen[608].

Aus diesem Grund stellte Polen während seiner OSZE-Vorsitzzeit 1998 dringenden Verbesserungsbedarf an den Organisationsstrukturen fest. NGOs, die im Bereich der Menschen- und Bürgerrechte aktiv sind sollten zum integralen Bestandteil der Bemühungen der OSZE werden, die Einhaltung der Menschenrechte voranzubringen[609].

Auf der Konferenz von Warschau vom 7. Juli 1998 wurden daher die Mitwirkungsrechte von NGOs noch weiter ausgebaut. Seither können NGOs nicht nur schriftliche Standpunkterklärungen abgeben und von einem Rederecht im Anschluss an die Konferenzen und Plenarmeetings Gebrauch machen und sich so aktiv in die Debatten der Organisation einbringen. So beginnen OSZE-Implementierungstreffen mit Berichten nationaler Repräsentanten denen Stellungnahmen von IGOs und schließlich auch von NGOs folgen[610]. Auf dem III. Implementierungstreffen 1997 beispielsweise kritisierten NGOs spezifische Fälle von Minderheitenrechtsverletzungen in Osteuropa. In diesem Bereich wurde während der vergangenen Jahre verstärkter Handlungsbedarf festgestellt, so hoffen etwa im rumänischen Innenministerium eine Abteilung für den Schutz nationaler Minder-

---

605 Barkoff, Die Organisation für Sicherheit und Zusammenarbeit in Europa..., S. 148.
606 Siehe etwa Beschluss Nr. 476 – Modalitäten für OSZE-Treffen zu Fragen der menschlichen Dimension vom 23.5.2002, Punkte 5,8,9.
607 ILM 31 (1992) S. 1385ff, 1403.
608 Daftary, Das Dritte OSZE-Implementierungstreffen über Fragen der menschlichen Dimension in Warschau 1997, S. 276f.
609 Geremek, Entwicklung und Perspektiven der OSZE, S. 33.
610 Daftary, Das Dritte OSZE-Implementierungstreffen über Fragen der menschlichen Dimension in Warschau 1997, S. 279.

heiten eingerichtet wurde, die in der Folge einen nationalen Minderheitenschutzplan in Zusammenarbeit mit NGOs entwickelte[611].

Neben diesen Teilnahmemöglichkeiten gibt es in der OSZE aber auch konkrete Projektarbeit mit NGOs. So kooperiert die OSZE im Rahmen des *peace-building* Prozesses in Mostar/Bosnien seit 1997 mit lokalen NGOs. Solche lokalen Projekte der OSZE zielen hauptsächlich auf abstakte Fähigkeits- und Informationsvermittlung ab. Die konkrete Arbeit der NGOs wird dabei insofern unterstützt, als sie Berührungspunkte mit lokalen Behörden aufweist, aus denen Schwierigkeiten oder Konflikte entstehen könnten. Die von der OSZE gegründeten PRCs leisten logistische Unterstützung durch das zur Verfügung stellen einer NGO-Infrastruktur. Häufig werden auch allgemeine Informationen über Finanzierungsmöglichkeiten und die Aktivitäten internationaler Organisationen an NGOs vermittelt. Zusätzlich werden durch Schulungen Fachwissen und rechtliche Kenntnisse aus den jeweiligen Arbeitsschwerpunkten durch externe Experten an NGO-Vertreter weitergegeben. Damit nimmt das klassische *capacity-building* den höchsten Stellenwert bei den OSZE-NGO Kooperationen ein. Darüber hinaus können aber auch offizielle Empfehlungsschreiben vergeben werden, die Projektanträgen beigelegt werden können und so den betreffenden NGOs die Finanzierung oder die Kooperation mit lokalen Behörden erleichtern [612].

Insgesamt bietet der Rahmen der OSZE damit ein weites Beteiligungsspektrum für NGOs. Der Unterschied zu vielen anderen internationalen Organisationen liegt jedoch darin, dass sich die Zusammenarbeit nicht in einer eher passiven Statusvergabe mit mehr oder minder ausgeprägten Teilhaberechten erschöpft, sondern die Entwicklung der Zivilgesellschaft im Aktionsbereich der Organisation aktiv gefördert wird.

V. Die WTO

1. Die Achtung wirtschaftlicher, sozialer und kultureller Menschenrechte im Rahmen der WTO

Zwischenstaatliche Interdependenzen kommen in keinem andern Bereich so deutlich zum Ausdruck, wie in den heutigen internationalen Wirtschaftsbeziehungen[613]. Mit der Errichtung der WTO wurde ein Projekt verwirklicht, das auf die Havanna-Charta als Satzung der geplanten internationalen Handelsorganisation, ITO, zurückgeht. Die Havanna-Charta wurde zwar 1948 als Ergebnis der Konferenz der Vereinten Nationen für andere und Beschäftigung, UNCTE, unterzeich-

---

[611] Ebd., S.280.
[612] Jenichen, Kooperative Friedensförderung? Die OSZE und locale NGOs in Mostar, S. 31ff.
[613] Jackson, Davey, Sykes, International Economic Relations: Cases, Materials and Texts, p. 1ff

net, kam letztlich jedoch mangels Ratifikation durch den US-Kongress nicht zu Stande[614].

Die Welthandelsorganisation, WTO, ist eine rein wirtschaftlich orientierte Organisation. Allerdings kann im Zusammenhang mit internationalen wirtschaftlichen Akteuren auch ein gewisser Einfluss auf die menschenrechtliche Situation in bestimmten Regionen ausgeübt werden. Die WTO als Organisation verfügt selbst über keine eigenen menschenrechtlich orientierten Durchsetzungsmechanismen. Jedoch sind die WTO-Mitgliedstaaten als solche an menschenrechtliche Verpflichtungen gebunden, woraus sich auch Konsequenzen für ihr Verhalten im Rahmen der WTO ergeben.

Der moderne Staat ist nicht mehr autark, sondern auf den Handel mit anderen Staaten angewiesen. Die durch Ein- und Ausfuhr von Gütern erzielten Gewinne werden oft zu einer wichtigen Existenzgrundlage. Dies wird besonders daran deutlich, dass die Staatengemeinschaft die Unterbrechung der Handelsbeziehungen zu einem anderen Staat im Wege eines Embargos oder Boykotts als Reaktion auf völkerrechtlich bedenkliches Verhalten, und damit als Sanktion betrachtet[615]. Nach Art. 28 der allgemeinen Erklärung der Menschenrechte ergibt sich ein Anspruch des Menschen auf eine soziale und internationale Ordnung, in welcher die in der allgemeinen Erklärung der Menschenrechte angeführten Rechte und Freiheiten voll verwirklicht werden können[616]. In einigen Regionen der Welt haben Armut, Ausbeutung, soziale Ausgrenzung und Entwürdigung von Menschen ein Ausmaß angenommen, das eine Bedrohung für die menschenrechtliche Situation in den betreffenden Regionen bedeutet[617].

Dabei sind oft Menschenrechtsverletzungen in den unterschiedlichen Bereichen miteinander verknüpft. Der fehlende Zugang einer Bevölkerung zu den produktiven Ressourcen ihres Landes bedeutet in vielen Fällen eine Verletzung der Teilhaberechte, also der bürgerlichen und politischen Rechte[618]. Unterdrückung und Ausbeutung haben oft eine totale Verarmung der Bevölkerung zur Folge. Absolute Armut stellt eine strukturelle Gefahr für die Menschenrechte dar, wenn die Lebensverhältnisse der betroffenen Bevölkerung die Menschenwürde, und damit die Substanz für die Menschenrechte an sich, verletzen[619].

Im ersten Absatz der Präambel des Übereinkommens zur Errichtung der WTO werden als Ziele der Organisation die Erhöhung des Lebensstandards, die Sicherung der Vollbeschäftigung und ein ständig steigender Umfang des Realeinkommens sowie die Förderung einer nachhaltigen Entwicklung in den Mitgliedstaaten

---

[614] Benedek, Die Welthandelsorganisation (WTO), S. 1.
[615] Hobe, Der offene Verfassungsstaat, S. 248f.
[616] Abgedruckt in Sartorius II, 19.
[617] Nuscheler, Globalisierung, Gobal Governance und Menschenrechte, S. 166.
[618] Windfuhr, Soziale Menschenrechte und Globalisierung, S. 176f.
[619] Nuscheler, Globalisierung, Gobal Governance und Menschenrechte, S. 166.

formuliert. Damit stehen die Ziele der WTO in enger Verbindung zu den Formulierungen des „Inter-nationalen Paktes über wirtschaftliche soziale und kulturelle Rechte" vom 19. Dezember 1966, da Handel nicht getrennt von seinem sozialen Wirkungsbereich betrachtet werden kann[620].

Chancen zur Gestaltung einer möglichen sozialen Ordnung, in der sowohl Freiheits- und Bürgerrechte als auch soziale Menschenrechte verwirklicht werden können, liegen in einer Liberalisierung des internationalen Handels und im Globalisierungsprozess. An dieser Stelle wird deutlich, dass die Verantwortung für eine nachhaltige Umsetzung der Menschenrechte nicht allein bei Staaten und politischen Institutionen zu suchen ist, sondern auch wirtschaftliche Faktoren eine Rolle spielen. Wirtschaftliche und soziale Menschenrechte haben in der internationalen Menschenrechtspolitik oft nur eine untergeordnete Rolle gespielt. Da sie im Gegensatz zu bürgerlichen und politischen Rechten oft nur langfristig umzusetzen sind, wurden sie vielfach eher als politische Ziele betrachtet[621].

Die Umsetzung wirtschaftlicher oder sozialer Rechte kann durch die Globalisierung dann beeinflusst werden, wenn staatliche Politik durch internationale Regulierungen, etwa durch die Aufstellung bestimmter Rahmenbedingungen, beschränkt wird. Die Entwicklung solcher Rahmenbedingungen für den Welthandel durch das allgemeine Zoll und Handelsabkomml len, GATT, und die WTO, begrenzt die Freiräume nationaler Politik wesentlich[622]. Betroffen sind neben dem Warenhandels- und Dienstleistungsbereich auch internationale Produktions- und Qualitätsstandards[623].

Verhindert werden soll unter anderem, dass schwache oder verletzliche Sektoren der Bevölkerung Marktfaktoren wie Preisschwankungen, Monopolbildungen oder anderen Erscheinungen ausgesetzt werden. Deren Auftreten auf dem globalisierten Markt bedeutet oft soziale Konsequenzen, die durch die betroffenen Staaten nicht mehr ausreichend reguliert werden können[624].

2. NGO- Einbindung in die Aufgabenbereiche der WTO

Traditionell kannte das GATT keine Vertretung von NGOs, sondern zeigte sich als eine auf Regierungsvertreter beschränkte technische Organisation. Diese Beschränkung auf Regierungsvertreter ergab sich, weil das GATT sich als ein stärker

---

620 Prove, Menschenrechte: Vorrang vor Freihandel, S. 12f.
621 Windfuhr, Soziale Menschenrechte und Globalisierung, S. 176.
622 Kopke, Rechtsbeachtung und Durchsetzung in GATT und WTO, S. 14f, 99.
623 Matsushita, Schoenbaum, Mavroidis, The World Trade Organisation, Law, Practice and Policy, S. 112ff.
624 Weinrauch, Competition Law in the WTO – The Rationale Framework for Framework Agreement, S. 41.

an Dienstleistungen als an politischer Aktivität orientiertes Abkommen verstand[625].

Die immer stärker durch private Akteure dominierten internationalen Handelsbeziehungen brachten dem GATT bereits in den achtziger Jahren seitens verschiedener NGOs die Kritik ein, wenig transparent und nicht am öffentlichen Interesse ausgerichtet zu sein[626]. Besonderes Interesse zeigten NGOs in diesem Zusammenhang an Teilhabemöglichkeiten im Umwelt- und Entwicklungsbereich sowie im Streitbeilegungsverfahren[627].

Im Streitbeilegungsverfahren beispielsweise stieß das in Art. 22 DSU enthaltene *„cross sectoral retaliation"*-System auf heftige Kritik, da es aus Sicht der im Rahmen des GATT organisierten NGOs ein mächtiges Mittel darstellt, das leicht als politischer Durchsetzungsmechanismus gegen schwächere Staaten instrumentalisierte werden könnte[628]. Im Umwelt- und Entwicklungsbereich sollten vor allem in LDCs Maßnahmen zur Preisstabilität und einem verantwortungsvollen Umgang mit natürlichen Ressourcen eine nachhaltige Entwicklung sicherstellen und zur Versorgung der Bevölkerung beitragen[629].

Die Verhandlungen über Reformen das Welthandelssystems, die eine grundlegende Fortentwicklung der materiellen Regelungen und der institutionellen Strukturen brachten, endeten im April 1994 mit der Schlussakte der Uruguay-Runde, aus der der Vertrag über die Gründung der WTO hervor ging[630]. Damals stellte sich bei der Neugestaltung des GATT-Systems die Frage, ob im Sinne einer liberalen Handelspolitik nicht auch eine breitere Öffnung für die Öffentlichkeit angebracht wäre[631].

Der sich auf die Zusammenarbeit mit anderen Organisationen mit verwandten Verantwortlichkeiten sowie auf die Kooperation mit im Aufgabenbereich der ITO tätigen NGOs beziehende Art. 87 Z.2 der ITO-Satzung[632] findet in der WTO-Satzung eine Entsprechung[633]. In Art. V des Übereinkommens zur Errichtung der WTO wurden die Beziehungen der WTO zu anderen Organisationen geregelt[634].

---

625 Benedek, Die Rechtsordnung des GATT aus völkerrechtlicher Sicht, S. 208, 378.

626 Hudec, Developing Countries in the GATT Legal System, p. 131ff.

627 Benedek, Developing the Constitutional Order of the WTO – The Role of NGOs, p. 241.

628 NGO Statement on the Proposed Multilateral Trade Organisation of the Uruguay Round Negotiations of the GATT, S. 55.

629 Towards a European Development and Environment – NGO Position on the GATT and the Uruguay Round, S. 35ff.

630 Benedek, Die Welthandelsorganisation (WTO), S. 7.

631 Benedek, Die Rechtsordnung des GATT aus völkerrechtlicher Sicht, S. 209.

632 Abgedruckt in: Hummer, Weiß, Vom GATT'47 zur WTO'94 - Dokumente zur alten und neuen Welthandelsordnung, S. 11ff.

633 Benedek, Die Welthandelsorganisation (WTO), S. 24.

634 Abgedruckt in Sartorius II, 500.

Anders als im Fall des GATT, dass keine Statusvergabe Möglichkeit für NGOs enthielt, fällt es nach Art. V (2) in die Zuständigkeit des Allgemeinen Rates „geeignete Vorkehrungen zur wirksamen Zusammenarbeit mit zwischenstaatlichen Organisationen“, deren Aufgaben mit dem Interessenbereich der WTO in Zusammenhang stehen müssen, zu treffen. Hierzu wurden ergänzende Richtlinien erstellt, wodurch die Zusammenarbeit mit NGOs näher konkretisiert wurde[635].

Durch diese Möglichkeit eines Kooperationsverhältnisses mit NGOs könnte die WTO eine größere Transparenz der Aktivitäten bei einer verhältnismäßig geringen Einbindung von NGOs erreichen. Das wichtigste Element bei der vorgesehenen Zusammenarbeit ist der erweiterte Zugang zu Informationen, durch den ein höheres Maß an Transparenz erreicht werden soll.

Die Zusammenarbeit wird durch ein Austauschen von Dokumenten und vereinzelten Teilnahmemöglichkeiten für NGOs umgesetzt. Die Einbindung der NGOs erfolgt dabei über themenspezifische Symposien und Anhörungen[636]. Zusätzlich gibt es über das Internetportal der WTO die Möglichkeit, Positionspapiere einzureichen. Darüber hinaus kann der Allgemeine Rat bei Notwendigkeit auch weitere Initiativen ergreifen[637].

Allerdings zeigte sich die WTO bisher gegenüber den Forderungen nach einer verstärkten Demokratisierung der Organisation wenig aufgeschlossen. Dementsprechend wurde von den in Art V (2) des Übereinkommens zur Errichtung der WTO enthaltenen Möglichkeiten noch kein gebrauch gemacht[638]. Von den eigentlichen Sitzungen der WTO-Organe sind NGOs formal ausgeschlossen.

Dies beinhaltet insbesondere die Sitzungen des Allgemeinen Rates, der Ausschüsse und der Arbeitsgruppen, die die tägliche Arbeit der Welthandelsorganisation leisten. Einzige Ausnahme sind die alle zwei Jahre stattfindenden Ministerkonferenzen, bei denen registrierte NGOs auf Einladung hin an den Plenumssitzungen teilnehmen können, ohne jedoch Rederecht zu besitzen. Darüber hinaus sind NGO-Vertreter oftmals Teil von nationalen Delegationen. So waren in der europäischen Delegation stets Repräsentanten von Nichtregierungsorganisationen vertreten[639].

Ein institutionalisierter Konsultativ- oder Beobachterstatus für NGOs wurde bislang nicht eingeführt. Trotzdem besteht auch im Umfeld einer Wirtschaftsorganisation wie der WTO Bedarf an höherer Transparenz und zivilgesellschaftlicher Einbindung, da auch das Aktionsfeld der WTO in Bereichen wie sozialen

---

635 WTO Doc. WT/L/162, vom 23.6.1996.

636 Benedek, Demokratisierung internationaler Wirtschaftsorganisationen am Beispiel der WTO, S. 229f.

637 Benedek, Developing the Constitutional Order of the WTO – The Role of NGOs, p. 238ff.

638 Benedek, Demokratisierung internationaler Wirtschaftsorganisationen am Beispiel der WTO, S. 229.

639 Mann, Die Rolle von NGOs bei der WTO, in: http://www.erikamann.com/scripts/index.php3?id=273.

Belangen oder Entwicklung menschenrechtliche Interessen schneidet. Hier könnte die WTO, beispielsweise durch verstärkte Zusammenarbeit mit dem zivilgesellschaftlichen Sektor, über den wirtschaftlichen Globalisierungsprozess auch menschenrechtlichen Belange unterstützen[640].

Ein Argument, warum öffentliche Teilhabemöglichkeiten im Rahmen der WTO bisher gering bleiben, ist der besondere Charakter der Organisation. Die WTO stellt eher einen institutionellen Rahmen zur Gewährleistung von Vertragsrechten, als ein Forum für Verhandlungen dar. Dennoch ist auch hier ein Trend zu erkennen, der von einem völligen Ausschluss nichtstaatlicher Akteure in der Vergangenheit bis hin zu einer zumindest bedarfsweisen Einbindung in Bereichen wie Umwelt und Entwicklung in der Gegenwart reicht[641].

---

640 Benedek, The World Trade Organisation and Human Rights, p. 17f.

641 Benedek, Developing the Constitutional Order of the WTO – The Role of NGOs, p. 245.

C. Zwischenergebnis II

Für die in den letzten Jahrzehnten stark gewachsene Bedeutung von NGOs als Repräsentanten einer internationalen oder globalen Zivilgesellschaft gibt es unterschiedliche Gründe. Ein Grund ist dafür kann sicherlich in dem in den letzten Jahrzehnten zunehmenden emanzipatorischen Trend – vor allem in den westlichen Demokratien – gesehen werden. Dieser zeigt sich an der steigenden Zahl von Bürgerinitiativen, die sich in vielen Fällen in dauerhafte Interessenverbände umwandelten, von denen immer mehr auch grenzübergreifenden Aktivitäten entwickeln.

Mit dieser Entwicklung kann jedoch die politische Bedeutung und ständige Präsenz vieler großer NGOs – insbesondere im Gebiet des Menschenrechtsschutzes - nur zum Teil erklärt werden. Überwiegend ist die internationale Bedeutung von NGOs im internationalen Menschenrechtschutz letztlich auf die Auswirkungen der Globalisierung zurückzuführen. Durch die Entterritorialisierung staatlicher Hoheitsgewalt ist es NGOs vielfach möglich mit ihren Aktivitäten in Bereiche vorzudringen, die einerseits durch staatlichen Rückzug freigeworden sind, andererseits aber auch erst durch neue internationale Kommunikationsmöglichkeiten geschaffen wurden. Als Beispiel für diesen Prozess kann das Agieren in der Rolle als selbsternannte „Anwälte des öffentlichen Interesses“ durch Organisationen wie *Amnesty International* oder *Human Rights Watch* gewertet werden.

Bei der Beantwortung der Frage inwieweit eine völkerrechtliche Einbindung von NGOs in den internationalen Menschenrechtsschutz notwendig beziehungsweise sinnvoll ist, ist zu berücksichtigen, dass NGOs in vielen Bereichen bereits einen weit über ihre eigentliche völkerrechtliche Position hinausgehende faktische Bedeutung erreicht haben. NGOs sammeln Informationen, leisten Aufklärungsarbeit, mobilisieren die Öffentlichkeit und sind auf diese Weise immer öfter in der Lage Regierungen unter Druck zu setzen. Insofern ist die Arbeit einiger NGOs in manchen Bereichen bereits zum politischen Faktor geworden. Einen großen Teil ihrer Bedeutung gewannen NGOs aus ihrer in den neunziger Jahren aufgebauten internationalen Vernetzung.

Da NGOs teils durch ihre faktische Bedeutung, teils auch durch Zusammenarbeit mit internationalen Organisationen bereits zu nationalen oder internationalen Akteuren geworden sind, bleibt zu überlegen inwieweit diese Organisationen in das bestehende System eingebunden werden können, um eine möglichst effektive Arbeit im Bereich des internationalen Menschenrechtsschutzes zu gewährleisten. Dabei gibt es einerseits die Möglichkeit, die sich in der Vergangenheit herausgebildet hatte, NGOs im Rahmen demokratischer Teilhaberechte politische Prozesse indirekt als Außenstehende beeinflussen zu lassen.

Andererseits kann, wie es in den letzten Jahren zunehmend praktiziert wird, die Bedeutung von NGOs von staatlicher Seite anerkannt werden, was eine Einbindung von NGOs in die Arbeit internationaler Organisationen oder staatlicher Institutionen, und damit möglicherweise einen effektiveren Menschenrechtsschutz ermöglicht. Wie im ersten Teil der Arbeit bereits gezeigt wurde, hat nicht nur die zunehmende zivilgesellschaftliche Partizipation, sondern auch die teilweise Verlagerung staatlicher Hoheitsbefugnisse auf die internationale Ebene das völkerrechtliche Handlungsmonopol des Staates eingeschränkt. Daher lässt sich aus dem Recht internationaler Organisationen häufig eine abgeleitete und auf den Organisationsbereich beschränkte Völkerrechtssubjektivität für NGOs zuerkennen.

Etwa am Beispiel des WSR oder der Kommission der Europäischen Gemeinschaften wird deutlich, dass internationale Organisationen die Möglichkeit haben, selbst zu entscheiden, ob überhaupt, und wenn mit welchen NGOs im Konkreten Fall kooperiert werden sollte, wobei die betreffenden NGOs zusätzlich einer Anforderungskontrolle durch Organe der internationalen Organisation unterliegen.

Dem Einwand, dass die NGO-Einbindung in den internationalen Rechtssetzungsprozessen letztlich auf staatlicher Legitimation beruht, kann aber entgegengehalten werden, dass der staatliche Einfluss durch internationale Organisationen auf NGO-Arbeit oft gering bleibt, nachdem die Organisationen in erstmal in internationale Prozesse eingebunden sind, und damit im Blickpunkt der Öffentlichkeit stehen. Auch die Einbindung staatlicher Vertreter in NGO-Strukturen oder die teilweise finanzielle Abhängigkeit beeinflussen die Unabhängigkeit vieler Organisationen nur geringfügig. Die von staatlicher Seite unterstützten Ziele werden oft nur in Ansätzen vorgegeben, und lassen den Organisationen, zumindest im europäischen Bereich ausreichend Spielraum bei der Umsetzung ihrer Programme.

Die Vorteile einer Einbindung von NGOs in internationale Organisationen und Institutionen scheinen damit zu überwiegen. Der Ausschluss von NGOs hat eine schlechtere Informationsversorgung, geringere Nähe zur Öffentlichkeit und eine geringere Transparenz der internationalen Aktivitäten zur Folge. Daher bedeutet eine Einbindung von NGOs in die Arbeit internationaler Organisationen eine breitere öffentliche Akzeptanz und oft auch effektivere Arbeitsmöglichkeiten durch die Einbeziehung der Fachkompetenz, die sich NGOs in ihren Arbeitsbereichen oft angeeignet haben.

Durch die zunehmende Einflussnahme von NGOs in internationalen Organisationen scheint bestätigt, dass die internationale Menschenrechtsarbeit durch Einbeziehung nationaler wie internationaler nichtstaatlicher Akteure ein größeres Maß an Effektivität erreicht hat, wodurch eine erfolgreichere Umsetzung des internationalen Menschenrechtsschutzes ermöglicht wird. Im Rahmen der Vereinten Nationen und des Europarats beispielsweise wird die Notwendigkeit einer Einbindung von NGOs durch verschiedene Resolutionen formell bestätigt. Im Bereich anderer internationaler Organisationen und den Rechtsschutzsystemen einzelner internationaler Konventionen wird die Zusammenarbeit durch „*ad hoc*“-Vereinbarungen geregelt.

Daraus ergibt sich, dass die Frage nach der Rechtsstellung der NGOs, nicht generell und für alle NGOs gleichermaßen beantwortet werden kann. Es liegt vielmehr in der Natur ihrer eingeschränkten Völkerrechtssubjektivität, dass sich ihre Stellung im konkreten Fall nur aus spezifischen vertraglichen Regelungen oder sonstigen Anerkennungen ableiten lässt. Dies schließt jedoch das Bestehen völkerrechtlicher Verträge nicht aus, die für bestimmte NGO-Kategorien eine abgeleitete beschränkte Völkerrechtssubjektivität generell festlegen. Bisher ist es bei der Erstellung solcher Verträge jedoch lediglich bei regionalen Versuchen – etwa der Europäischen Konvention über die Anerkennung der Rechtspersönlichkeit internationaler nichtstaatlicher Organisationen von 1986, wobei auch hier nur die Anerkennung der Rechtspersönlichkeit nach nationalem Recht geregelt wird – geblieben.

Durch ihre Verbindung zur Öffentlichkeit können internationale NGOs in einer globalisierten demokratischen Gesellschaft sowohl im politischen Sinne blockierend wirken als auch grenzübergreifend konstruktive Arbeit in Form von Hilfsprojekten oder Aufklärungskampagnen leisten. Eine Möglichkeit politische Blockaden zu vermeiden und damit selbst handlungsfähig zu bleiben, stellt die Einbindung der Organisationen in die handelnden Institutionen dar. Für die Effektivität der einzelnen NGOs ist es dabei entscheidend, sich mit anderen NGOs zusammenzuschließen oder zu vernetzen um Synergieeffekte zu erzielen, und sich dadurch als ernstzunehmender Gesprächspartner gegenüber dem Staat positionieren zu können.

Daraus ergibt sich auch eine neue Rollenverteilung zwischen staatlichen- und nichtstaatlichen Akteuren. Auch unter den Bedingungen einer globalisierten Welt sind Staaten und IGOs aufgrund ihrer rechtlichen und machtpolitischen Bedeutung die zentralen Akteure. Dabei kommt dem modernen Staat die Aufgabe zu, zivilgesellschaftliche Interessen zu mediatisieren, und diese legislativ und exekutiv umzusetzen. Da sich die Umsetzung dieser Anforderungen oft problematisch gestaltet, suchen viele Staaten die Zusammenarbeit auf nationaler und transnationaler Ebene, wodurch sich Netzwerke zwischen den einzelnen Akteuren bilden.

NGOs eignen sich dabei als Partner, da sich dem Staat durch Zusammenarbeit und Kommunikation mit zivilgesellschaftlichen Akteuren die Möglichkeit bietet transparenter zu handeln, und auf diese Weise stärkeren Rückhalt und eine höhere Legitimation über die gesellschaftliche Ebene zu beziehen. Im transnationalen Zusammenhang können NGOs auch die Rolle eines „Frühwarnsystems“ übernehmen, indem sie entweder durch ihre Aktivitäten oder die Einbindung in internationale Rechtsmechanismen Regelungsdefizite erkennen und Rückstände beseitigen helfen. Diese Funktion ist bei der Durchführung der Verfahren zur Umsetzung der größeren Internationalen Menschenrechtskonventionen von besonderer Bedeutung. Aus diesem Grund suchen viele Staaten die Kooperation mit NGOs, da auf diese Weise aufgrund der fachlichen Kompetenz oft effiziente und effektive Lösungsansätze für die regionalen Bereiche gefunden werden können.

Nachdem die Frage nach der allgemeinen Rechtspersönlichkeit von NGOs sowie ihre Position gegen über internationalen Organisationen behandelt wurde, werden im folgenden Teil der Arbeit die operativen Handlungsmöglichkeiten von NGOs dargestellt und der tatsächliche zivilgesellschaftliche Einfluss auf den internationalen Menschenrechtsschutz anhand der Operativen Möglichkeiten von NGOs untersucht.

Teil III.: Möglichkeiten und Grenzen zivilgeselschaftlicher Partizipation im System des internationalen Menschenrechtsschutzes

A. Operative NGO-Arbeitsmethoden und Funktionen

I. NGO-Einbindungen in den bestehenden Systeme zwischenstaatlicher Beziehungen

1. Direkte NGO-Implementierung im Rahmen internationaler Verträge

a) Aktive Projektbeteiligung am Beispiel von westlichen Entwicklungshilfe-Organisationen

Das Leisten von Entwicklungshilfe ist grundsätzlich eine staatliche Aufgabe, die aber traditionell auch von nichtstaatlichen Akteuren durchgeführt wird[642]. Neben zahlreichen kirchlichen Organisationen haben sich in diesem Bereich auch einige NGOs wie *CARE* oder *Terre de Hommes* etabliert[643]. Von staatlicher Seite wurde die Tätigkeit von NGOs im Entwicklungshilfebereich nicht nur akzeptiert, es hat sich sogar eine darüber hinausgehende Art symbiotischer Beziehung gebildet, die auf der gemeinsamen Verantwortung in den Bereichen der Entwicklungshilfe und der Menschenrechte basiert[644].

Von Seiten der Industriestaaten wird NGO-Arbeit hier vielfach als Entlastung der staatlichen Sphäre betrachtet und besonders begrüßt, da auf diese Weise andere als nur die staatlichen Methoden in die Entwicklungshilfe miteinfließen. Viele Entwicklungsländer betrachten die Anwesenheit systemkritischer NGOs zwar als störende Herausforderung, grundsätzlich werden sie aber auch hier meist als Quelle zusätzlicher Finanzierung begrüßt. Neben diesen Vorteilen laufen die Organisationen aber auch Gefahr, zu sehr unter den Einfluss der staatlichen Sphäre zu geraten[645].

Eine Beeinträchtigung der Unabhängigkeit der betreffenden Organisationen kann darin liegen, dass sich die enge Zusammenarbeit mit dem staatlichen Sektor oft durch eine staatliche Mitfinanzierung und direkte Einbindung in staatliche

---

642 Hobe, Der offene Verfassungsstaat zwischen Souveränität und Interdependenz, S. 320.

643 Hierzu etwa: www.care.de, vom 5.4.2006; oder www.tdh.de/content/wir_ueber_uns/index.html, vom 5.4.2006.

644 Misra, Kania, Significance of the Right to Development: An Introductory View, p.16.

645 Nuscheler, Lern- und Arbeitsbuch Entwicklungspolitik, S. 504f.

Projekte ausdrückt. So fließt seit den neunziger Jahren beispielsweise ein fester Posten im Haushaltsbudget des deutschen BMZ in NGO Projekte[646], was NGO-Arbeit zwar grundsätzlich fördert, viele Projekte aber auch von staatlichem Einfluss abhängig macht.

Aus der internationalen Entwicklungszusammenarbeit sind NGOs inzwischen nicht mehr wegzudenken. Sowohl in Entwicklungsländern als auch in Industriestaaten operieren heute tausende der unterschiedlichsten nichtstaatlichen Gruppierungen und Organisationen[647]. Dabei wurden vor allem die Menschenrechte während der letzten Jahrzehnte zu einem immer zentraleren entwicklungspolitischen Aspekt[648]. So wurden beispielsweise in den vertraglichen Außenbeziehungen der EU Menschenrechts- und Demokratieklauseln wie etwa *„good governance"* oder menschenrechtliche „Wesentlichkeitsklauseln" zu entwicklungspolitischen Standardelementen[649].

Im Rahmen bilateraler Verträge findet die Zusammenarbeit der Vertragsparteien mit NGOs häufig in Form einer aktiven Implementierung der betreffenden Organisationen in den Vertragskörper statt. So werden NGOs beispielsweise häufig mit der eigenständigen Durchführung von Projekten betraut. Eine direkte NGO-Implementierung in die entwicklungspolitische Verträge bringt für die beteiligten Staaten, vor allem im Umwelt- oder Entwicklungsbereich, verschiedene Vorteile mit sich.

Durch die Einbindung unabhängiger Organisationen, die entweder nach dem nationalen Recht der betreffenden Staaten gegründet sind, oder dort zumindest über Partnerorganisationen verfügen, lässt sich in den Staaten, in deren Rechtssphäre vertraglich eingegriffen wird, ein höherer Grad an Partizipation erreichen.

Die Einbindung unabhängiger Organisationen liegt gewöhnlich ebenso im Interesse der eingreifenden oder leistenden Parteien, deren Ziel jedenfalls eine effektive und nachhaltige Veränderung der Situation in den betreffenden Vertragsstaaten ist. Vor allem in Entwicklungsländern fehlt es häufig an Fachkenntnissen, wodurch die Umsetzung vertraglicher Verpflichtungen oder der effektive Einsatz der zur Verfügung stehenden Mittel erschwert wird. Hier kann durch die Einbeziehung von Organisationen, die über entsprechende Fachkenntnisse verfügen, oft eine effizientere Umsetzung der Verpflichtungen erreicht werden[650].

---

[646] Hobe, Der offene Verfassungsstaat zwischen Souveränität und Interdependenz, S. 321.

[647] Gladgow, Die Nicht-Regionsorganisationen in der internationalen Entwicklungszusammenarbeit, S. 304.

[648] Nuscheler, Menschenrechte und Entwicklung - Recht auf Entwicklung, S. 271ff.

[649] Hoffmeister, Menschenrechts- und Demokratieklauseln in den vertraglichen Außenbeziehungen der Europäischen Union, S. 39.

[650] Wieczorek-Zeul, Die Afrikanische Herausforderung – Eckpunkte einer strategischen Afrikapolitik, S.168.

Zudem hat die Einbeziehung unabhängiger Organisationen auch noch den Nebeneffekt, dass zusätzlich die Bildung einer Zivilgesellschaft in den betroffenen Staaten gefördert wird. Dies hat eine stärkere Teilhabe der Bevölkerung am politischen Geschehen und damit eine weitere Demokratisierung zur Folge, was beispielsweise im Falle vieler EU-Entwicklungshilfeabkommen als Voraussetzung für eine nachhaltige Entwicklung angesehen wird, und damit ein willkommener Nebeneffekt der Vertragsumsetzung ist.

b) *„monitoring"* und *„fact finding"*

aa) Einsatzmöglichkeiten

Aufgrund des Fehlens einer zentralen Überwachungsinstanz und des relativen Charakters völkerrechtlicher Grundsätze liegt es in den Händen der an einem Vertrag beteiligten Staaten, die Erfüllung der Pflichten der Vertragspartner zu kontrollieren. Je komplexer der Vertragsinhalt und je größer die Zahl der beteiligten Parteien ist, desto schwieriger gestaltet sich auch die wechselseitige Überwachung. Aus diesem Grund wurden *„fact-finding"*-Missionen vielfach zum zentralen Element menschenrechtlicher Aktivität an sich[651].

Daher sind heute sowohl eine Zusammenarbeit mit NGOs als auch die direkte Indienstnahme privater Organisationen in einigen Bereichen internationaler Übereinkommen regelmäßige Erscheinungen geworden[652]. Im Rahmen multilateraler Abkommen erfolgt die Einbindung von NGOs meist eher in Form einer Beobachter- oder *„monitoring"*-Funktion. Gegenstand der Zusammenarbeit ist in diesen Fällen die Beobachtung und Überwachung der Einhaltung von Vertragsverpflichtungen. Die Implementierung kann dabei mit Hilfe unterschiedlicher Mechanismen erfolgen. Denkbar wären etwa durch den Vertrag gestaltete Instanzen oder Verfahren deren sich NGOs bei der Umsetzung ihrer Aufgaben bedienen können[653].

In Frage kommt aber auch eine NGO-Beteiligung an Konferenzen der Vertragsparteien oder eine Einbindung in sogenannten „sitzungsvorbereitenden" Gremien. In diesen Fällen bilden die am jeweiligen Vertrag beteiligten NGOs Ausschüsse, die dann über Kontaktpersonen mit den beteiligten Regierungsdelegationen in Verbindung stehen. Im Falle einer gegebenen Notwendigkeit können NGO-Vertreter dann von den Regierungsdelegationen oder den vorbereitenden Gremien eingeladen werden, über konkrete Angelegenheiten zu referieren, oder gegebenenfalls Materialien vorzulegen.

---

[651] Ramcharan, International Law and Fact Finding in the Field of Human Rights, p. 4., *„Fact finding is the heart of any human rights activity"*

[652] Hummer, Internationale nichtstaatliche Organisationen im Zeitalter der Globalisierung, S. 167f.

[653] Thoolen, Verstappen, Human Rights Missions – A study of the fact finding practice of non-governmental organisations, p. 9.

Auch die Gestaltung sogenannter *„Compilance"*-Mechanismen ist in der internationalen Rechtspraxis ein häufiges Element menschenrechtlicher Verträge geworden. Bei diesen Mechanismen kommt es darauf an, in Zusammenarbeit mit den betreffenden Staaten Schwachstellen bei der Umsetzung der Vertragsverpflichtungen zu finden und diese unter Einbindung von den Organisationen gestellter Experten zu überwinden. Zu diesem Zweck werden *„Non-compilance Committees"* eingesetzt. Die Angehörigen der Komitees haben dann die Möglichkeit die beteiligten NGOs zu konsultieren oder Expertisen einzuholen. Auf die konkreten Verfahren wird dabei im Anschluss noch genauer einzugehen sein[654].

„Fact-finding" Einsätze mit NGO-Beteiligung können mit unterschiedlicher Zielsetzung erfolgen. NGOs werden dabei meist von internationalen Organisationen zur Unterstützung bei der Aufklärung und Dokumentierung von Menschenrechtsverletzungen eingesetzt. NGO-Einsätze können aber auch erfolgen, um internationale Präsenz in Regionen zu demonstrieren in denen internationale staatliche Organisationen nicht oder nur schwach vertreten sind[655].

bb) Rechtsgrundlagen für *„fact-finding"*-Einsätze im Rahmen der Vereinten Nationen

Die Satzung der Vereinten Nationen nimmt in mehrfacher Hinsicht auf den Schutz der Menschenrechte Bezug. Einige dieser Vorschriften bilden in Verbindung mit späteren UN-Resolutionen die Grundlage für die heute üblichen *„fact-finding"*-Missionen.

Art. 1 Z. 3 SVN legt als Ziel der Vereinten Nationen die Herbeiführung einer internationalen Zusammenarbeit zur Lösung wirtschaftlicher, sozialer, kultureller und humanitärer Probleme unter Achtung der Menschenrechte und Grundfreiheiten fest. Zur Durchsetzung der Ziele erteilt Art. 13 (1) b SVN der Generalversammlung die Kompetenz, zur Verwirklichung der Menschenrechte und Grundfreiheiten Untersuchungen durchzuführen und Empfehlungen abzugeben[656]. Hierzu kann sich die GV nach Art. 14 SVN jedes geeigneten Mittels im Rahmen der friedlichen Konfliktbewältigung bedienen.

Auch der Sicherheitsrat ist nach Art. 34 SVN ermächtigt, Begebenheiten im Rahmen seines Kompetenzbereichs selbstständig zu untersuchen, wobei nach Ansicht des IGH auch eine Einbindung von NGOs zulässig ist[657].

Die meisten Grundlagen für Untersuchungen vor Ort ergeben sich jedoch im Rahmen des WSR. Nach Art. 55 SVN ist es Aufgabe der Vereinten Nationen zur

---

654 Bayewsky, The UN-Human rights treaty System in the 21st Century, p. 5 at sec., Connors.

655 Thoolen, Verstappen, Human Rights Missions – A study of the fact finding practice of non-governmental organisations, p. 8.

656 Thoolen, Verstappen, Human Rights Missions – A study of the fact finding practice of non-governmental organisations, p. 10f.

657 ICJ reports 1971, p. 27.

Förderung und Achtung der Menschenrechte beizutragen. Die Verantwortung in diesem Bereich wird nach Art. 60 SVN dem WSR übertragen. Um diesen Anforderungen gerecht zu werden richtete der WSR 1946 die UN-Kommission für Menschenrechte ein, die sich im Lauf der kommenden Jahrzehnte zum zentralen Organ für Menschenrechtsangelegenheiten entwickelte.

In der Resolution 1235 (XLII) vom 6. Juni 1967 fasste der WSR die Entscheidung, dass die Kommission künftig grundsätzlich zur Entgegennahme von Beschwerden im Bereich von Menschenrechtsverletzungen zuständig sein sollte. Eines der Hauptprobleme der Kommission wurde es damit, die große Zahl von Eingaben zu bearbeiten und zu entscheiden, welche Vorfälle einer näheren Untersuchung unterzogen werden sollten. Gleichzeitig autorisierte der WSR die Kommission zur eigenständigen Informationssammlung über gravierende Menschenrechtsverletzungen. Dadurch entwickelte sich im Rahmen der *„Human Rights-Treaty Bodies“* wie bereits dargestellt, ein umfassendes Instrumentarium zur faktischen Umsetzung von *„fact-finding“* Missionen[658].

2. NGO-Einbindung und Möglichkeiten in vorhandenen Verfahrenstypen

a) NGO-Funktionen in den Verfahren des internationalen Menschenrechtsschutzes

Der direkte Wirkungsbereich der NGOs auf der internationalen Ebene ist begrenzt. Im völkerrechtlichen Sinn werden aus menschenrechtlichen Verträgen in erster Linie Staaten verpflichtet. Die Überwachungsmethoden sind von Staaten gestaltet, und die durchführenden Experten werden in der Regel von Staaten ausgesucht. Nur wenige menschenrechtliche Verträge weisen direkten Bezug zu NGOs auf. Dennoch hat die Arbeit der NGOs bei der Umsetzung menschenrechtlicher Verträge heute einen Stellenwert erreicht, der aus dem menschenrechtlichen Bereich nicht mehr wegzudenken ist[659]. Vor allem im *„fact-finding“* Bereich der Vereinten Nationen stellen NGOs heute auch außerhalb der direkten Einbindung in die Arbeit der UN-Organe einen Faktor mit zunehmender Bedeutung dar.

Auf der internationalen Ebene verfügen Staaten wie nichtstaatliche Organisationen über eine breite Palette von Instrumenten zur Verfolgung ihrer Menschenrechtspolitik. Die Skala reicht dabei von der „stillen Diplomatie“ über den Dialog, Hilfeleistungen und Zusammenarbeit über den Einsatz internationaler

[658] Thoolen, Verstappen, Human Rights Missions – A study of the fact finding practice of non-governmental organisations, p. 11.

[659] Bayefsky, The UN Human Rights Treaty System in the 21st Century, p. 183.

Kontrollmechanismen, bis hin zum öffentlichen Anprangern und zur öffentlichen Verurteilung von Menschenrechtsverletzungen[660].

Sowohl für operative als auch für die politische Arbeit von NGOs sind die Strukturen und Verfahren bedeutsam, die einzelne Menschenrechtskonventionen oder regionale Menschenrechtsschutzsysteme zur Verfügung stellen. Diese sind gleichzeitig auch das effektivste Mittel, um individuelle Menschenrechtsverletzungen geltend zu machen. Sie dienen sehr zielgenau der Durchsetzung der einzelnen in den jeweiligen Abkommen verankerten Rechte und stellen nicht abstrakt auf großflächige oder systematische Verletzungen ab. Die wichtigsten Verfahren im internationalen- wie regionalen Menschenrechtsschutz sind Staatenberichts-, Staatenbeschwerde- und Individualbeschwerdenverfahren[661].

b) Staatenberichtsverfahren

aa) Allgemeines

Heute wird durch die sechs größten internationalen Menschenrechtskonventionen ein umfassender Schutzbereich international anerkannter Menschenrechte garantiert[662]. Diese Konventionen versuchen dabei ihre Durchsetzung möglichst unabhängig von den einzelnen Mitgliedstaaten zu gestalten. Aus diesem Grund werden häufig eigene, vertragsgebundene Expertenausschüsse geschaffen, deren zentrale Aufgabe es ist, die Umsetzung des jeweiligen Vertrages bei den betreffenden Staaten zu kontrollieren. Dabei werden die Mitgliedstaaten dazu verpflichtet, in regelmäßigen Abständen über die Situation in ihrem Land an den jeweiligen Ausschuss zu berichten[663]. Es soll hierbei auf rechtliche, verwaltungsmäßige und sonstige Maßnahmen eingegangen werden. Auch sollen eventuelle Hindernisse aufgeführt werden, die bei der Durchsetzung des jeweiligen Vertrages im Wege stehen oder stehen könnten. Ziel des Verfahrens ist es gemeinsam Wege zu finden, um eine bestmögliche Umsetzung der jeweiligen Konvention zu erreichen[664].

---

[660] Leuprecht, Menschenrechte zwischen Öffentlichkeitsarbeit und stiller Diplomatie, S. 62.
[661] Lailach, Die Wahrung des Weltfriedens und der internationalen Sicherheit als Aufgabe des UN-Sicherheitsrates, S.288f.
[662] Die internationale Konvention zur Beseitigung jeder Form rassische Diskriminierung vom 04. Januar 1964, der internationale Pakt über bürgerliche und politische Rechte vom 19. Dezember 1966, der internationale Pakt über wirtschaftliche soziale und kulturelle Rechte vom 19. Dezember 1966, das Übereinkommen zur Beseitigung jeder Form von Diskriminierung der Frau vom 18. Dezember 1979, das Übereinkommen gegen Folter und andere grausamer, unmenschliche oder in niedrigen der Behandlung oder Strafe vom 10. Dezember 1984 sowie das Übereinkommen über die Rechte des Kindes von 20. November 1989, abgedr. in Sartorius II, 20-23, 29.
[663] Bayefski, The UN Human Rights Treaty System in the 21st Century, p. 45, Theytaz-Bergmann.
[664] Heintze, Menschenrechte durchsetzen, S. 5.

Der Hauptgedanke, der hinter den Staatenberichtverfahren steht, ist der, dass die Erstellung der Berichte eine praktische internationale Analyse darstellt, die zur eigenständigen Verbesserung der nationalen Rechtspraxis und Rechtsgestaltung anhält[665]. Der Dialog mit internationalen unabhängigen Expertenausschüssen hat dabei die Funktion, den betroffenen Staaten über die internationaler Ebene Unterstützung zukommen zu lassen[666].

Nach der Diskussion der Staatenberichte verabschieden die Ausschüsse Einschätzungen, in denen Bewertungen und Empfehlungen enthalten sind. Häufig werden hierbei Vertreter von NGOs hinzugezogen, zu denen entweder die Vertragsstaaten oder die Ausschüsse selbst Beziehungen unterhalten. Die Ergebnisse können im Anschluss ebenso wie die Staatenberichte veröffentlicht werden. Auf diese Weise wird Druck erzeugt, wodurch die Staaten angehalten werden, die Arbeit der Ausschüsse ernst zu nehmen[667].

Institutionalisierte Druckmittel sind in Staatenberichtverfahren nicht vorgesehen. Damit ist das Staatenberichtsverfahren eine unverbindliche Form des menschenrechtlichen Rechtsschutzes, da keine direkten Zwangsmittel zur Verfügung gestellt werden, sondern ausschließlich eine indirekte Unterdrucksetzung der jeweils Zuwiderhandelnden erfolgen kann. Es bestehen jedoch weder vertraglich verankert Fristen zur Berichterstattung, noch eine Pflicht zur Zusammenarbeit. Daher sind die behandelnden Ausschüsse häufig auf eine Zusammenarbeit mit lokalen Beobachtern, meist nationalen NGOs, angewiesen.

Die Bedeutung der NGOs im System der Staatenberichterstattung entwickelte sich nur langsam, wobei die älteren Menschenrechtskonventionen überhaupt keine formelle Verankerung für eine Einbindung von NGOs in die Vertragskörper vorsahen. In der Anfangsphase der Staatenberichtsysteme war zudem ausschließlich die Verwendung offizieller staatlicher Informationen zulässig. Daher war es für die zuständigen Ausschüsse äußerst schwierig, eine objektive Beurteilung der Sachlagen durchzuführen. Die Einbindung von NGOs in die „*UN-treaty monitoring bodies*“ wurde daher zu einem wichtigen Element bei der Beschaffung objektiver Infonationen[668].

bb) Das Verfahren nach Art. 45 (a) CRC

Eine formelle Funktion im Vertragsüberwachungssystem kommt NGOs im Rahmen der jüngsten der großen UN-Menschenrechtskonventionen, der UN-

[665] Presseerklärung des ICJ, Reforming the Human Rights System: A Chance fort the UN to Fulfil it's Promise, p.11, in: www.icj.org/img/pdf/ICJUNReform05.pdf, am 15.11.2005.
[666] Bayefski, The UN Human Rights Treaty System in the 21st Century, p. 45, Theytaz-Bergmann.
[667] Klein, Gegenmaßnahmen, S.44.
[668] Bayefski, The UN Human Rights Treaty System in the 21st Century, p. 46, Theytaz-Bergmann.

Kinderschutzkonvention, CRC, zu[669]. Gemäß den Art. 43 (2), 44 CRC sind die Vertragsstaaten verpflichtet, dem Ausschuss über die Rechte des Kindes in fünfjährigem Abstand Bericht über die Umsetzung der Konvention zu erstatten.

Die Einbindung findet dabei statt, indem Art. 45(a) CRC dem Ausschuss die Kompetenz erteilt, nach eigenem Ermessen UN-Sonderorganisationen, wie UNICEF, oder weitere Experten zu konsultieren, wenn er es für angebracht erachtet, Informationen von qualifizierten Experten im Zusammenhang mit der Umsetzung der CRC einzuholen[670]. Dadurch wurde die CRC zur ersten universellen UN-Menschenrechtskonvention, die NGOs eine Funktion bei der Überwachung ihrer Durchführung einräumte[671].

Um die große Bedeutung von NGOs bei der Informationssammlung im Rahmen der CRC zu betonen, bot das *„Commitee on the Rights of the Child"* außerdem eine formelle Zusammenarbeit an, indem es NGOs offiziell aufforderte alle Informationen, die bei der länderspezifischen Erkenntnisgewinnung hilfreich wären, zur Verfügung zu stellen. Das Komitee sammelt in diesem Zusammenhang Informationen aller Art, die geeignet scheinen, die tatsächliche Umsetzung der CRC zu dokumentieren[672].

Zu diesem Zweck wurden Arbeitsgruppen zur Vorbereitung der Tagungen, *„pre sessional working groups"* ins Leben gerufen, in deren Rahmen die Präsentation von Missständen und Menschenrechtsverletzungen unter Einbindung von NGOs und internationalen Fachorganisation, wie etwa UNICEF oder der ILO, vorbereitet wird. Die Organisation der NGO-Einbindung untersteht dabei dem *„Liaison-Officer"* als Vorsitzendem der *„NGO-Group on the CRC"*, in der verschiedene NGOs aus dem Fachbereich des Kinder- und Jugendschutzes organisiert sind. Im Rahmen der einzelnen Arbeitsgruppen werden nationale NGOs, soweit sie nicht an der Erstellung des Staatenberichtes beteiligt waren, über die vorliegenden Staatenberichte informiert. Anschließend haben die Organisationen die Möglichkeit gegebenenfalls Stellungnahmen oder Gegenberichte zu verfassen[673]. Die Berichte werden dabei von nationalen NGOs eingereicht, während es Aufgabe des *„Liaison-Officers"* ist, die Einladung der nationalen NGOs und die Präsentation bei der vorbereitenden Arbeitsgruppe zu organisieren[674].

Dadurch entwickelte sich die Einbindung von NGOs in den *„treaty body"* der CRC zu weitgefächerten wechselseitigen Beziehungen. Die offizielle Anerkennung des Verhältnisses erleichtert es den in diesem Bereich engagierten

---

669 UN Doc. E/CN.4/1989/48, § 664.

670 Detrick, A Commentary on the UN-Convention on the Rights of the Child, p.42.

671 Hummer, Internationale nichtstaatliche Organisationen im Zeitalter der Globalisierung, S. 174.

672 NGO Group on the CRC, A Guide for Non-governmental Organisations Reporting on the Committee on the right of the Child", in: www.crin.org/crc/guidelns.htm.

673 Hummer, Internationale nichtstaatliche Organisationen im Zeitalter der Globalisierung, S. 174.

674 Bayefski, The UN Human Rights Treaty System in the 21st Century, p. 48, Theytaz-Bergmann.

NGOs Fördermittel zur Finanzierung ihre Projekte zu beschaffen, um so eine möglichst weitgehende Umsetzung der CRC zu gewährleisten.

cc) Begrenzte Zusammenarbeit und „*monitoring*" im Rahmen der übrigen „*UN-Human Rights Treaty Bodies*"

Obwohl die CRC derzeit die einzige der großen Menschenrechtskonventionen ist, die eine formelle Einbindung von NGOs in ihr Vertragssystem vorsieht, wird auch in den übrigen „*treaty bodies*" eine engere Zusammenarbeit mit nichtstaatlichen Akteuren angestrebt. Die meisten „*treaty bodies*" laden generell internationale NGOs ein, im Rahmen ihres Wirkungsbereichs staatenspezifische Informationen zu sammeln und diese weiterzuleiten, falls die vorliegenden Staatenberichte einer näheren Prüfung unterzogen werden.

Die im Rahmen der UN-Menschenrechtspakte vorgesehenen Berichtsverfahren enthielten zunächst ebenfalls keine institutionalisierte Möglichkeit einer NGO-Beteiligung. Zu diesem Zweck formalisierte 1993 das Komitee über wirtschaftliche, soziale- und kulturelle Rechte seine Zusammenarbeit mit NGOs dahingehend, dass für NGOs eine grundsätzliche Möglichkeit für schriftliche Eingaben geschaffen wurde[675]. Ausgewählte NGOs können auch eingeladen werden, den sitzungsvorbereitenden Treffen als Beobachter beizuwohnen, wobei sich ihnen die Möglichkeit bietet, an der Erstellung allgemeiner Bemerkungen zu den Berichten mitzuwirken. Ansonsten steht es NGOs frei, an den öffentlichen Sitzungen des Komitees teilzunehmen. Eine konkrete Zusammenarbeit wie im Fall der CRC findet trotz aktueller Bestrebungen einen Koordinationsausschuss für eine Zusammenarbeit mit NGOs, „*NGO-Coordinating Body*", einzurichten, nicht statt. Aufgrund der großen NGO-Beteiligung bei der Informationssammlung im Rahmen des Komitees werden jedoch bereits regelmäßigen informelle Treffen mit NGOs, „*NGO-Briefings*", einberufen, wodurch bereits erste Ansätze für eine mögliche weitergehende Vertiefung der Zusammenarbeit erkennbar scheinen[676].

Durch Art. 19 des Übereinkommens zur Beseitigung jeder Form der Diskriminierung der Frau, CEDAW, ist ein Berichtprüfungsverfahren vor dem Vertrags-Komitee, das aus 32 unabhängigen Sachverständigen besteht, eingerichtet worden. Da die Tagungen zur Berichtsprüfung grundsätzlich öffentlich stattfinden, steht es NGOs frei an den Sitzungen teilzunehmen[677].

Zusätzlich hält das Komitee institutionalisierte informelle „*NGO-Meetings*" ab, wobei allerdings keine konkrete Zusammenarbeit, sondern ein wechselseitige Austausch von Informationen im Vordergrund steht. Ein erster Ansatz für eine konkrete Zusammenarbeit mit NGOs kann in der intensiven

---

[675] E.12/1993/WP.14, vom 12.5.1993.

[676] Bayewsky, The UN-Human rights treaty System in the 21st Century, p. 48, Theytaz-Bergmann.

[677] Hummer, Internationale nichtstaatliche Organisationen im Zeitalter der Globalisierung, S. 174.

Kommunikation mit der Organisation *„International Womens Rights Action"* gesehen werden. Ziel ist es dabei über eine Dachverbandsorganisation weltweit länderspezifische Informationen für das CEADW zu sammeln.

Das Komitee gegen Folter hat zwar auch institutionalisierte, jedoch deutlich schwächer ausgeprägte Verbindungen zu NGOs. Die Verfahrensordnung des *„CAT Treaty Body"* sieht in § 62 für das obligatorische Berichtsverfahren eine schriftliche Eingabemöglichkeit für NGOs mit Konsultativstatus vor dem WSR vor, die allerdings nur auf Einladung des Komitees wahrgenommen werden kann[678]. Anhand der Prüfung der Eingaben von *„Amnesty International"* und der *Egyptian Organisation for Human Rights"* leitete das Komitee 1990 erstmals Untersuchungsverfahren nach Art. 20 CAT gegen Ägypten und die Türkei ein. Im Rahmen der Untersuchungen folgten 1991 gegen Ägypten und 1993 gegen die Türkei offizielle Vertragsverletzungsverfahren, in deren Verlauf die Organisationen aufgefordert wurden, dem Komitee weitere Infonationen zukommen zu lassen[679].

Im Rahmen der übrigen *„Treaty Bodies"* beschränkt sich die Zusammenarbeit auf Kontakte der einzelnen Angehörigen der jeweiligen Komitees. So sieht beispielsweise das Internationale Übereinkommen zur Beseitigung jeder Form von Rassendiskriminierung, CERD, in Art. 9 ebenfalls ein Prüfungsverfahren für die in zweijährigem Abstand zu verfassenden Berichte vor, wobei allerdings weder die Möglichkeit zur Einladung von NGOs, noch überhaupt eine externe Eingabenmöglichkeit besteht. Es steht lediglich den 18 unabhängigen Mitgliedern des Komitees frei, alle erlangten Informationen zu verwenden. Eine vergleichbare Zusammenarbeit wie im Rahmen der CRC wird also bislang im Bereich der übrigen *„Human Rights Treaty Bodies"* nicht erreicht.

c) Staatenbeschwerdeverfahren

Ziel eines Staatenbeschwerdeverfahrens ist es, die Einhaltung der Vertragspflichten mittels anderer Vertragsstaaten zu gewährleisten. Die übliche Rolle nichtstaatlicher Organisationen besteht hier darin, Informationen zu sammeln, die dann an Regierungen weitergeleitet werden[680]. Nach Zugang entsprechender Informationen können andere Staaten, gegebenenfalls über den Umweg der öffentlichen Meinung, dazu animiert werden, Beschwerde zu führen.

Allerdings sind Staatenbeschwerdeverfahren nicht immer fester Bestandteil von Menschenrechtsabkommen. Sie können auch fakultativ enthalten sein, wie

---

678 Rule 62(1) CAT Rules of Procedure, abgedr. in: CAT/C/3/Rev.2, vom 31.1.1997.

679 Hummer, Internationale nichtstaatliche Organisationen im Zeitalter der Globalisierung, S. 173.

680 Bianchi, "Globalisation of Human Rights" in: Günter Teubner, "Global Law Without a State" p.189.

beispielsweise beim UN-Menschenrechtspakt über bürgerliche und politische Rechte. Das bedeutet, dass ein Verfahren davon abhängig gemacht wird, ob ein Staat eine Beschwerde vor dem zuständigen Ausschuss gegen sich zulässt. Dabei liegt es in der Natur der Sache, dass die Staaten, die eine Beschwerdemöglichkeit gegen sich nicht akzeptieren, auch am ehesten dazu tendieren, Menschenrechte zu verletzen[681].

Besondere politische Bedeutung erlangte in Europa das Staatenbeschwerdeverfahren im Rahmen der europäischen Menschenrechtskonvention[682]. Obwohl es in Europa äußerst selten vorkommt, dass Staaten von der Möglichkeit der Staatenbeschwerde zur Durchsetzung menschenrechtlicher Ziele in Europa Gebrauch machen, gibt es Beispiele für die Wirksamkeit dieser Methode.

Auf Beschwerde von vier Staaten hin verfolgte der Europarat 1979 die Politik einer weit gehenden Isolierung Griechenlands, womit zum Sturz der Obristen-Diktatur beigetragen wurde. Erst danach konnte Griechenland 1981 in die europäische Gemeinschaft aufgenommen werden.

Dennoch stellt die Staatenbeschwerde kein wirklich starkes Druckmittel dar. Ihre Effizienz ist je nach der politischen Situation eines Staates begrenzt. Im Fall der Türkei, die nicht nur an die westliche Welt Anschluss sucht, sondern auch starke Wurzeln im islamischen Kulturkreis hat, fiel das Ergebnis einer Beschwerde von fünf Staaten nach dem militärischen Staatsstreich von 1980 weniger effektiv aus. NGOs wie etwa *Amnesty International* griffen die Situation auf, und machten sie mittels einer „*blaming and shaming*“-Strategie zum politischen Tagesthema. In der Folge kam es allerdings lediglich zu einer einvernehmlichen Regelung, in deren Mittelpunkt die Folterproblematik stand, wie sie etwa im Fall der Türkei bis heute diskutiert wird[683].

Dennoch ermöglichen Staatenbeschwerdeverfahren eine stärkere Form des Rechtsschutzes als sie Staatenberichtsverfahren bieten. Sie verpflichten die betreffenden Staaten nicht nur dazu, ihr Handeln zu rechtfertigen, sondern eröffnen auch Außenstehenden die Möglichkeit, auf eigene Initiative hin die Menschenrechtssituation in den übrigen Vertragsstaaten zu kritisieren. Auf diese Weise bieten Staatenbeschwerdeverfahren die Möglichkeit eines repressiven Menschenrechtsschutzes auf vertraglicher Grundlage, wobei der Einforderung der Menschenrechte durch andere Staaten nicht mehr das Nichteinmischungsprinzip entgegensteht.

---

681 Heintze, Menschenrechte durchsetzen..., S. 6.

682 Art. 33 EMRK.

683 Leuprecht, Menschenrechte zwischen Öffentlichkeitsarbeit und stiller Diplomatie, S. 63.

d) Individualbeschwerdeverfahren

Individualbeschwerdeverfahren sind die für die Arbeit der NGOs bedeutendsten Verfahrensarten, da in diesem Verfahrenstyp juristische oder auch natürliche Privatpersonen gegen staatliches Vorgehen beschwerdelegitimiert sind. Allerdings setzen die Verfahren einiger Vertragskörper eine direkte Opfereigenschaft voraus. Die Arbeit der NGOs besteht daher entweder in einer bloßen Aufklärung und Informationssammlung, oder gegebenenfalls auch in eigener Beschwerdeführung. Es ist möglich, Individualbeschwerdeverfahren wegen Verletzung der Menschenrechte im Allgemeinen oder wegen Verletzung bestimmter, durch spezielle Abkommen geregelte Menschenrechte anzustrengen.

Allgemeine Individualbeschwerden können gemäß der UN Resolution 1503 (XLVIII) direkt an die UN Menschenrechtskommission gerichtet werden. Um ein Vorgehen der Vereinten Nationen zu rechtfertigen, muss es sich zunächst um eine Verletzung der unstrittigen fundamentalen Menschenrechte handeln. Gemeint sind dabei die Menschenrechte, deren Verletzung unter Art. 7 des ICC Statutes subsumierbar ist. Hierbei geht es um die Verletzung so elementarer Rechtsgüter, dass bei Eingriffen in deren Schutzbereich von einer Verletzung der Interessen der Menschheit als Ganzem ausgegangen werden kann[684].

Um ein eventuelles Vorgehen zu rechtfertigen, müssen solche Verstöße gravierend sein, sowie in großem Umfang und systematisch durchgeführt werden. Wenn die UN Menschenrechtskommission dies bejaht, kann sie ihr Gutachten der Generalversammlung vorlegen, die dann über Gebotenheit und Art eines eventuellen Vorgehens zu entscheiden hat[685]. Dass solche Verfahren besonders langwierig sind, und wenn überhaupt, dann oft nur verspätet zum Ziel führen, braucht nicht extra erwähnt zu werden.

Besonders aktive NGOs sind in diesem Bereich etwa *Amesty International* oder *Human Rights Watch*. Darüber hinaus wird wichtige Arbeit - neben vielen kleineren Organisationen - auch von der internationalen Juristenkommission geleistet. Die Rolle dieser NGOs besteht neben einer allgemeinen Wächterfunktion und übertragenen Aufgaben bei der Informationssammlung in der humanitären Betreuung einzelner Opfer. Zusätzlich haben NGOs sich aber vor allem auch in der juristischen Betreuung von Opfern vor internationalen *Monitoring Bodies,* wie dem neuen UN-Menschenrechtsrat[686], den Ausschüssen der *UN-Human Rights Treaty Bodies* sowie vor den regionalen Menschenrechtsgerichtshöfen - etwa dem EuGHMR oder dem Afrikanischen Gerichtshof für Menschenrechte - ein Betäti-

---

684 Lailach, Die Wahrung d. Weltfriedens u. d. internationalen Sicherheit als Aufgabe des Sicherheitsrates der Vereinten Nationen, S.293.

685 Triffterer, Commentary on the Rome Statute of the International Criminal Court, S.126, Rodney Dixon.

686 Delbrück, Nichtregierungsorganisationen, Geschichte – Bedeutung – Rechtsstatus, S. 9.

gungsfeld erschlossen. Diese Wächterfunktion ist nicht nur im Fall von Menschenrechtsverletzungen durch repressive Regime auf der internationalen Ebene, sondern auch auf der nationalen Ebene demokratischer Staaten von Bedeutung[687]. Immerhin werden mit der nationalen Jurisdiktion die auch Grundlagen für den internationalen Rechtsentwicklungsprozess gelegt werden.

Daher sind die Verfahren nach der UN Resolution 1503 (XLVIII) trotz der langen Verfahrensdauer nicht zu unterschätzen. Pro Jahr wird von dieser Möglichkeit etwa 200.000 mal Gebrauch gemacht, wobei durch zahlreiche Beschwerden internationale Aufmerksamkeit auf Missstände gelenkt wird[688]. Im Falle einer Untersuchung im Rahmen der *spezial Procedures* des 1503-Verfahrens werden zunächst zur Einholung staatlicher Stellungnahmen nicht-öffentliche Verfahren durchgeführt. Falls keine Einigungen gefunden werden kann, können dann gegebenenfalls Vorlagen des Rates an die GV und damit letztlich auch Resolutionen gegen Staaten folgen[689].

Individualbeschwerdenverfahren können aber auch in Menschenrechtsabkommen direkt geregelt sein. Dies war das erste Mal in Art. 1 des Fakultativprotokolls zum Internationalen Pakt über bürgerliche und politische Rechte von 1966 der Fall. Das Fakultativprotokoll wurde allerdings von den Staaten des Warschauer Paktes nicht ratifiziert.

Staaten, die dem Pakt über bürgerliche und politische Rechte beigetreten sind, können mit dem ergänzenden Fakultativprotokoll den auf ihrem Territorium lebenden Personen die Möglichkeit eröffnen, sich nach Erschöpfung des Rechtswegs bei der UN-Menschenrechtskommission darüber zu beschweren, dass ihre im Pakt garantierten Rechte verletzt werden[690]. Nach einer Beschwerdeprüfung kann die Kommission die Mitgliedstaaten bitten, die Verletzung einzustellen und gegebenenfalls Wiedergutmachung zu leisten. Anders als etwa bei Verfahren nach der Europäischen Menschenrechtskonvention vor dem EuGH-MR handelt es sich hierbei allerdings nicht um verbindliche Urteile[691].
Neben dem Pakt für bürgerliche und politische Rechte von 1966 enthalten auch die Übereinkommen gegen Folter von 1984 und das Übereinkommen gegen Rassendiskriminierung von 1966 Individualbeschwerdenverfahren. Allerdings können diese Verfahren nur dann angewendet werden, wenn die Mitgliedstaaten auch erklärt haben, dass sie sich diesem Verfahren unterwerfen.

---

687 Frowein, The European and American Conventions on Human rights: A Comparison, p. 64.
688 Heintze, Menschenrechte durchsetzen – Forderungen zum 50. Jahrestag der UN-Menschenrechtserklärung, S. 5.
689 Shelton, Individual complaint machinery under the UN 1503 procedure and the Optional Protocol to the International Covenant on Civil and Political Rights, p. 61 at sec.
690 Heintze, Menschenrechte durchsetzen – Forderungen zum 50. Jahrestag der UN-Menschenrechtserklärung, S. 7.
691 Lailach, Die Wahrung d. Weltfriedens u. d. internationalen Sicherheit als Aufgabe des Sicherheitsrates der Vereinten Nationen S.290.

Die Möglichkeit einer Individualbeschwerde bietet von der Idee her schon eine recht umfangreiche Rechtsschutzmöglichkeit des Einzelnen, da sie den Opfern von Menschenrechtsverletzungen erlaubt, sich auf zwischenstaatlicher Ebene gegen die Übergriffe des eigenen Staates zur Wehr zu setzen. Dennoch sind die Schutzmöglichkeiten, die Individualbeschwerdeverfahren bieten, bis heute unvollständig geblieben.

Eine Individualbeschwerde kann im Allgemeinen nur dort erhoben werden, wo die betroffenen Staaten sich durch Abgabe einer entsprechenden Erklärung einem solchen Überwachungssystem auch unterworfen haben. Individualbeschwerdeverfahren sind deswegen in der Regel nur fakultativ und können daher für die Durchsetzung völkergewohnheitsrechtlicher Garantien nicht herangezogen werden[692].

Die Entscheidungen der Vertragsorgane, welche auf Individualbeschwerden hin über die in den einzelnen Konventionen geregelten Menschenrechtsverletzungen entscheiden, sind in der Regel für die Vertragsstaaten nicht verbindlich, auch wenn sie häufig beachtet werden. Ausnahmen stellen beispielsweise die Entscheidungen des Europäischen Gerichtshofs für Menschenrechte dar[693].

Ein weiteres Manko der Individualbeschwerdeverfahren ist es, dass die Möglichkeit zur Individualbeschwerde nur auf der überstaatlichen Ebene, und dort auch nur vor den Vertragsorganen oder der UN-Menschenrechtskommission besteht. Ob sich die Opfer von Menschenrechtsverletzungen auch vor innerstaatlichen Gerichten und Behörden auf internationale Garantien berufen können, hängt davon ab, wie die betreffenden Staaten internationale Garantien in ihr innerstaatliches Recht übernommen haben[694].

So ist in Europa beispielsweise in den skandinavischen Staaten eine direkte Berufung auf die europäische Menschenrechtskonvention unzulässig. In der Bundesrepublik Deutschland ist eine direkte Berufung zwar zulässig, allerdings kommt der Europäischen Menschenrechtskonvention dort nur Gesetzes- und kein Verfassungsrang zu. In Rumänien oder der Schweiz herrscht dagegen ein direkter Vorrang der internationalen Menschenrechtsverträge vor dem nationalen Recht[695].

Trotz der bereits recht umfangreichen Rechtsschutzmöglichkeiten die ein solches Individualbeschwerdeverfahren bietet, sind die Möglichkeiten für NGOs diese zu nutzen mitunter eingeschränkt. So würde etwa einer NGO bei einem Individual-

---

692 Heintze, Menschenrechte durchsetzen – Forderungen zum 50. Jahrestag der UN-Menschenrechtserklärung, S. 7f.

693 Kälin, Die allgemeine Erklärung der Menschenrechte: Eine kopernikanische Wende im Völkerrecht, in: Menschenrechte im Umbruch: 50 Jahre allgemeine Erklärung der Menschenrechte, S.11.

694 Heintze, Menschenrechte durchsetzen – Forderungen zum 50. Jahrestag der UN-Menschenrechtserklärung, S. 8.

695 Kälin, Die allgemeine Erklärung der Menschenrechte: Eine kopernikanische Wende im Völkerrecht, in: Menschenrechte im Umbruch: 50 Jahre allgemeine Erklärung der Menschenrechte, S.12.

beschwerdeverfahren vor dem Europäischen Gerichtshof für Menschenrechte unter Umständen die Beschwerdequalifikation fehlen, falls diese nicht belegen kann, von der behaupteten Menschenrechtsverletzung selbst und unmittelbar betroffen zu sein. Eine Beschwerde zur Durchsetzung der Rechte eines Anderen wäre in diesem Fall somit ausgeschlossen[696].

Allerdings können in anderen Verträgen und vor anderen Organen Individualbeschwerden auch zur Durchsetzung von Rechten Dritter zulässig sein, wie dies etwa beim Individualbeschwerdenverfahren nach der Afrikanischen Menschenrechtskonvention vor der Afrikanischen Menschenrechtskommission der Fall ist.

3. Beobachtung der Durchführung internationaler Operationen - *„monitoring the monitors"*

Ein weiteres mögliches Beteiligungsfeld für NGOs im „monitoring"-Bereich stellt die indirekte Einbindungen als Überwachungs- oder Kontrollinstanz dar. Diese erschöpft sich allerdings nicht in der Beobachtung von Menschenrechtsverletzungen durch lokale Regime, etwa im Rahmen von *„UN-spezial procedures"*, die dann im Rahmen von *„fact finding"*-Verfahren dokumentiert werden können. Anhand neuerer Beispiele wird deutlich, dass neben Verletzungen durch nationale Regierungen Menschenrechte in zunehmendem Maße auch durch globale Akteure, wie etwa zwischenstaatliche Organe oder transnationale Unternehmen bedroht werden können. Zu erwähnen ist in diesem Zusammenhang beispielsweise der Vorwurf von Kriegsverbrechen gegen internationale Truppenkontingente, wie etwa die Misshandlungsvorwürfe gegenüber den UN-Friedenstruppen in Somalia und Ex-Jugoslawien. Aber auch eine Gefährdung sozialer Rechte durch Strukturanpassungsprogramme der Weltbank oder des Internationalen Währungsfonds wären denkbar[697].

Damit kann die Machtausübung durch internationale Akteure in einzelnen Staaten heute oft eine größere Bedrohung der Menschenrechte darstellen als staatliche Willkür. In diesen Fällen reicht oft das klassische Instrumentarium des innerstaatlichen oder internationalen Menschenrechtsschutzes nicht mehr aus. Das besondere bei einer NGO-Beteiligung zur Überwachung von Organen der internationalen Gemeinschaft ist, dass NGOs in diesen Fällen nicht nur als Außenstehende oder „beliehene Organe" fungieren, sondern im Rahmen der internationalen Gemeinschaft in einem internen Überwachungsmechanismus eingebunden werden[698].

Ein möglicher Grund für die starke Einbindung könnte darin liegen, dass die Einbindung für die Staatengemeinschaft eine Möglichkeit darstellt, selbst in diesem Rahmen noch unabhängige Faktoren in ihre Operationen einzubinden.

---

[696] Siehe Art. 34 EMRK.

[697] Bayewsky, The UN-Human rights treaty System in the 21st Century, p. 214, Grant.

[698] Ebd., p. 215 at sec.

Eine weitere Notwendigkeit unabhängige Faktoren in internationale Verfahren einzubinden, ergibt sich aus dem unterschiedlich schnellen Fortschreiten des Globalisierungsprozesses in den einzelnen rechtlichen Teilbereichen.

Eine Folge davon ist ein zwar stark ausgeprägtes Rechtssystem, das jedoch von einem zu schwachem und oft noch unausgereiftem institutionellen System gedeckt wird. Wo staatliche Souveränität an internationale Instanzen abgegeben wird, fehlt es noch häufig an adäquaten menschenrechtlichen oder demokratischen Kontrollinstanzen, wie auch das bereits erwähnte Beispiel der Friedenstruppen zeigt[699].

II. NGO-Beteiligung an Systemen des regionalen Menschenrechtsschutzes

1. Die Stellung als *„amicus curiae"*

Ein klassisches Betätigungsfeld für NGOs ist deren Mitwirkung an der Judikatur internationaler Gerichte. Neben verschiedenen Einbindungen als Experten, Zeugen oder im *„fact finding"*-Bereich ergibt sich eine effektive Möglichkeit der Einflussnahme auf internationale Rechtssetzungsmechanismen vor allem durch eine Stellung als *„amicus curiae"*. In der neueren Rechtspraxis erwies sich der *„amicus curiae"*-Status als eine Alternative zu direkten Verfahrensrechten, die NGOs nur vor wenigen internationalen Gerichten und Instanzen zukommen[700].

Bei der Beteiligung als „Freund des Gerichts", *„amicus curiae"*, vor Organen der internationalen Streitbeilegung handelt es sich um eine Form der Beleihung durch diese Organe im Rahmen deren gerichtlicher Unabhängigkeit bzw. ihres Selbstorganisationsrechts[701]. Die Einbindung von NGOs wird dabei meist durch die Verfahrensordnungen der betreffenden internationalen Instanzen geregelt. Allerdings ist auch wie im Fall des bereits beschriebenen Verfahrens vor dem EuGHMR eine Regelung über die völkerrechtliche Ebene denkbar[702]. Im Anschluss werden Einbindungsmöglichkeiten als „amicus curiae" am Beispiel regionaler Menschenrechtsschutzsysteme dargestellt.

---

[699] Nowak, Menschenrechte & Neoliberalismus im Zeitalter der Globalisierung, S. 7f.
[700] Bianchi, Globalisation of Human Rights: The Role of Non-State Actors, p. 187.
[701] Hummer, Internationale nichtstaatliche Organisationen im Zeitalter der Globalisierung, S. 156.
[702] Art. 3, 5 IX Zusatzprotokoll zur EMRK von 1994.

2. Der Europäische Menschenrechtsschutz

a) Der Schutzbereich der EMRK

Die europäische Menschenrechtskonvention, EMRK, nimmt in mehrfacher Hinsicht eine Sonderstellung im Völkervertragsrecht ein. Sie garantiert als „*law-making treaty*" nicht nur den Bestand bestimmter Menschenrechte[703], sondern stellte auch erstmals ein Rechtsschutzsystem mit internationalen Sicherungsmechanismen zur ihrer justizförmigen Überwachung zur Verfügung[704]. Hinsichtlich der Individualrechte ersetzt die EMRK als völkerrechtlicher Vertrag dabei nicht die innerstaatlichen Rechtsordnungen, sondern sie legt Mindeststandards für diese fest[705].

Die EMRK ist mittlerweile zur Grundlage eines gemeineuropäischen Mindeststandards für den Individualschutz geworden. Vertragsstaaten sind die Mitglieder des Europarates einschließlich der russischen Föderation. Die gewährleisteten Rechte sind die elementaren Menschenrechte sowie zusätzliche Verfahrens- und Freiheitsrechte. Ergänzt wird die EMRK durch mehrere Zusatzprotokolle die beispielsweise ein Recht auf Eigentum sowie verschiedene persönliche Freiheiten garantieren[706].

Als Kontrollorgan dient dabei die aus unabhängigen Mitgliedern bestehende europäische Kommission für Menschenrechte[707]. An Rechtschutzinstrumenten stehen nach Art. 33f EMRK Staaten- oder Individualbeschwerden zur Verfügung, wodurch von der Rechtsverletzung direkt betroffene Einzelpersonen nach Erschöpfung des innerstaatlichen Rechtswegs auf regionaler völkerrechtlicher Ebene Rechtschutz gegen ihren Heimatstaat zur Verfügung gestellt wird[708]. Aufgabe der Kommission ist die Prüfung von Individualbeschwerden, die auf der Grundlage der ständigen Spruchpraxis der europäischen Gerichtshöfe behandelt werden[709] und die keine schwerwiegenden Fragen im Hinblick auf Auslegung oder Anwendung gesamteuropäischer Rechtsvorschriften aufwerfen[710].

Das zentrale Rechtsprechungsorgan im europäischen Menschenrechtsschutz ist nach Art. 19 EMRK der ständige Europäische Gerichtshof für Menschenrechte, EuGHMR, dessen Gerichtsbarkeit sich die Mitgliedstaaten unterworfen haben[711]. Der EuGHMR versteht dabei die konventionell gewährleisteten Rechte nicht nur als Abwehrrechte des Einzelnen, sondern er leitet darüber hinaus auch staatliche

---

[703] Grabenwarter, Europäische Menschenrechtskonvention, S. 4.
[704] Arndt, Europarecht, S.80f.
[705] Neuhold, Hummer, Schreuer, Österreichisches Handbuch des Völkerrechts, Bd. 1, Rz. 1386.
[706] Villiger, Handbuch der Europäischen Menschenrechtskonvention, S. XXI.
[707] Neuhold, Hummer, Schreuer, Österreichisches Handbuch des Völkerrechts, Bd. 1, Rz. 1445ff.
[708] Grabenwarter, Europäische Menschenrechtskonvention, S. 46ff.
[709] EuGH – Nold, Rs 4/73, Slg. 1974, 491, Rn 13.
[710] Neuhold, Hummer, Schreuer, Österreichisches Handbuch des Völkerrechts, Bd. 1, Rz. 1438f.
[711] Grabenwarter, Europäische Menschenrechtskonvention, S. 42ff

Schutzpflichten, wie beispielsweise einen ausreichenden Schutz durch das innerstaatliche Strafrecht, ab[712].

Daraus ergibt sich zwar ein umfassender Rechtschutz für Einzelpersonen, die Handlungsmöglichkeiten, die sich im europäischen Bereich für NGOs bieten, sind jedoch weitgehend eingeschränkt, wenn die Organisation nicht selbst vom behaupteten Eingriff betroffen ist[713]. Dieser Umstand ist möglicherweise darin begründet, dass die Bedeutung von NGOs zum Zeitpunkt der Entstehung des Menschenrechtsschutzes auf der Basis der EMRK noch nicht so ausgeprägt war, wie dies heute der Fall ist.

Die Beteiligung Dritter an den Verfahren vor dem EuGHMR ist erst seit dem Inkrafttreten des XI. Zusatzprotokolls vom 11.5.1994 am 1.11.1998 in Art 36 EMRK auch völkervertragsrechtlich verankert. Neben der Beteiligung von Vertragsstaaten sieht Art. 36 (2) EMRK auch die Beteiligung vom Verfahren betroffener Personen vor, wobei der Wirkungsbereich sowohl juristische als auch natürliche Personen erfasst[714].

Zusätzlich ist im europäischen Bereich sowohl von staatlicher als auch von regionaler Seite ein hohes Niveau des Menschenrechtsschutzes gesichert, wodurch sich in den meisten Bereichen nur eine verhältnismäßig geringe Notwendigkeit für Menschenrechtsschutz von nichtstaatlicher Seite ergibt. Daher kann sowohl im hohen Niveau des bereits vorhandenen Menschenrechtsschutzes als auch in der Prägung der Organisationen durch den europäischen Kulturkreis die Begründung dafür gesehen werden, dass europäische Staaten zwar vielfach als Ausgangspunkt für die Tätigkeit menschenrechtlicher NGOs fungieren, der Tätigkeitsbereich der Organisationen selbst aber meist auf die internationale Ebene konzentriert ist.

b) Menschenrechtschutz durch den Europäischen Unionsvertrag

Auch der Vertrag über die Europäische Union enthielt seit seiner ursprünglichen Fassung im Vertrag von Maastricht zunehmend ausgeprägte Ansätze für einen europäischen Menschenrechtsschutz von staatlicher Seite. So enthält Art. 6 (1), (2) EUV eine zentrale Grundwertnorm, wobei auf die Menschenrechte und die EMRK Bezug genommen wird. Die Systematik des Art. 6 EUV wirkt in verschiedene Richtungen. Einerseits wird sie durch Art. 6 (1) EUV in die Kontrollverfahren nach Art. 7 EUV gegenüber den Mitgliedstaaten übernommen, andererseits kommt sie auch nach Art. 49 EUV bei einer Erweiterung der Union zur Anwendung.

---

[712] EuGRZ 1985, S. 297ff.

[713] Grabenwarter, Europäische Menschenrechtskonvention, S. 71.

[714] EuGRZ 1994, S. 335.

Außerdem bildet Art. 6 (1) EUV noch die Grundlage eines „acquis unioner". Dies geschieht, indem die unterschiedlichen Verfassungselemente, wie Demokratie und Rechtsstaatlichkeit, durch Art. 11 (1) 1. und 5. Spiegelstrich, und durch Art. 177 (2) EGV nicht nur als Grundwerte für die Union, sondern auch als Leitlinien für die Gestaltung der europäischen Außenpolitik als maßgeblich erklärt werden[715].

Die zentrale Grundsatznorm in Art. 6 EUV enthält aus der Perspektive des Stufenbaus der Rechtsordnung von oben wirkende Verfassungsstruktur- und Homogenitätsanforderungen für die Mitgliedsstaaten der Union[716]. Diese Homogenitätsanforderungen werden durch die in Art 6 (1) EUV genannten Grundwerte geprägt. Die Achtung dieser Grundwerte ist außerdem Grundvoraussetzung für die Aufnahme neure Mitglieder in die Union nach Art. 49 (1) EUV[717].

Zivilgesellschaftliche Partizipationsmöglichkeiten werden dabei nicht direkt geregelt, gehen aber indirekt aus den enthaltenen Grundwerten hervor. Art. 6 EUV formuliert eine Grundordnung mit unterschiedlichen Grundrechtsträgern. Der Normadressat bleibt durch die Formulierungen, „die Union beruht auf den Grundsätzen" und „diese Grundsätze sind allen Mitgliedstaaten gemeinsam", unklar. Einerseits wird die Union zum Träger dieser Grundsätze, andererseits wird auf die innerstaatliche Ordnung der Mitgliedstaaten abgestellt. Diese Unklarheit lässt sich mit der unsicheren Rechtspersönlichkeit und Staatlichkeit der Union erklären[718]. Daher wird davon ausgegangen, dass die Normadressaten des Art. 6 EUV sowohl die Union als Ganzes als auch die einzelnen Mitgliedstaaten, und mittels Drittwirkung auch deren Bürger sind[719]. Die Einhaltung der Grundwerte wird seither vom EuGH gegenüber der Gemeinschaft fast vollständig und gegenüber den Organen der Union gemäß Art. 46 lit. d kontrolliert.

Daraus ergibt sich, dass der Schutz der gemeinsamen Werte im Zentrum aller politischen Überlegungen und allen Handels der Union stehen muss, um den Frieden und das Wohlergehen ihrer Völker zu fördern[720]. Dieser Schutz soll durch Art. 7 EUV gewährleistet werden, wobei davon ausgegangen wird, dass sich die Grundsätze der Freiheit, der Demokratie, der Achtung der Menschenrechte und Grundfreiheiten sowie der Rechtsstaatlichkeit gegenseitig bedingen. Somit bedeutet jede Verletzung eines Grundwertes auch eine Verletzung der übrigen Grundwerte.

---

[715] Fiero, Legal Basis and Scope of the Human Rights Clauses in EC Bilateral Agreement, in: ELJ 2001, p.45f.
[716] Funk, Einführung in das österreichische Verfassungsrecht, S. 6, 79f.
[717] Callies, Ruffert, Kommentar zu EU- Vertrag und EG- Vertrag, Art. 6 (1) Rz 1ff, Adelheid Puttler/Thorsten Kingreen.
[718] Thun-Hohenstein, Cede, Hafner, Ein systematischer Überblick mit den Auswirkungen der EU-Erweiterung, S. 20, 39.
[719] von der Gröben, Schwarze, Kommentar zum Vertrag über die Europäische Union und zur Gründung der Europäischen Gemeinschaft, Bd. 1, Art. 6, Rz 18.
[720] KOM (2003) 606 endgültig, S.14.

Dies bedeutet, dass sich der Schutzbereich des Art. 7 EUV auf das gesamte Grundwertesystem an sich erstreckt[721].

Daher ist auch der Wirkungsbereich des Art. 7 EUV nicht auf den Anwendungsbereich des Unionsrechts beschränkt. Als Konsequenz daraus ergibt sich, dass die Zuständigkeit der Union bei einer Verletzung der gemeinsamen Grundwerte auch dann begründet wird, wenn die Verletzung nicht im Bereich des Unionsrechts begangen wird, sondern im hoheitlichen Bereich eines Mitgliedstaates erfolgt und unter dessen Handlungsautonomie fällt.

So wurden die gemeinsamen Grundwerte auch zur Basis für das außenpolitische Handeln der Union. Auf diese Weise wird in außenpolitischer Hinsicht ein gesamteuropäisches Verantwortungsverständnis begründet[722]. Dies schlägt sich in Vertragsbedingungen wie etwa der *„good governance"*-Klausel nieder, die in der Präambel und Art. 8 des Lomé-Nachfolgeabkommens über Entwicklungspartnerschaft (Abkommen von Cotonou) aufgenommen wurde. Ziel ist es dabei, europäische Grundwerte in die Entwicklungs-, beziehungsweise Außenpolitik der Union miteinfließen zu lassen. Der Begriff *„good governance"* stellt dabei eine Bedingung für die Entwicklungszusammenarbeit mit AKP-Ländern dar und bezeichnet die Eigenschaft von Regierungssystemen, die Anerkennung und Umsetzung europäischer Grundwerte zumindest anzustreben, was auch die aktive Förderung der zivilgesellschaftlicher Partizipationsmöglichkeiten mit-einschließt[723].

Unabhängig davon, dass es also ohnehin Ziel der Unionspolitik ist, zur Förderung der gemeinsamen Werte nach innen und außen beizutragen, schafft Art. 7 EUV zusätzlich einen unionsinternen Rahmen, der konkrete operative Möglichkeiten zur Prävention und Sanktion von Grundwerteverletzungen durch Mitgliedstaaten anbietet.

In Art. 7 EUV, der mit dem Vertrag von Amsterdam eingeführt und durch Nizza verändert wurde, sowie in Art. 309 EGV sind die Instrumente verankert, mit denen die Organe der Union sicherstellen können, dass die gemeinsamen Werte und damit die Bedingungen für die Zugehörigkeit zur Europäischen Union von allen Mitgliedstaaten gleichermaßen geachtet und eingehalten werden. Aus dieser Sanktionskompetenz ergibt sich eine Garantenstellung der Union für die Einhaltung rechtlicher Mindeststandards durch die Mitgliedstaaten[724].

Nach Art. 7 EUV kann der Rat feststellen, ob eine schwerwiegende und anhaltende Verletzung der gemeinsamen Werte vorliegt. Nach einer derartigen Feststellung kann der Rat bestimmte Rechte des betreffenden Staates aussetzen[725].

---

721 von der Gröben, Schwarze, Kommentar zum Vertrag über die Europäische Union und zur Gründung der Europäischen Gemeinschaft, Bd. 1, Art. 7, Rz. 4f.

722 Tstasos, Die europäische Unionsordnung - Beiträge zum institutionellen Verständnis der Union im Hinblick auf einen zukünftigen Europäischen Verfassungsvertrag, S.54ff.

723 Bull. EG. 11- 1991, 2.3.1.

724 Thun-Hohenstein, Der Vertrag von Amsterdam, S. 16. und in

725 KOM (2003) 606 endgültig, S.6

Daraus ergibt sich ein Kontrollmechanismus, der angepasst an die jeweilige Situation, unterschiedliche Möglichkeiten bietet, die Einhaltung europäischer Grundwerte zu gewährleisten und eine Nichteinhaltung gegebenenfalls zu ahnden[726]. Gegenstand einer solchen Verletzung können dabei Teile der eigenen Bevölkerung oder sonstige Gruppen sein, die sich nach nationalen, ethnischen, weltanschaulichen oder religiösen Merkmalen definierten lassen.

Die Folgen der Verletzung müssen dabei mindestens einen der unter Art. 6 EUV genannten Grundwerte betreffen. Dabei reicht für eine Qualifikation im Sinne des Art. 7 EUV zwar bereits die Verletzung eines einzelnen Grundwertes aus, allerdings kann die Verletzung mehrerer Grundwerte einen Indikator für die Schwere der Verletzung darstellen.

Die durch Art. 7 EUV verankerten Rechtsfolgen reichen von Präventiv- oder Vorfeldmaßnahmen über Sanktionen bis hin zu einem möglichen Ausschluss des Mitgliedstaates. Die Möglichkeit des Ausschlusses ist dabei allerdings umstritten[727]. Zum einen kann die WVK wegen ihres 4. Artikels möglicherweise auf Teile des Europarechts nicht zurückwirken, wobei auch zu berücksichtigen ist, dass die WVK größten Teils aus kodifiziertem Völkergewohnheitsrecht besteht, sodass die Regelung des Art. 60 WVK in diesem Fall durchaus noch relevant sein könnte[728]. Zum anderen findet Art. 60 WVK keine Anwendung auf Verträge, die den Schutz der menschlichen Person, also Menschenrechte, zum Gegenstand haben[729]. Durch seinen Ausschluss würde der betreffende Staat von den sich aus dem EU Vertrag ergebenden menschenrechtlichen Verpflichtungen entbunden werden, wobei er großen Teilen der Europäischen Grundwerte dennoch über das allgemeine Völkerrecht verpflichtet bliebe.

Zusammenfassend kann gesagt werden, dass der Ausschluss eines Staates bei einer entsprechend eskalierenden Verletzung der Grundwerte zwar möglicherweise zulässig sein könnte, dass sich aber durch einen Ausschluss oder eine Suspendierung ebenfalls keine befriedigende Lösung finden ließe. Eine solche Frage müsste also im jeweiligen Einzelfall unter Zugrundelegung der zu erreichenden Kriterien geprüft werden.

---

[726] von der Gröben, Schwarze, Kommentar zum Vertrag über die Europäische Union und zur Gründung der Europäischen Gemeinschaft, Bd. 1, Art. 7, Rz. 5.
[727] Hau, Sanktionen und Vorfeldmaßnahmen zur Absicherung der europäischen Grundwerte, S. 62.
[728] Hau, Sanktionen und Vorfeldmaßnahmen zur Absicherung der europäischen Grundwerte, S.35f.
[729] Kimminich, Einführung in das Völkerrecht, S. 208.

3. Menschenrechtsschutz im Rahmen der OAS

a) Menschenrechtliche Verpflichtungen aus der OAS-Charta

Das interamerikanische Menschenrechtsschutzsystem ist durch eine doppelte Struktur gekennzeichnet. Während grundsätzlich alle Mitglieder der OAS menschenrechtliche Verpflichtungen aus der OAS-Charta von 1948 selbst treffen, ging nur ein Teil der Mitgliedstaaten freiwillig Zusatzverpflichtungen durch Ratifikation der amerikanischen Menschenrechtskonvention, AMRK, und ihres Zusatzprotokolls ein.

Die sich daraus ergebenden unterschiedlichen Menschenrechtsstandards stellen jedoch keine von einander getrennten Systeme dar, sondern greifen ineinander über. Dabei sind die Systeme durch gemeinsame Organe, die amerikanische Menschenrechtskommission und in bestimmten Fällen auch den Amerikanischen Gerichtshof für Menschenrechte, miteinander verbunden[730]. Die Kommission erfüllt dabei in beiden Systemen eigene Funktionen, während der Gerichtshof als eigenes Organ der AMRK im Zusammenhang mit der OAS-Charta nur zu Stellungnahmen und zu Gutachtenerstellungen herangezogen werden kann[731].

Die in ihrer Charta verankerten Grundprinzipien der OAS sind regionale Solidarität, kollektive Sicherheit, Nichteinmischung, Demokratie und die Achtung der Menschen-rechte[732]. Abgesehen davon, dass demokratische Systeme ohnehin ein Mindestmaß menschenrechtlicher Standards gewährleisten, nimmt die OAS-Charta in ihren Kapiteln II und III Bezug auf materielle Menschenrechte, wobei die in Kapitel II enthaltenen *„Principles"* unverbindliche Standpunkterklärungen darstellen, während in Kapitel III verbindliche *„Fundamental Rights and Duties"* begründet werden[733]. Dabei finden sich in beiden Kapiteln neben militärischen Bestimmungen sowohl klassische Individual- als auch Solidaritätsrechte[734].

Zur genaueren Ausgestaltung des inter-amerikanischen Menschenrechts- und Demokratieverständnisses wurde der OAS-Charta auf der 9. Konferenz amerikanischer Staaten die *„American Declaration of the Rights and Duties of Man"* in Form einer gemeinsamen Standpunkterklärungen zur Seite gestellt, die einen detaillierten Grund- und Menschenrechtskatalog enthält[735]. Die materiell-

---

[730] Davidson, The Inter-American Human Rights-System, p. 8.
[731] Kokott, Das interamerikanische System zum Schutz der Menschenrechte, S. 131.
[732] OAS-Charta, Präambel, abgedr. in: Beck Texte - Menschenrechte, S. 491ff.
[733] Le Blanc, The OAS and the Promption and Protection of Human Rights, p. 8 at sec.
[734] Etwa Art. 3 a-n, 16 OAS-Charta.
[735] Res. XXX, angenommen von der 9. internationalen Konferenz amerikanischer Staaten, abgedruckt in: Le Blanc, The OAS and the Promption and Protection of Human Rights, p. 172at sec.

rechtliche Verbindlichkeit dieser Deklaration ist unter ihren Mitgliedstaaten jedoch umstritten[736].

b) Die „American Convention on Human Rights"

Die nach dem Vorbild der EMRK und der Europäischen Sozialcharta geschaffene AMRK, trat 1969 in Kraft[737]. Die AMRK stellt gemeinsamen mit ihrem Zusatzprotokoll über wirtschaftliche soziale und kulturelle Rechte von 1988 einen weiteren bedeutenden Schritt in der Entwicklung des inter-amerikanischen Menschenrechtsschutzes dar[738].

Während die in der AMRK hauptsächlich gewährleisteten bürgerlichen und politischen Rechte schnell auf eine verhältnismäßig breite Zustimmung unter den Vertragsstaaten stießen, ergaben sich bei der Ausarbeitung Zusatzprotokolls, dem San Salvador Protokoll, weitaus größere Differenzen. Dies hatte zur Folge, dass die Ausarbeitung des Protokolls nicht vor 1988 abgeschlossen werden konnte, und es weitere 11 Jahre brauchte, bis das Protokoll 1999 nach der notwendigen Zahl an Ratifikationen Verbindlichkeit erlangen konnte[739].

Die Konvention ist in einen materiellen und einen institutionellen Teil gegliedert. Während im materiellen Teil eine taxative Aufzählung konkreter Menschenrechte erfolgt, wird in der Folge ein institutioneller und verfahrensrechtlicher Rahmen zur Gewährleistung der Menschenrechte erstellt[740]. Der Schwerpunkt im Rechtsschutzsystem der AMRK liegt bei den in Art. 3-25 verankerten bürgerlichen und politischen Rechten, während wirtschaftliche und soziale Rechte lediglich in Art. 26 erwähnt werden. Als Rechtschutzinstrumente wurden nach dem Vorbild der EMRK in Art. 44f AMRK Staaten- und Individualbeschwerdeverfahren geschaffen.

Die institutionelle Sicherung der Konventionsrechte liegt bei der Inter-amerikanischen Kommission für Menschenrechte mit Sitz in Washington und dem Inter-amerikanischen Gerichtshof für Menschenrechte in San José, Costa Rica[741].

---

[736] Davidson, The Inter-American Human Rights System, p. 8 at sec.
[737] Abgedruckt in: Beck Texte – Menschenrechte, S. 497ff.
[738] Le Blanc, The OAS and the Promption and Protection of Human Rights, p. 8.
[739] Odinkalu, Implementing Economic, Social and Cultural Rights under the African Charta on Human and Peoples Rights, p. 185.
[740] Farer, The Rise of the Inter-American Human Rights Regime: No longer aUnicorn, Not Yet an Ox, in: Human rights Quarterly, p. 521.
[741] Neuhold, Hummer, Schreuer, Österreichisches Handbuch des Völkerrechts, Bd. 1, Rz. 1514ff.

c) Die Amerikanische Kommission für Menschenrechte

Die Kommission, die später die Rolle eines Exekutivorgans im System der AMRK einnehmen sollte, wurde 1959 durch eine Resolution des interamerikanischen Ministerrates als autonomes Organ im System der OAS-Charta eingerichtet. Mit der Gestaltung der AMRK erhielt die Kommission auch ein neues Statut, dass es ihr ermöglichte, sowohl Funktionen im System der OAS-Charta als auch im Rahmen der AMRK wahrzunehmen[742]. Die Kommission, die sich nach Art. 34 OAS-Charta aus sieben Angehörigen unterschiedlicher OAS-Mitgliedstaaten zusammensetzt, ist mit der Prüfung der Menschenrechtssituation in den Mitgliedstaaten betraut, denen sie auch als Anlaufpunkt für Konsultationen zur Verfügung steht[743].

Durch Art. 41 AMRK wurden ihre Kompetenzen gegenüber den AMRK-Mitgliedstaaten deutlich erweitert. Ihre Aufgaben umfassen damit zusätzlich die Entwicklung eines allgemeinen Menschenrechtsbewusstseins in den Mitgliedstaaten, eine umfassende, allgemeine Informationssammlung, die selbstständige Ausarbeitung und Unterbreitung von Vorschlägen zur Verbesserung der lokalen menschenrechtlichen Situationen und die Entgegennahme von Eingaben nach Art. 44, 51 AMRK[744]. Dabei ist die Kommission nach Art. 18 g ihres Statuts ermächtigt, gegebenenfalls vor Ort Untersuchungen auf Einladung oder nach Zustimmung der betreffenden Staaten durchzuführen[745]. Dabei findet im Bereich der Informationssammlung eine ähnliche Zusammenarbeit mit NGOs wie im Rahmen der „*UN-Human Rights Treaty Bodies*“ statt[746].

Im Bereich der vertraglichen Verfahren des inter-amerikanischen Systems findet eine engere Zusammenarbeit mit NGOs als im Rahmen der EMRK statt. Im Unterschied zur EMRK können Individualbeschwerden gegenüber der amerikanischen Kommission für Menschenrechte auch von Personen oder Personengruppen, die nicht selbst Opfer einer Konventionsverletzung geworden sind, erhoben werden. Daher wird in Art. 44 AMRK, anders als im europäischen System, der Zugang zu den Rechtschutzinstrumenten auch für NGOs eröffnet, wodurch sich deutlich größere Beteiligungsmöglichkeiten als im EMRK-System bieten[747].

Die Staatenbeschwerde setzt eine besondere Anerkennung der Prüfungszuständigkeit der Kommission durch die beteiligten Staaten nach Art. 8, 48 (1) AMRK voraus. Individualbeschwerden sind an die Interamerikanische Kommis-

---

[742] Davidson, The Inter-American Human Rights-System, p. 99.

[743] Le Blanc, The OAS and the Promption and Protection of Human Rights, p. 19.

[744] Art 111 OAS-Charta; Le Blanc, The OAS and the Promption and Protection of Human Rights, p. 19.

[745] Thoolen, Verstappen, Human Rights Missions - a study of the fact-finding practice of NGOs, p. 16 at sec.

[746] Kokott, Das interamerikanische System zum Schutz der Menschenrechte, S. 109f.

[747] Krisch, The Establishment of an African Court on Human and Peoples Rights, p. 724.

sion zu richten. Gelingt der Kommission eine gütliche Einigung zwischen den Parteien, wird das Beschwerdeverfahren mit der Veröffentlichung eines Berichts beendet. Andernfalls kann die Kommission den Fall entweder dem Gerichtshof vorlegen oder ihre Auffassung in einem Schlussgutachten darstellen[748].

d) NGOs vor dem Interamerikanischen Gerichtshof für Menschenrechte

Nach dem Inkrafttreten der AMRK nahm der interamerikanische Gerichtshof für Menschenrechte seine Tätigkeit am 3.7.1979 auf. Der Interamerikanische Gerichtshof ist kein ständiges Organ, sondern er tritt jährlich zu mindestens zwei Sitzungen seines mit sieben Richtern besetzten Senats zusammen[749]. Parteifähig vor dem Gerichtshof sind nach Art. 61 Z. 1 AMRK nur die Vertragsstaaten und die amerikanische Menschenrechtskommission. Die Kompetenz des Gerichtshofs erfasst die amerikanische Menschenrechtskonvention sowie einzelne regionale Menschenrechtsabkommen, sofern diese durch die Vertragsstaaten ratifiziert wurden[750]. Die Kompetenz geht dabei so weit, dass im Falle einer besonderen Anerkennung nach Art. 62 AMRK nicht nur die Konventionsverletzung an sich festgestellt werden kann, sondern auch Wiedergutmachung und Schadenersatzansprüche zugesprochen werden können. Für die Zuständigkeit des Gerichtshofs ist zusätzlich eine Anerkennung durch die einzelnen Staaten nach Art. 62 AMRK Voraussetzung[751]. Die Urteile des Gerichtshofs sind dann nach Art. 67 AMRK für die Mitgliedstaaten verbindlich und unterliegen keinem Rechtsmittel mehr.

Voraussetzung für die Verfahrenseröffnung ist der Abschluss eines Vorverfahrens vor der amerikanischen Menschenrechtskommission. Auf diese Weise ist es möglich, dass Vorbringen von Individuen oder Gruppierungen, etwa von NGOs, zum Verfahrensgegenstand werden, da diese ohne Vertretung durch die Kommission keine eigene Parteifähigkeit erlangen können[752].

4. Das Afrikanische System zum Schutz der Menschenrechte

a) Menschenrechtliche Verpflichtungen im Rahmen der OAU/AU

In den in der OAU-Charta enthaltenen Zielsetzungen spiegelt sich die Anlehnung der 1963 gegründeten Organisation an die Vereinten Nationen im Sinne des Kapitels VIII SVN wieder. Bereits Art. II der OAU-Charta erklärt die Gestaltung einer

---

748 Kokott, Das interamerikanische System zum Schutz der Menschenrechte, S. 59ff.
749 Farer, The Rise of the Inter-American Human Rights Regime: No longer aUnicorn, Not Yet an Ox, in: Human rights Quarterly, p. 512ff.
750 Stein, von Buttlar, Völkerrecht, Rz 1081ff.
751 Herdegen, Völkerrecht, S. 344.
752 Stein, von Buttlar, Völkerrecht, Rz 1084f.

regionalen Zusammenarbeit im Sinne der UN-Charta und der Allgemeinen Erklärung der Menschenrechte zum Organisationsziel[753].

Dadurch erhielt die OAU, deren schwerpunktmäßige Zielsetzung zum Zeitpunkt ihrer Gründung die Beseitigung kolonialer Strukturen erfasste, eine doppelte Ausrichtung[754]. Die meisten afrikanischen Staaten betrachteten die Menschenrechte als stark europäisch geprägt, und daher als äußeren Eingriff in ihre Souveränität. Daher dauerte es trotz der breiten gemeinsamen Ansätze der afrikanischen Staaten weitere 18 Jahre, bis die erst seit kurzer Zeit unabhängigen OAU Mitgliedstaaten sich auch auf ein gemeinsames Instrument zum Menschenrechtsschutz, die spätere Banjul-Charta, einigen konnten. Seither findet das Prinzip des Vorrangs menschenrechtlicher Mindeststandards vor nationalen Souveränitätsrechten auch in Afrika weitgehend Anerkennung[755].

Dennoch wurde im Rahmen der OAU noch keine institutionelle Struktur gestaltet, mit deren Hilfe ein effizienter und effektiver Menschenrechtsschutz gewährleistet werden könnte. Auch wenn Menschenrechte als vorrangige internationale Prinzipien anerkannt werden, sehen die meisten Staaten dennoch die alleinige Kompetenz für menschenrechtliche Jurisdiktion bei der nationalen Gerichtsbarkeit[756].

Die friedliche und schnelle inner-afrikanische Konfliktlösung ist zwar ein wichtiges Anliegen der Organisation, dennoch kamen, vor allem in Bezug auf den regionalen Menschenrechtsschutz, organisationsinterne Konfliktlösungsmechanismen nur selten zum Tragen, während etwa bei territorialen Konflikten zunehmend auf eine organisationsinterne Mediation im Rahmen der Streitbeilegung zurückgegriffen wird. Obwohl die OAU daher eine im Vergleich zu anderen regionalen Organisationen verhältnismäßig schwache Position in Bezug auf den regionalen Menschenrechtsschutz einnimmt, wurden in ihrem Umfeld mehrere Verträge zum lokalen Menschenrechtsschutz gestaltet und wichtige Beiträge und Anstöße für internationale menschenrechtliche Verträge geleistet[757].

Die OAU, die bis zum Jahr 2002 auf 53 Mitgliedstaaten angewachsen war, wurde schließlich 2002 in die Afrikanische Union, AU, überführt. Zu diesem Zeitpunkt hatten bereits 40 ihrer Mitgliedstaaten das Zusatzprotokoll zur Afrikanischen Menschenrechtskonvention unterzeichnet, ratifiziert hatten das Protokoll jedoch nur sechs ihrer Mitglieder[758]. Dennoch wird an der hohen Zahl der Unterzeichnerstaaten deutlich, dass die AU sich selbst als Organisation mit supranatio-

---

[753] Berhanykun, The OAU and the UN, p. 9 at sec.

[754] Naldi, The Organisation of African Unity - An Analysis of it's Role, p. 2 at sec; Art. 3 OAU-Charta.

[755] Naldi, Future Trends in Human Rights in Africa: The Increased Role of the OAU?, p. 1 at sec.

[756] Robertson, G, Crimes Against Humanity: The Struggle for Global Justice, p. 57.

[757] Naldi, Future Trends in Human Rights in Africa: The Increased Role of the OAU?, p. 5.

[758] List of Countries which have Signed, Ratified/Acceded to the Protocol to the African Charter on Human and Peoples' Rights on the Establishment of an African Court on Human and Peoples' Rights (as at 12th September 2002), Annex to the Protocol.

nalem Charakter im Sinne des Kapitels VIII SVN versteht und damit auch an den menschenrechtlichen Zielsetzungen der Vereinten Nationen orientiert ist, was auch aus Art. 3 ihrer Gründungsakte von Lomé hervorgeht.

b) Die "African Charter on Human and Peoples Rights" – Banjul-Charta

Als Reaktion auf die massiven Menschenrechtsverletzungen im Afrika der siebziger Jahre und aufgrund des daraus resultierenden auswärtigen Drucks wurde 1981 im Rahmen der OAU die Afrikanische Charter der Rechte des Menschen und der Völker, Banjul-Charta, beschlossen[759]. Inhaltlich wurde sie das Ergebnis einer Kompromissbildung zwischen den ideologischen Gegensätzen des kalten Krieges und den unterschiedlichen in Afrika vertretenen Glaubensrichtungen[760]. Sowohl bei der Ausarbeitung des Entwurfs, als auch bei der Annahme durch die OAU und der Ratifikation durch ihre Mitgliedstaaten spielten NGOs eine wichtige Rolle[761]. Die Banjul-Charta geht in ihrer Konzeption über die durch die EMRK und AMRK gewährleisteten Schutzbereiche hinaus[762]. Eines ihrer zentralen Ziele ist dabei die Umsetzung der Erkenntnis, dass eine nachhaltige wirtschaftliche und kulturelle Entwicklung auf der einen und die Gewährleistung der Menschenrechte als Grundlage auf der andern Seite sich gegenseitig bedingen[763].

Aus diesem Grund werden in der Banjul-Charta nicht nur die in den UN-Menschenrechtspakten gewährleisteten Rechte garantiert, sondern sie beinhaltet zusätzlich in den Art. 20ff auch Menschenrechte der dritten Generation wie etwa ein Recht auf wirtschaftliche soziale und kulturelle Entwicklung[764], wodurch der spezielle afrikanische Charakter der Charta zum Ausdruck gebracht wird[765].

Diese Konzeption wird dabei durch ein System der individuellen Verpflichtung sowohl der Vertragsstaaten als auch des Einzelnen umzusetzen versucht[766]. Damit weißt die Banjul-Charta einige grundsätzliche Unterschiede gegenüber den älteren Menschenrechtskonventionen auf.

---

[759] Benedek, Durchsetzung von Rechten des Menschen und der Völker in Afrika auf regionaler und nationaler Ebene, S. 153.

[760] Odinkalu, Implementing Economic, Social and Cultural Rights under the African Charta on Human and Peoples Rights, p. 182.

[761] Motala, Non-Governmental Organisations in the African System, p. 246.

[762] Abgedruckt in: Heyns, Human Rights Law in Africa, p.1 at sec.

[763] Neuhold, Hummer, Schreuer, Österreichisches Handbuch des Völkerrechts, Bd. 1, Rz 1526.

[764] Heyns, Civil and Political Rights in the African Charter, p. 137.

[765] Odinkalu, Implementing Economic, Social and Cultural Rights under the African Charta on Human and Peoples Rights, p. 180.

[766] Umozurike, The African Charter on Human and Peoples Rights, p. 64 at sec.; EuGRZ 1986, S. 677.

Im Gegensatz zu anderen regionalen Menschenrechtskonventionen werden in der Banjul-Charta Menschenrechte auch nicht grundsätzlich abstrakt über die supranationale Ebene garantiert, sondern durch die Möglichkeit nationaler Präferenzen relativiert. Ein Beispiel hierfür stellt Art. 10 (1) der Charta dar, wonach das Recht auf Assoziationsfreiheit mit „rechtlichen Rahmenbedingungen" verbunden wird[767]. Hierdurch wird der Interpretationsspielraum offen gelassen, die Pflicht zur Gewährleistung der Assoziationsfreiheit als am jeweiligen nationalen Recht orientiert zu betrachten[768].

Trotz dieser weiten Interpretationsspielräume für nationale Rechtssysteme wurde durch die Banjul-Charta auch ein eigenes Rechtsschutzsystem gestaltet. Die Charter ist als jüngstes der drei regionalen Menschenrechtsschutzsysteme bereits stark durch den globalen Menschenrechtsschutz beeinflusst. Die kommt vor allem durch Abs. 6 der Präambel und die direkte Implementierung bereits vorhandener internationaler Instrumente im Frauen- und Kinderschutz in Art. 18 (3) zum Ausdruck. Auch ist bei der Umsetzung dieser Standards in Art. 45 (1) lit. c eine internationale Kooperation vorgesehen. Zu diesem Zweck ist die mit den Art. 30f geschaffene Afrikanische Kommission für Menschenrechte und Rechte der Völker eingerichtet worden.

c) Die „African Commission on Human and Peoples Rights"

Die 1981 eingerichtete Afrikanische Menschenrechtskommission ist ein quasi-judikatives Organ, das zusätzlich weitere Funktionen erfüllt. Dazu gehören die Überwachung und Informationssammlung bezüglich der menschenrechtlichen Situation in den Mitgliedstaaten, menschenrechtliches *„standard-setting"* und die Entgegennahme von Eingaben[769].

Dabei eröffnet die Kommission eine besonders breite Basis für die Zusammenarbeit mit NGOs[770]. In diesem Zusammenhang interpretiert auch die Kommission die in Art. 10 (1) der Banjul-Charta gewährleistete Assoziationsfreiheit, die eine Grund-voraussetzung für die Bildung von NGOs darstellt, als nicht mit nationalen, sondern mit internationalen Rechtsvorstellungen verknüpft[771].

Diese Beziehung zu NGOs spiegelt sich etwa in der Untersuchungspraxis der Kommission bei der Entgegennahme der Staatenberichte wieder. Die einzelnen Berichte werden vielfach mit NGO-Berichten aus den jeweiligen Regionen verglichen, wobei die NGO-Berichte häufig als Grundlage für weitere Untersuchun-

---

767 Heyns, Civil and Political Rights in the African Charter, p. 168.
768 Naldi, The Organisation of African Unity, p. 138.
769 Gutto, ICJ Workshops on NGO Participation in the African Commission on Human and Peoples Rights – A Critical Evaluation, p. 11.
770 Umozurike, The African Charter on Humans and Peoples Rights, 67 at sec.
771 Naldi, Future Trends in Human Rights in Africa: The Increased Role of the OAU?, p. 7.

gen herangezogen werden[772]. Eine der Stützen dieser engen Zusammenarbeit mit NGOs ist die „*African Charter for Popular Participation in Development and Transformation*" von 1990. In diesem Dokument wird der wichtigen Funktion der staatlichen Zusammenarbeit mit NGOs Rechnung getragen und die gefestigte Position, die NGOs im afrikanischen Bereich einnehmen, zum Ausdruck gebracht[773].

In Bezug auf die Praxis der Kommission griffen NGOs die Forderung nach mehr Transparenz und einer verstärkten Teilhabe immer wieder auf. Dabei wurde unter anderem eine Veröffentlichung der Eingaben an die Kommission gefordert. Als diesen Forderungen nicht nachgekommen wurde, richteten afrikanische NGOs in Zusammenarbeit mit der Internationalen Juristenkommission, ICJ, ein öffentliches Zentralregister bei der ICJ in Genf ein, was damals einen großen Erfolg von NGOs im afrikanischen Menschenrechtsschutz darstellte. Hierdurch wurden afrikanische Staaten an das Erfordernis der Publizität bei dem Beschwerdeverfahren gewöhnt und eine breitere kontrollierende Öffentlichkeitswirkung geschaffen[774]. Inzwischen ist es der Kommission möglich allfällige Beschwerden selbst zu veröffentlichen, was als weiterer langfristiger Erfolg gewertet werden kann.

Auch bei den Individualbeschwerdeverfahren gegenüber der Kommission wird die traditionell enge Zusammenarbeit mit NGOs deutlich. So ist etwa die Parteifähigkeit nach Art. 59ff der Banjul-Charta nicht an das Erfordernis der persönlichen Beschwer gebunden[775]. Zusätzlich werden durch Art. 55 der Charta allgemeine Eingabemöglichkeiten für NGOs und Einzelpersonen eröffnet. Damit ermöglicht es die Kommission Individuen und NGOs Eingaben an Stelle der direkt Betroffenen anzubringen, wodurch sich in der Praxis ein wichtiger Faktor für die Effizienz der Arbeit der Kommission gebildet hat, da sie auf diese Wiese nicht ausschließlich auf staatliche Zusammenarbeit – etwa in Form von Staatenberichten - angewiesen ist[776].

Die eingebrachten Eingaben werden anschließend durch das Sekretariat der Kommission geprüft. Falls Eingaben für schlüssig befunden werden, werden sie im Rahmen einer amtswegigen Wahrnehmung einer näheren Untersuchung durch die Kommission unterzogen. Dabei fasst die Kommission nach Anhörung beider Parteien auf einer internen Untersuchungssitzung unter Verwendung aller vorhandenen relevanten Informationen einen Beschluss der anschließend der Versamm-

---

[772] Evans, The Reporting Mechanism of the African Charter on Human and Peoples Rights, p. 53.
[773] Melander, Alfredsson, The Raul Wallenberg Compilation of Human Rights Instruments, S. 404 at sec.
[774] Benedek, Durchsetzung von Rechten des Menschen und der Völker in Afrika auf regionaler und nationaler Ebene, S. 164.
[775] Murray, Evidence and Fact-Finding by the African Commission, p. 101.
[776] Motala, Non-Governmental Organisations in the African System, p. 246 at sec.

lung der Staats- und Regierungschefs der AU vorgelegt, und nach seiner Annahme im Jahresbericht veröffentlicht wird[777].

Die Rechtsgrundlage für die Einbindung von NGOs in die Arbeit der Kommission ergibt sich indirekt aus dem Vertragstext der Banjul-Charta. In Art. 45 (1) lit. a der Charta wird die Kommission ermächtigt, die menschenrechtliche Situation durch Einbeziehung lokaler und nationaler Institutionen zu fördern. Art. 45 (1) lit. c der Charta erlaubt der Kommission darüber hinaus die Zusammenarbeit mit anderen afrikanischen und internationalen menschenrechtlichen Institutionen. Hieraus lässt sich nicht nur eine Ermächtigung zur Zusammenarbeit mit menschenrechtlichen Organisationen der Mitgliedstaaten, sondern auch mit ausländischen, international organisierten NGOs ableiten[778].

Darüber hinaus wird die Kommission in Art. 46 der Charta ermächtigt, sich jedes geeigneten Mittels bei der Erfüllung ihres Mandates zu bedienen. Durch diese weite Formulierung ist es der Kommission möglich, mit der Erledigung konkreter Aufgaben NGOs zu betrauen. In diesen Fällen ging es meist um die Frage der Vorgehensweise nach angezeigten Menschenrechtsverletzungen, da die Kommission häufig nicht über die Mittel verfügt, Missionen in die betroffenen Gebiete zu entsenden[779]. Durch die breite Ermächtigung in Art. 46 der Charta ist es der Kommission möglich, nicht nur Informationen von lokalen Behörden zu beziehen, sondern auch lokale oder internationale NGOs zur unabhängigen Informationssammlung einzusetzen und auf diese Weise auch stärkere Präsenz zu zeigen[780].

So wurden etwa im November 1999 die Organisationen *Amnesty International, Human Rights Watch* und *Interights* mit der Untersuchung von Menschenrechtsverletzungen während des Bürgerkrieges in Sierra Leone betraut[781].

Die auf der 18. Tagung der Kommission im Oktober 1995 in Praia angenommene Verfahrensordnung gibt der Kommission darüber hinaus in ihren Artikeln 75f die Möglichkeit, einen institutionalisierten Beobachter- oder Konsultationsstatus an NGOs zu vergeben[782], wodurch die Kommission ständig über einen gewissen Pool zur Zusammenarbeit bereiter NGOs informiert bleibt[783].

Die Möglichkeit der Statusvergabe stieß auf breite Resonanz. Beispielsweise wurde in den folgenden fünf Jahren der Beobachterstatus bis zur 28. Tagung der

---

[777] Murray, Evidence and Fact-Finding by the African Commission, p. 101.
[778] Motala, Non-Governmental Organisations in the African System, p. 246.
[779] Gutto, Human Rights for the Oppressed – Critical Essays on Theory and Practice from Sociology of Law Perspectives, p. 161.
[780] Ebendort, p. 158.
[781] Motala, Non-Governmental Organisations in the African System, p. 264.
[782] Abgedruckt in: Murray, Evans, Documents on the African Commission on Human and Peoples Rights, p. 21 at sec.
[783] Benedek, Durchsetzung von Rechten des Menschen und der Völker in Afrika auf regionaler und nationaler Ebene, S. 154f.

Kommission an insgesamt 247 NGOs verliehen. Dabei spielte es bei der Statusvergabe keine Rolle, ob die jeweiligen Organisationen durch ihren Heimatstaat anerkannt wurden oder ob sie über einen Hauptsitz in einem Vertragsstaat der OAU verfügten. Vergabekriterien waren Belege über die menschenrechtlichen Aktivitäten der Organisationen sowie die künftige Bereitschaft zur Vorlage eines zweijährigen Tätigkeitsberichts[784]. Eine solche Statusvergabe erfolgte auch an zahlreiche ausländische NGOs, die trotz ihrer geringeren Anzahl aufgrund ihrer größeren wirtschaftlichen Möglichkeiten und internationalen Organisation besonders starken Einfluss auf die Arbeit der Kommission ausüben[785].

Über das Recht zur beratenden Teilnahme an öffentlichen Sitzungen hinaus wird NGOs das Recht eingeräumt, bei Sitzungen der Kommission bestimmte Punkte auf die Tagesordnung zu setzen[786]. Darüber hinaus wurden die ohnehin sehr engen Beziehungen zwischen der Kommission und NGOs 1996 noch durch ein institutionalisiertes Kommunikationsnetzwerk erweitert[787].

Durch diese besonders enge Form der Zusammenarbeit kann einigen grundsätzlichen Problemen der Kommission begegnet werden. So ist die Lage der Kommission durch einen permanenten Mangel an finanziellen Mitteln und nur sehr geringe staatliche Resonanz geprägt[788]. Daher ist es der Kommission von sich aus weder möglich, die notwendige allgemeine Präsenz zu zeigen, noch ihren Aufgaben bei der Informationssammlung und Kontrolle der menschenrechtlichen Situationen nachzukommen. Auch die vielfach kaum vorhandene Präsenz der Staaten im menschenrechtlichen Bereich trug in einigen afrikanischen Regionen dazu bei, nach alternativen Organisationsformen zur Bewältigung der Bedarfslage zu suchen[789]. So wurde etwa die promotionelle Betreuung der afrikanischen Staaten von NGOs unter sich aufgeteilt, was im regionalen Menschenrechtsschutz eine Besonderheit darstellt[790].

Allerdings sind auch die zur Mitarbeit aufgerufenen afrikanischen NGOs und CBOs häufig mit vergleichbaren Problemen konfrontiert[791]. Dies zeigt sich an einer geringen Präsenz, vor allem nicht lokaler NGOs, bei den Sitzungen und in-

---

784 Motala, Non-Governmental Organisations in the African System, p. 248, 250.
785 Gutto, Human Rights fort he Oppressed, p. 158 at sec.
786 Benedek, Durchsetzung von Rechten des Menschen und der Völker in Afrika auf regionaler und nationaler Ebene, S. 155.
787 Review of the African Commission on Human and Peoples Rights, 1996/97, 224, abgedruckt in: Murray, Evans, Documents on the African Commission on Human and Peoples Rights, p. 579 at sec.
788 Gutto, ICJ Workshops on NGO Participation in the African Commission on Human and Peoples Rights – A Critical Evaluation, p. 8.
789 Nyang'oro, Development, Democracy and NGOs in Afrika, p. 282.
790 Benedek, Durchsetzung von Rechten des Menschen und der Völker in Afrika auf regionaler und nationaler Ebene, S. 155.
791 Gutto, ICJ Workshops on NGO Participation in the African Commission on Human and Peoples Rights – A Critical Evaluation, p. 32.

formellen Treffen der Kommission, da es diesen häufig an den finanziellen Mitteln zur Anreise oder Teilnahme fehlt. So konnten beispielsweise am informellen Treffen im März 1991 in Lagos nur zwei nicht-nigerianische NGOs Präsenz zeigen[792]. Aus diesem Grund erklärte die Kommission in der Rechtspraxis grundsätzlich eine Vertretung durch in größerem Maßstab organisierte NGOs für zulässig, auch wenn diese die vorgelegten Fälle ursprünglich nicht selbst einbrachten[793].

Zur Unterstützung und Verstärkung der Beteiligung afrikanischer NGOs veranstaltet die ICJ vor den jeweiligen Tagungen der Kommission mehrtägige NGO-Workshops, bei denen NGOs unter Teilnahme interessierte Kommissionsmitglieder und des Sekretariats in die Arbeitsweise und die Verfahren vor der Kommission eingeführt werden[794].

Im Bereich der Kommission lassen sich deutlich Auswirkungen der einsetzenden Globalisierung menschenrechtlicher Vorstellungen in Afrika erkennen. Hierfür spricht nicht nur die Implementierung internationaler Rechtsstandards in Abs. 6 der Präambel. Auch die bereits erwähnte Verpflichtung zur Kooperation mit internationalen Institutionen nach Art. 45 (1) lit c der Charta lässt vor dem Hintergrund der direkten Implementierung anderer internationaler Menschenrechtskonventionen in Art 18 (3) der Charter auf eine breite Orientierung an internationalen Standards schließen. Dies zeigt sich auch an den Statusvergabemöglichkeiten an internationale und ausländische NGOs sowie an deren operativen Einbindungen, wodurch ein breiter Raum für internationalen Einfluss geschaffen wurde. Weitere Anzeichen für den einsetzenden menschenrechtlichen Globalisierungsprozess in Afrika sind die enge Zusammenarbeit der Kommission mit NGOs und die Rolle, die zivilgesellschaftliche Akteure bei der Gestaltung des gesamten afrikanischen Menschenrechtsschutzes eingenommen haben.

Trotz ihrer Schwächen war die Afrikanische Menschenrechtskommission lange das einzige effektiv eingerichtete Organ zum Schutz der Menschenrechte im Rahmen der OAU und später der AU. Gründe für die Schwächen der Kommission liegen einerseits darin, dass viele der verhältnismäßig jungen afrikanischen Staaten der Verpflichtung, sich einem supranationalen Organ unterzuordnen, eher skeptisch gegenüberstehen[795]. Ein weiterer Grund kann darin gesehen werden, dass das afrikanische Konfliktbeilegungssystem mangels eines Gerichtshofs lange überwiegend auf Verhandlungen beruhte und daher eher mediatonsorientiert ausgerichtet war.

---

[792] Ebd., p. 32.

[793] Murray, Evidence and Fact-Finding by the African Commission, p. 105.

[794] Benedek, Durchsetzung von Rechten des Menschen und der Völker in Afrika auf regionaler und nationaler Ebene, S. 154.

[795] Naldi, Future Trends in Human Rights in Africa: The Increased Role of the OAU?, p. 12.

d) NGO-Einbindung nach dem Statut des Afrikanischen Gerichtshofs für Menschenrechte

Aus den Erfahrungen anderer regionaler Menschenrechtsschutzsysteme zeigt sich, dass ein effektiver Menschenrechtsschutz ohne gerichtsförmige Instanz nicht gewährleistet werden kann. Im afrikanischen Menschenrechtsschutzsystem wird dies durch die geringen praktischen Durchsetzungsmöglichkeiten der Kommission deutlich, deren Berichte und Stellungnahmen keine verbindlichen Rechtswirkungen gegenüber Staaten entfalten können[796]. Ein Zusatzprotokoll zur Banjul-Charta aus dem Jahr 1998 sieht daher als weiteren Schritt im afrikanischen Menschenrechtsschutz die Schaffung eines Afrikanischen Gerichtshofs für Menschenrechte vor, der die Kommission bei der Durchsetzung der im Rahmen der Banjul-Charta gewährleisteten Menschenrechte unterstützen wird[797].

Im Vorfeld des Protokollentwurfs koordinierte die ICJ in Zusammenarbeit mit dem Generalsekretär der OAU und der Afrikanischen Menschenrechtskommission ein unabhängiges nichtstaatliches Expertentreffen in Kapstadt. Das dort entworfene Statut wurde einer in der Folge einberufenen Konferenz von Regierungsvertretern als Vertragsvorlage übermittelt und später auch in weiten Teilen angenommen[798].

Nach dem Protokoll wird sich die Kompetenz des Gerichtshofs sowohl auf Entscheidungen über Staatenbeschwerden als auch, sofern der betroffene Staat eine Anerkenntniserklärung unterzeichnet hat, auf Individualbeschwerden erstrecken[799]. Durch den Gerichtshof wird das institutionelle System des afrikanischen Menschenrechtsschutzes um ein unabhängiges Justizorgan erweitert. Vorschlägen zur Einrichtung eines Afrikanischen Gerichtshofs für Menschenrechte wurde zwar bereits auf der 34. Sitzung der Staats und Regierungschefs der OAU am 10. Juni durch die Annahme eines Statuts nachgekommen, das Statut trat jedoch erst am 25. Januar 2004 nachdem die Unterstützung der einflussreichen afrikanischen Staaten Algerien, Libyen und Süd-Afrika vorlag und mit den Komoren der 15. afrikanische Staat unterzeichnet hatte in kraft[800]. Bis zur Wahl der ersten Richter am 7. Juli 2006 auf dem AU-Gipfeltreffen in Addis Abeba sollten abermals über zwei Jahre vergehen[801].

Vorlageberechtigt gegenüber dem Gerichtshof sind neben den Mitgliedstaaten, die afrikanische Kommission für Menschenrechte sowie im Falle einer Indi-

---

[796] Benedek, Durchsetzung von Rechten des Menschen und der Völker in Afrika auf regionaler und nationaler Ebene, S. 170.

[797] Harrington, The African Court on Human and Peoples Rights, p. 305.

[798] Harrington, The African Court on Human and Peoples Rights, p. 308f.

[799] Statut des Afrikanischen Gerichtshofs für Menschenrechte, veröffentlicht in: ZAöRV 58 (1998), S.727ff.

[800] Stein, von Buttlar, Völkerrecht, Rz 1096.

[801] Odinkalu, Ein Menschenrechtsgerichtshof für Afrika, in: http://www.project-syndicate.org/commentary/odinkalu1/German, vom 28.08.2006.

vidualbeschwerde auch Einzelpersonen und sonstige rechtlich anerkannte Organisationen[802]. Die Parteistellung vor dem Afrikanischen Gerichtshof für Menschenrechte ist nicht an die Opfereigenschaft gebunden. Parteieigenschaft gegenüber dem Gerichtshof können daher neben den Mitgliedstaaten, die afrikanische Kommission für Menschenrechte sowie im Falle einer Individualbeschwerde auch Einzelpersonen und NGOs mit Beobachterstatus vor der Kommission erlangen, soweit die beteiligten Staaten eine diesbezügliche Anerkenntniserklärung abgegeben haben[803].

Bemerkenswert ist in diesem Zusammenhang besonders die Stellung, die NGOs dadurch gegenüber dem Gerichtshof einnehmen können. So werden NGOs gegenüber dem Gerichtshof wichtige Verfahrensrechte zugestanden. Sie können Stellungnahmen der Kommission beantragen und Individualbeschwerden direkt an den Gerichtshof richten, ohne von der Sache selbst direkt betroffen zu sein[804]. Damit nehmen NGOs trotz der Relativierung ihrer Position in Art. 34 (6) des Protokolls gegenüber dem Afrikanischen Gerichtshof für Menschenrechte eine stärkere Position ein als etwa vor dem EuGHMR, vor dem nur unmittelbar betroffene Einzelpersonen oder Organisationen aufgrund einer Individualbeschwerde Parteirechte erlangen können[805].

Die Position der NGOs entstand je zum Teil aus dem großen Einfluss, den einzelne Organisationen bei der Gestaltung des Gerichtshofs ausgeübt haben, aus den durch die Arbeit der Kommission gesammelten Erfahrungen und, ähnlich wie im Fall der Kommission auch aus der Notwendigkeit, die sich aus der lokalen Situation in Afrika ergibt[806]. Zu erwähnen ist in diesem Zusammenhang besonders die im März 2004 gegründete *„Coalition for an Effective African Court on Human and Peoples' Rights"*, die einen organisierten NGO-Zusammenschluss zur Mitarbeit bei der Gestaltung des Gerichtshofs gebildet hat[807]. Fraglich ist allerdings, ob die starke Position, die NGOs derzeit vor dem Gerichtshof einnehmen auch erhalten bleibt. Zwar wurden die ersten 11 Richter des Gerichtshofs im Januar 2006 gewählt, und erst im Juli 2006 angelobt, jedoch sind bereits Reformpläne für den Gerichtshof entstanden[808].

Neben wagen Reformplänen die die Einführung eines Vorverfahrens vor der Kommission nach amerikanischem Vorbild anstreben, wird auf lange Sicht vor allem eine Fusionierung des *„African Court of Justice"* mit dem Afrikanischen Gerichtshof für Menschenrechte angestrebt, über die seit Mai 2006 ein Vertrags-

[802] Krisch, The Establischment of an African Court on Human and Peoples Rights, p. 720ff.
[803] Art. 5 (3) iVm 34 (6) des Zusatzprotokolls über die Errichtung des afrikanischen Gerichtshofs für Menschenrechte.
[804] Krisch, The Establischment of an African Court on Human and Peoples Rights, p. 724.
[805] Umozurike, The African Charter on Humans and Peoples Rights, 123ff.
[806] Harrington, The African Court on Human and Peoples Rights, p. 305.
[807] Siehe hierzu: http://www.africancourtcoalition.org, 26.7.2006.
[808] http://www.humanrights.ch/cms/front_content.php?idcat=71, vom 24.7.2006.

entwurf erarbeitet wird[809]. Neben den verfahrensökonomischen Vorteilen würden hieraus jedoch auch Probleme entstehen. So ist der allgemeine Afrikanische Gerichtshof nach Art. 5 der AU-Satzung ein vertragsmäßiges Organ der AU, während der Gerichtshof für Menschenrechte nach Art. 1 des Zusatzprotokolls lediglich eine Institution im Rahmen der AU darstellt, deren Zuständigkeit eine spezielle Ratifikation durch die Mitgliedstaaten voraussetzt[810]. Eine Fusionierung hätte daher zwar einen formell größeren Zuständigkeitskreis des Gerichtshofs für Menschenrechte zum Ergebnis, brächte aber auch die Gefahr mit sich, die Effektivität der Handlungsmöglichkeiten der AU noch weiter einzuschränken. Schließlich kann die Bereitschaft der in den Gremien der AU gegebenenfalls überstimmten Staaten, sich im Sinne der Anerkennung des Gerichtshofs durch die AU auch faktisch zu verhalten, angezweifelt werden. Ein weiteres Problem ergibt sich aus der in Art. 34 (6) des Zusatzprotokolls enthaltenen Zugangsberechtigung für NGOs, die vor dem allgemeinen Gerichtshof nicht vorgesehen ist.

Aus diesem Grund stehen viele NGOs einer Fusion beider Gerichte eher kritisch gegenüber. Schließlich würde eine neue Definition des Status und der Verfahrensmodalitäten eines neuen Gerichtshofs auch ein neues Protokoll Form eines Abkommens erfordern, dass erst in einem langwierigen Prozess erneut ratifiziert werden müsste. Die Arbeit die von staatlicher und zivilgesellschaftlicher Seite in die Gestaltung eines Gerichtshofs für Menschenrechte investiert wurde, wäre damit hinfällig. Daher wurde das vorgeblich verfahrensökonomisch begründete Fusionsbestreben, für das sich vor allem der nigerianische Präsident Olusegun Obasanjo als amtierender Vorsitzender der afrikanischen Union einsetzte, von NGO-Vertretern auf dem *„African Human Rights Summit"* am 11.1.2005 in Dakar als ein Bestreben kritisiert, dessen Ziel es sei, den afrikanischen Menschenrechtsschutz zwar offiziell ein Schritt nach vorne, aber faktisch zwei Schritte zurück zu führen[811].

Daraus ergibt sich, dass der afrikanische Menschenrechtsschutz von staatlicher Seite nicht nur schnell auf finanzielle, sondern auch auf politische und infrastrukturelle Grenzen stößt. In vielen afrikanischen Staaten ist ein effektiver Rechtsschutz von staatlicher Seite daher nicht gegeben. Aus diesem Grund soll durch die zugestandene Handlungskompetenz von NGOs der Versuch unternommen werden, wenigstens ein Minimum des Menschenrechtsschutzsystems auch faktisch zu ge-

---

[809] African Union, PRC-Exp/Legal 1 Original: English, Meeting on the PRC and Legal Experts on Legal Matters, 16.-19.May 2006, Addis Ababa, Ethiopia – Draft Agenda

[810] The Coalition for an Effective African Court on Human & Peoples' Rights, Legal and Institutional Issues Arising from the Decision by the Assembly of Heads of State & Government of the African Union to Integrate the African Court on Human and Peoples' Rights and the Court of Justice of the African Union, p. 6ff.

[811] http://www.justiceinitiative.org/db/resource2?res_id=102467, 27.7.2006.

währleisten[812]. Ob der Gerichtshof allerdings auf lange Sicht tatsächlich Erfolg haben wird bleibt vor dem Hintergrund der allgemeinen Situation in Afrika abzuwarten.

III. Zivilgesellschaftliche Einflussnahme über die öffentliche Meinung

1. „lobbying"

Zur Verwirklichung der Ziele der Menschenrechtspolitik können unterschiedliche Mittel angewendet werden. Möglich sind etwa die Förderung einer Kultur der Menschenrechte in der Gesellschaft oder eine Menschenrechtserziehung für bestimmte Alters- oder Berufsgruppen[813]. Die Hauptressource über die NGOs dabei verfügen, stellt ihre gesellschaftliche Akzeptanz dar. Diese beruht auf Sachkompetenz, unbürokratischen und kosteneffizienten Vorgehensmöglichkeiten sowie einem hohen moralischen Engagement. Auf dieser gesellschaftlichen Akzeptanz baut sich auch die Lobby der NGOs auf. Eine durch diese Lobby ermöglichte Mobilisierung der Öffentlichkeit kann gleichzeitig als erster Schritt zur Durchsetzung ihrer Interessen gesehen werden[814].

Auch ohne eine direkte Beteiligung an öffentlichen Institutionen verfügen zivilgesellschaftliche Organisationen über ihren Einfluss auf die öffentliche Meinung, über eine Art „soft powers" bei der Beeinflussung öffentlicher Prozesse[815]. In vielen Fällen sind öffentliches Anprangern und öffentliche Verurteilung von Menschenrechtsverletzungen ein legitimes, notwendiges und wirksames Mittel der Menschenrechtspolitik. Deswegen sehen auch einige Menschenrechtsverträge sowie deren Rechtsinstrumente Publizität ausdrücklich vor[816].

Die Europäische Konvention zur Verhütung der Folter beispielsweise sieht den Gang an die Öffentlichkeit auch ohne Zustimmung des betroffenen Staates als Sanktion vor, sobald ein Staat sich weigert, mit dem Konventionskomitee zusammenzuarbeiten, oder dessen Empfehlungen nachzukommen. Auch der Europäische Gerichtshof für Menschenrechte erlässt seine Urteile öffentlich. NGOs können in solchen Fällen über die Medien mitunter dazu beitragen, die Menschenrechtsverletzungen in der Gesellschaft auch wirklich bekannt zu machen[817]. Da die Vertragsstaaten sich zur Umsetzung der Konventionen und Urteile verpflichtet

---

[812] Benedek, Durchsetzung von Rechten des Menschen und der Völker in Afrika auf regionaler und nationaler Ebene, S.167ff.
[813] Leuprecht, Menschenrechte zwischen Öffentlichkeitsarbeit und stiller Diplomatie, S. 62.
[814] Hummer, in: Internationale nichtstaatliche Organisationen im Zeitalter der Globalisierung, S. 52f.
[815] Benedek, The Emerging Global Civil Society: Achievements and Prospects, p.1.
[816] Leuprecht, Menschenrechte zwischen Öffentlichkeitsarbeit und stiller Diplomatie, S. 64.
[817] Bayefsky, The UN Human Rights Treaty System in the 21st Century, p. 192.

haben, fällt es ihnen durch den so entstehenden Druck der Öffentlichkeit schwerer, ihre Durchsetzung zu ignorieren[818].

Besonders erfolgreich ist die Arbeit von NGOs auf dem eingeschränkten Sektor der groben Verletzungen bürgerlicher und politischer Rechte. Eine andere mögliche Form der nichtstaatlichen Öffentlichkeitsarbeit besteht daher in der Beobachtung der menschenrechtlichen Situation in den jeweiligen Gebieten der einzelnen NGOs[819]. Mit der späteren Veröffentlichung von Menschenrechtsverletzungen wird die Einhaltung der Menschenrechte angemahnt und ein innen- wie außenpolitischer Druck auf die betreffende Regierung ausgeübt. Ein solches Vorgehen wird als *„blaming and shaming"*-Strategie bezeichnet und ist meist eine Folge von im Rahmen des *„NGO-monitoring"* aufgedeckten Missständen.

Durch diese NGO-Positionen wird ein wichtiger Grundsatz des klassischen Völkerrechts, der Nichteinmischungsgrundsatz, verwischt[820]. Allerdings läuft die Entwicklung im modernen Völkerrecht ohnehin in eine Richtung in der, vor allem im Rahmen der Vereinten Nationen, Durchbrechungen dieses Grundsatzes zum Schutz der Menschenrechte anerkannt werden.

Auch in der UN-Charta wird der in Art. 2 Z. 4 enthaltene Grundsatz der Nichteinmischung durch Art. 2 Z. 7 bereits eingeschränkt. Die Vereinten Nationen sind gem. Art. 1 Z.3 i. V. m. Art. 50 c SVN einerseits verpflichtet sich für die allgemeine Wahrung der Menschenrechte einzusetzen. Andererseits definiert die Allgemeine Erklärung der Menschenrechte den Begriff der Menschenrechte auch sehr weit. Infolgedessen bleibt nur noch wenig Raum übrig, der nach Art. 2 Z. 7 SVN zu den „inneren Angelegenheiten" zu zählen ist[821]. Demnach besteht sogar ein Recht auf Einmischung, das unter bestimmten Umständen sogar als menschenrechtliche Pflicht gesehen werden kann.

Was durch die in der UN-Charta enthaltene Einschränkung des Nichteinmischungsgrundsatzes auf der traditionellen staatlichen Ebene bereits geschehen ist, wird durch neue Völkerrechtsakteure wie NGOs auch auf der zivilen Ebene praktiziert. Durch eine grenzübergreifende Organisation der Zivilgesellschaft verschmelzen nicht nur die zivilen Ebenen der einzelnen Staaten miteinander, es werden auch die Grenzen zwischen der politischen und der zivilen Ebene im innerstaatlichen Bereich näher aneinander herangeführt. Im Fall der Annahme einer Pflicht- beziehungsweise eines Rechtes auf Einmischung hätte das zur Folge, dass sich nicht nur Staaten oder Staatenorganisationen, sondern auch NGOs verpflichtet fühlen können[822].

---

818 Leuprecht, Menschenrechte zwischen Öffentlichkeitsarbeit und stiller Diplomatie, S 63f.
819 Bretherton, Allgemeine Menschenrechte – der menschliche Faktor in der Weltpolitik?, S. 284.
820 Leuprecht, Menschenrechtspolitik zwischen Öffentlichkeitsarbeit und stiller Diplomatie, S. 61.
821 Seidl-Hohenveldern/ Stein, Völkerrecht, Rz. 448.
822 Leuprecht, Menschenrechtspolitik zwischen Öffentlichkeitsarbeit und stiller Diplomatie, S. 62.

2. Der Einfluss der juristischen Lehrmeinung auf internationale Wertvorstellungen

Während in der Vergangenheit ausschließlich positives innerstaatliches Recht den tatsächlichen Rechtsbestand garantieren konnte, stehen wir mit der Globalisierung nun einer Entwicklung gegenüber, die dem Einzelnen nicht nur eine anerkannte internationale Rechtspersönlichkeit sondern auch international gewährleistete Rechte zu verschaffen versucht[823]. Hierbei stellt sich die Problematik, internationale Wertvorstellungen weitestgehend losgelöst von staatlichen Einflüssen zu gestalten, damit die Dominanz weniger führender Nationen bei der Gestaltung transnationaler Wertvorstellungen eingeschränkt werden kann[824].

Aus diesen Gedanken heraus entstand die Idee, ein internationales öffentliches Recht zu schaffen. Hierbei sollen Menschenrechte, soweit sie der Staatengemeinschaft schützenswert erscheinen, eine zentrale Stellung einnehmen. Neben der formalen Anerkennung der Rechtslehre verschiedener Nationen als subsidiäre Grundlage für die Gestaltung rechtlicher Regeln, wie es etwa in Art. 38 Abs. 1(d) des ICC-Statuts manifestiert wurde, konnte die allgemeine Rechtslehre in der globalisierten Gesellschaft auch einen bedeutenden Einfluss auf die Idee und Gestaltung der derzeitigen transnationalen Vorstellungen von öffentlichem Recht entwickeln[825].

Dabei werden staatliche Verpflichtungen grundsätzlich in Verpflichtungen gegenüber der Staatengemeinschaft als Ganzes sowie in Verpflichtungen gegenüber einzelnen Staaten getrennt. Bezüglich der Menschenrechte entstehen daraus wichtige Konsequenzen. Da zwischen den rechtlichen Interessen eines Staates gegenüber einem anderen Staat und Interessen, die so tiefgreifend sind, dass sie die gesamte Staatengemeinschaft betreffen, unterschieden wird, ergibt sich für andere Staaten nun ein Anspruch, diese Interessen auch durchzusetzen. Auf diese Weise fand die Idee eines internationalen Modells der öffentlichen Ordnung Einzug in das Völkerrecht[826].

Parallel dazu wurden im Auftrag der Vereinten Nationen einige zentrale Normen, die Allgemeingültigkeit entfalten sollten, von der International Law Commission, einem aus unabhängigen Juristen bestehenden Organ der UN-Generalversammlung, erarbeitet[827]. Das entstandene Konzept, das nachträglich von zahlreichen Regierungen anerkannt wurde, wurde mit der Wiener Vertragskonvention begründet. Dort heißt es im letzten Satz der Präambel, dass zwischen den einzel-

---

[823] Zippelius, Allgem. Staatslehre, §10 III.
[824] Andreopoulos, Claude, Human Rights Education for the 21st Century, p.99.
[825] Heintze, Menschenrechte durchsetzen, S. 4.
[826] Bianchi, Globalisation of Human Rights: The Role of Non-State Actors, p.183.
[827] Resolution 177 (II) der Vereinten Nationen.

nen Staaten vertraglich nicht geregelte Dinge durch Völkergewohnheitsrecht, dass immer ein unumstrittener zentraler Bestandteil des Völkerrechts war, geregelt werden sollten[828].

Trotz großer Differenzen bei den Vorstellungen der einzelnen Staaten, welche konkreten Rechte die Menschenrechte im Einzelnen beinhalten sollten, kamen im zivilgesellschaftlichen Bereich die unterschiedlichen Rechtsschulen untereinander überein, dass die Achtung der fundamentalen Menschenrechte in das Völkergewohnheitsrecht übernommen werden sollte. Dadurch bekamen sie auch den Status eines per Anspruch durchsetzbaren Rechtes, was auf lange Sicht großen Einfluss auf die Staatenpraxis hatte[829]. Schließlich leitete die International Law Commission noch eine Ausarbeitung internationaler Verbrechen, die später ebenfalls als Völkergewohnheitsrecht anerkannt wurden, aus der Vorstellung international allgemein gültiger Menschenrechte ab[830].

Die Anerkenntnis solcher Vorstellungen als Verpflichtungen gegenüber der Staatengemeinschaft, als Völkergewohnheitsrecht oder als Tatbestände internationaler Verbrechen kennzeichnet den Beginn einer neuen Weltordnung mit globalisierten Rechtsvorstellungen, die der internationalen Gemeinschaft als Ganzem bestimmte Werte zugrunde legt[831].

Im Bereich der Menschenrechte übt also die juristische Lehrmeinung einen wesentlich größeren Einfluss aus, als es zunächst scheinen mag. So sind etwa nationale Gerichte häufig mit der Staatenpraxis nicht vertraut und greifen daher bei ihrer Entscheidungsfindung auf die Lehre zurück. Die juristische Lehrmeinung findet dabei vor allem auch deswegen eine so gute Annahme, weil sie in den letzten Jahren durch zahlreiche transnationale soziale Prozesse im Rahmen der Globalisierung eine immer stärkere internationale Prägung erhalten hat[832].

Das zunehmende Interesse der Weltöffentlichkeit an den Menschenrechten wird zum großen Teil von den Medien geweckt, und von dem Versuch der juristischen Lehre begleitet, einheitliche internationale Menschenrechtsstandards zu gestalten. Diese unter-schiedlichen Vorgänge können nur schwer getrennt voneinander betrachtet werden. Obwohl ihr Zusammenwirken nicht immer augenscheinlich ist, gehen die Entwicklungen in beiden Bereichen dennoch miteinander einher. Eine rechtliche Diskussion, die über die Medien Zugang zur Öffentlichkeit findet, kann auf diese Weise durchaus Einfluss auf politische Stellungnahmen entwickeln[833].So kommt es durch den Globalisierungsprozess auch zu einer Globalisie-

---

828 Wiener Übereinkommen über das Recht der Verträge, vom 23. Mai 1969, Präambel, letzter Absatz; abgedruckt in Sartorius II, 320.
829 Bianchi, Globalisation of Human Rights: The Role of Non-State Actors, p.184.
830 Becker, der Tatbestand des Verbrechens gegen die Menschlichkeit , S. 41.
831 Bianchi, Globalisation of Human Rights: The Role of Non-State Actors, p.184.
832 Ebd., p.184f.
833 Wallace, International Human Rights, p.119.

rung rechtlicher Vorstellungen, die letztlich über den Einfluss der Zivilgesellschaft auch internationale Auswirkungen entfaltet.

IV. NGO-Einflussnahme auf die internationale Rechtslage

1. „Trend-setting"

NGOs konzentrieren ihre Arbeit entsprechend ihrer Struktur und Organisation immer auf einen begrenzten Themenbereich. Häufig erstrecken sich ihre Aktivitäten nur auf den lokalen oder regionalen Bereich. Folglich vertreten sie daher Einzel- oder Gruppeninteressen und können nicht die Universalität beanspruchen, die für eine Teilhabe am Prozess der internationalen Normsetzung erforderlich ist[834]. Die einzige Organisation, die einem universellen oder quasi-universellen Anspruch genügen kann, sind die Vereinten Nationen, denen derzeit 191 Staaten angehören[835].

Dennoch können NGOs im Rahmen ihrer Möglichkeiten, vor allem vor den Vereinten Nationen, wichtige Beiträge zur internationalen Normsetzung leisten, wenn sie beispielsweise rechtliche Fragen aufgreifen und weiterverfolgen. In solchen Fällen arbeiten NGOs oft mit ad hoc- Zusammenschlüssen von Organisationen, deren Schwerpunkt nicht notwendigerweise direkt im menschenrechtlichen Bereich liegt. Das Agieren auf der UN- Ebene geht dann meist mit Kampagnen in der Öffentlichkeit und einer Mobilisierung der Basis einher. Auf diese Weise kann eine Verbindung zwischen der Staatengemeinschaft und lokalen oder regionalen Gruppierungen geschaffen und eine Kommunikation ins Leben gerufen werden, die es ermöglicht, die Arbeit der Vereinten Nationen auf konkrete Probleme zu konzentrieren[836].

Besonders erwähnenswert scheint in diesem Zusammenhang auch der Einsatz von Amnesty International in den siebziger Jahren des letzten Jahrhunderts für die Entwicklung rechtlicher Standards bei der internationalen Folterprävention[837]. Amnesty International ist heute die größte menschenrechtlich orientierte NGO. Amnesty International wurde 1961, ausgelöst durch einen Leserbrief an den „Observer", begründet, und ist heute weltweit von Privatpersonen organisiert. Die Organisation selbst finanziert sich durch Beiträge und Spendengelder, von denen ein großer Teil für Kampagnen in der Öffentlichkeit verwendet wird. Das Hauptanliegen der Organisation sind Menschenrechtsverletzungen von staatlicher Seite,

---

[834] Bretherton, Allgemeine Menschenrechte – der „ menschliche Faktor" in der Weltpolitik?, S. 284.
[835] http://www.un.org/overview/unmember.html, 20.04.2005.
[836] Bretherton, Allgemeine Menschenrechte – der „menschliche Faktor" in der Weltpolitik?, S. 284.
[837] Bianchi, Globalisation of Human Rights: The Role of Non-State Actors, p. 190.

auf die die Mitglieder Einfluss zu nehmen versuchen, indem sie beispielsweise UN-Menschenrechts Verfahren in Gang setzen[838].

Amnesty International startete Anfang der siebziger Jahren eine weltweite Kampagne deren Ziel es war, eine breite Zustimmung für die Qualifikation der Folter als internationales Verbrechen zu finden. Dabei wies Amnesty International auch auf die Notwendigkeit einer Stärkung der Durchsetzbarkeit internationalen Rechts hin. Amnesty International lenkte weltweite Aufmerksamkeit auf einzelne Foltervorfälle und übte auf diese Weise Druck auf die betreffenden Regierungen aus[839]. Diese verloren dadurch nicht nur an internationalem Prestige sondern auch an öffentlichem Ansehen im eigenen Land und wurden auf diese Weise erheblich geschwächt. So führte beispielsweise die über die CAT angefachte Diskussion über die Behandlung politischer Gefangener in nordirischen Gefängnissen zu einer dokumentierten Verbesserung der Haftbedingungen[840].

2. *„agenda setting"*

Erstmals rief der Bericht der *„World Commission on Environment"*, der so genannten *„Brundtland-Kommission"*, der sich unter dem Thema *„Our Common Future"* mit Bereich des Umweltrechts beschäftigte, die Vereinten Nationen dazu auf, NGOs verstärkt in die internen Rechtsgestaltungsprozesse einzubinden. Diese Forderung wurde später als Prinzip 10 der Rio-Deklaration und in den Kapiteln 23ff der Agenda 21, die auf der *„United Nations Conference on Environment and Develeopment"*, UNCED, verabschiedet wurde, übernommen. In der Folge erlebte die NGO-Beteiligung bei den Vereinten Nationen einen sprunghaften Anstieg.
Bei der Ausarbeitung des Übereinkommens über die Rechte des Kindes waren NGOs führend beteiligt. Dabei wurde auf Initiative einzelner NGOs die sich als Kinderschutzorganisationen engagierten, zunächst eine informelle Arbeitsgemeinschaft gegründet, die 30 internationale NGOs und kirchliche Organisationen umfasste. Die Arbeitsgruppe organisierte informelle Treffen in Genf, zu denen Regierungsvertreter aus den UN-Delegationen eingeladen wurden.

In diesem Rahmen wurde eine Zusammenarbeit mit UNICEF initiiert, die letztlich zur Gestaltung der UN-Kinderschutzkonvention führte. Der große Einfluss, den NGOs im Rahmen der informellen Treffen bei der Vertragsgestaltung ausübten, spiegelt sich auch deutlich in den in Art. 42ff CRC enthaltenen Durchführungsbestimmungen wieder, wobei erstmals in einem *„Human Rights Treaty Body"* eine kodifizierte Zusammenarbeit zwischen den Vereinten Nationen und NGOs vorgesehen wurde.

---

838 Bretherton, Allgemeine Menschenrechte – der „menschliche Faktor" in der Weltpolitik?, S. 285.
839 Thomas Claudius/Franz Stepan, Amnesty international - Portrait einer Organisation, S. 167ff
840 Bayewsky, The UN Human Rights Treaty System the 21st Century, p. 187.

Bei der Beeinflussung der internationalen Rechtslage sind NGOs jedoch nicht ausschließlich auf eine direkte Beteiligung an internationalen Prozessen angewiesen. Entscheidend ist für die betreffenden Organisationen nicht ihre formelle Einbindung, etwa durch Statusvergabe, sondern ihr tatsächlicher Einfluss auf alle möglichen Faktoren, die den Rechtssetzungsprozess prägen[841]. So beeinflussen zahlreiche NGOs internationale Prozesse über so genannte *„soft powers"*, wie etwa die öffentliche Meinung, oder im Rahmen der *„UN-Human Rights treaty Bodies"* über bloße Weitergabe von Informationen.

Auch die explizite Aufnahme des Vergewaltigungstatbestandes in die Liste der international anerkannten Verbrechen kann als Beispiel für eine erfolgreiche Mitgestaltung der internationalen Rechtslage durch NGOs gesehen werden. In diesem Fall trugen speziell die Interpretation kriegsrechtlicher Tatbestände in der allgemeinen Rechtslehre und das Engagement des Roten Kreuzes zur Qualifikation des Vergewaltigungstatbestandes als internationales Verbrechen bei[842]. In weiterer Folge wurde der Vergewaltigungstatbestand wiederholt durch das internationale Strafrecht, etwa im Rahmen der Militärtribunale in Ex-Jugoslawien und Ruanda aufgegriffen, und fand seine Kodifikation letztlich in Art. 7 des ICC-Statuts.

V. Ausgleich von Unterrepräsentationen

In modernen Demokratien wird die Repräsentation der unterschiedlichen gesellschaftlichen Interessen meist nach der Formel *„one man, one vote"* abgehandelt. Dies bedeutet allerdings nicht automatisch, dass die vorhandenen Interessen auch alle im gleichen Verhältnis repräsentiert werden. Oft können einzelne Gruppen über-proportionalen Einfluss, etwa über einen besseren Zugang zu öffentlichen Medien, ausüben. Zum anderen haben auch oft einzelne Individuen mehrere Interessenbereiche, unter denen sie bei ihrer Wahl Prioritäten setzen müssen. So entstehen durch Faktoren wie einen unterschiedlichen Zugang zu Informationen, das Einkommen und den gesellschaftlichen Status des Einzelnen, trotz der formellen Gleichheit der Wahl Ungleichheiten bei der Repräsentation der Interessen[843].

In diesem Zusammenhang haben NGOs eine wichtige demokratische Ausgleichsfunktion. Durch sie bietet sich die Möglichkeit auch unterrepräsentierte Interessen zu kanalisieren und die Arbeit der einzelnen politischen Strömungen transparenter und damit nachvollziehbarer zu gestalten[844]. Besonderes Gewicht erlangt diese NGO-Funktion auf der internationalen Ebene, wo eine einheitliche demokratische Interessenrepräsentation durch die politische Struktur vieler Nationalstaaten behindert wird. Voraussetzung für eine einheitliche demokratische

---

[841] Benedek, The Emerging Global Civil Society: Achievements and Prospects, p. 4.
[842] Bianchi, Globalisation of Human Rights: The Role of Non-State Actors, p. 201.
[843] Dahl, A Preference to Economic Democracy, p. 55.
[844] Messner, Nuscheler,Global Governance - Organisationselemente und Säulen einer Weltordnungspolitik, S.24.

Repräsentation auf der inter-nationalen Ebene ist ihre Gewährleistung in den nationalen Systemen, weil dadurch erst eine einheitliche und gleiche Repräsentation der jeweiligen nationalen Interessen durch den Staat ermöglicht wird.

Besonders in den südlichen Kulturkreisen bestehen zahlreiche nationale Systeme, die eine demokratische Repräsentation erschweren oder direkte Repression ausüben. Solche Bedingungen untergraben nicht nur die Repräsentation der Interessen der Bevölkerung durch den betreffenden Staat, sondern es wird auch die Bildung einer nationalen Zivilgesellschaft verhindert. Es wird also zusätzlich nationalen Interessengruppen die Möglichkeit genommen, ihre fehlende Repräsentation durch das nationale System über transnationale zivilgesellschaftliche Verknüpfungen auszugleichen.

Aber auch in grundsätzlich demokratischen Systemen kann ein Ungleichgewicht bei der zivilgesellschaftlichen Repräsentation entstehen, wenn strukturelle Mängel, wie etwa extreme wirtschaftliche Unterschiede oder absolute Armut, unausgewogene Machtverhältnisse schaffen. Daher fordern etwa Entwicklungshilfeorganisationen immer wieder eine demokratische Einbindung der lokalen Zivilgesellschaften in inter-nationale Organisationen, da auf diese Weise staatliche Schranken umgangen und inter-nationale Standards durchgesetzt werden können[845].

Diese Ungleichgewichte sind zwar weniger extrem als die durch politische Repressionsursachen, dafür betreffen sie aber einige der bevölkerungsreichsten Staaten der Welt, wie etwa China, Indien oder Brasilien. Zusätzlich können Ungleichgewichte in der Interessenrepräsentation auch durch kulturell, rassistisch oder geschlechtlich bedingte Diskriminierungen auftreten. Diese kommen dann besonders zum Tragen, wenn diese Gruppen bedingt durch die interne Struktur der betreffenden Systeme unter wirtschaftlichen Nachteilen leiden, und ihnen zusätzlich politische Teilhaberechte verwehrt werden[846]. Die Entstehung von Ungleichgewichten bei der Interessenrepräsentation kommt auch auf der internationalen Ebene vor. Gründe können etwa politische oder wirtschaftliche Machtunterschiede, ein Ungleichgewicht der Bevölkerung in den einzelnen Regionen sein, wodurch etwa Ungleichgewichte bei der Repräsentation in internationalen Organisationen auftreten können. Ein Beispiel hierfür wäre etwa die Bevorzugung der fünf permanenten Mitglieder im UN-Sicherheitsrat.

[845] Kohr, We the People! An NGO View, p. 54f.
[846] Held, Models of Democracy, p. 232.

B. Grenzen und Probleme bei der zivilgesellschaftlichen Partizipation im internationalen Menschenrechtsschutz

I. Interessenkonflikte mit Bereichen der staatlichen Ebene

1. Souveränität und staatliche Hegemonie

Nachdem zuvor die operativen Handlungsmöglichkeiten zivilgesellschaftlicher Organisationen dargestellt wurden wird deutlich, dass NGOs auch schnell an ihre Grenzen stoßen. Am offensichtlichsten erscheinen diese Grenzen überall dort, wo sich Interessenkonflikte zwischen NGOs und staatlichen Akteuren bilden. Vor allem Regierungen in Entwicklungsländern stehen zivilgesellschaftlichen Organisationsformen oft kritisch gegenüber, da sie sowohl Souveränitätseinbußen als auch die politische Innenwirkung einer außerparlamentarischen Opposition fürchten. Dabei geraten besonders Organisationen, die auf externe Unterstützung angewiesen sind, schnell unter Druck durch lokale Regime, da von ihnen erwartet wird, auch im Sinne externer Interessen zu handeln[847]. Nicht-demokratische Regime sehen häufig die Sicherheit des Staates gefährdet, wenn NGOs Anstrengungen unternehmen um die sozialen oder wirtschaftlichen Strukturen zu verändern[848].

So betrachten etwa afrikanische Staaten häufig die von NGOs durchgeführten öffentlichen Anprangerungen von Menschenrechtsverletzungen als unpatriotische, subversive Akte. Aus diesem Grund organisieren afrikanische NGOs ihre Öffentlichkeitsarbeit häufig über internationale NGOs, um staatlichen Repressionen zu entgehen, da staatliche Eingriffsmöglichkeiten gegenüber internationalen NGOs beschränkt sind[849].

Zu dem wohl größten Hindernis für eine effektive zivilgesellschaftliche Partizipation kann sich die politische Hegemonie der Nationalstaaten entwickeln[850]. Viele Staaten sehen in NGOs einen „Dritten Sektor“, der sich zwischen Staat und Gesellschaft entwickelt. Sie betrachten diesen als politischen Konkurrenten beim Zugriff auf die Gesellschaft, deren Kontrolle natürlich in den Augen der Staaten eine rein

---

847 Benedek, The Emerging Global Civil Society: Achievements and Prospects, p. 6.

848 Fowler, The Role of NGOs in Changing State-Society Relations: Perspectives from Eastern and Southern Africa, p. 58.

849 Benedek, Durchsetzung von Rechten des Menschen und der Völker in Afrika auf regionaler und nationaler Ebene, S. 167.

850 Knoke, Politische Partizipation als Allheilmittel? Theorie und Wirklichkeit der neuen Armutsbekämpfung, S. 83.

staatliche Aufgabe darstellt. So wurden beispielsweise im Kenia der achtziger Jahre kirchliche Seminare auf staatlichen Druck hin geschlossen, deren Zielsetzungen eine kritische Auseinandersetzung der Teilnehmer mit wirtschaftlichen und gesellschaftlichen Strukturen beinhaltete[851].

NGOs können also häufig nur solange tätig werden, wie sie nicht die gesellschaftlichen Strukturen an sich angreifen. Trachten sie danach, die bestehenden gesellschaftlichen Strukturen zu verändern, geraten sie unweigerlich in einen Interessenkonflikt mit der staatlichen Sphäre[852]. Daher bedürfen NGOs selbst eines völkerrechtlichen Schutzes wenn gewährleistet werden soll, dass sie ihre Funktionen auch effektiv wahrnehmen können.

Auf der nationalen Ebene regeln nationale Gesetze die Gründung von Vereinen und Organisationen. Für die als Vereine nach nationalem Recht gegründeten NGOs bedeutet das, dass sie um anerkannt und registriert zu werden, wie alle anderen Vereine auch, bestimmte Voraussetzungen zu erfüllen haben. Üblicherweise werden Angaben über Zweck und Ziel der Organisation, die innere Repräsentation und die finanzielle Haftbarkeit, sowie die Einhaltung bestimmter staatlicher Richtlinien verlangt. Hieraus ergibt sich ein gewisses Maß an staatlicher Kontrolle, woraus vor allem für politische Organisationen Probleme entstehen können[853].

Besonders das staatstheoretische Verständnis vieler Entwicklungsländer stellt als Legitimationserfordernis an Staaten die Gewährleistung von Menschenrechten, sozialer Gerechtigkeit und einem wirtschaftlichen Mindeststandard[854]. Kommt ein Staat diesen Anforderungen nicht nach, verliert er im Umkehrschluss seine Legitimation in dem Maße, indem er diese Kriterien nicht erfüllt. Daher begrüßen viele Regime grundsätzlich eine Zusammenarbeit internationaler NGOs mit lokalen Gruppierungen, da auf diesem Weg zusätzliche Gelder in dem humanitären Bereich oder die Entwicklung fließen

Trachten diese Organisationen aber danach, Veränderungen mit dem Ziel durchzusetzen, die genannten Legitimationsanforderungen zu verwirklichen, gefährden sie den Legitimationsanspruch des Staates. Da die Sicherung des eigenen Fortbestandes, vor allem in nicht-demokratischen Regimen ein zentrales Anliegen staatlicher Machtausübung darstellt, geraten Organisationen die die Legitimation eines Regimes an sich gefährden unweigerlich in Konflikt. Die Position des Staates befindet sich in solchen Fällen in einem Zwiespalt zwischen dem Interesse

---

851 Fowler, The Role of NGOs in Changing State-Society Relations: Perspectives from Eastern and Southern Africa, p. 58.

852 Gladgow, Die Nicht-Regierungsorganisationen in der internationalen Entwicklungszusammenarbeit, S. 320.

853 Benedek, The Emerging Global Civil Society: Achievements and Prospects, p. 5.

854 Fowler, The Role of NGOs in Changing State-Society Relations: Perspectives from Eastern and Southern Africa, p. 58.

an einer zusätzlichen externen Finanzierungsquelle, und der Herausforderung an seine Legitimation[855].

2. Einschränkungen der Assoziationsfreiheit durch Verwaltungsauflagen und NGO-Gesetzgebung

a) Allgemeines

Viele Staaten fühlen auch sich aus ihrem Selbstverständnis heraus nicht ernsthaft verpflichtet, sich für Partizipationsmöglichkeiten der Zivilgesellschaft oder die politische Assoziationsfreiheit an sich im eigenen, geschweige denn im fremden Einflußbereich, zu engagieren. Als Folge dessen gewinnt staatstreue Gesinnung in der politischen Praxis oft die Oberhand über politische Assoziationsfreiheit, und damit auch oft über die Existenz menschenrechtlicher Gruppierungen.

Aus den heute weitestgehend unumstrittenen menschenrechtlichen Standards, wie sie sich sowohl gewohnheitsrechtlich aus der allgemeinen Erklärung der Menschenrechte als auch aus völkerrechtlichen Verträgen, etwa im Rahmen des UN-Menschenrechtsnetzwerkes ergeben, gehen auch bestimmte Mindeststandards im Bereich politischer Teilhaberechte hervor, die für eine Teilhabe der Zivilgesellschaft, und damit für jede demokratische Ordnung im nationalen wie internationalen Bereich, elementare Grundlagen bilden[856]. Die beiden grundlegenden Elemente, die eine demokratische Ordnung konstituieren, sind politischer Wettbewerb und Partizipation[857].

Menschenrechtlich orientierte NGOs versuchen der Gesellschaft, oder zumindest einem Teil davon zu helfen, ohne selbst Vorteile aus dieser Hilfe zu ziehen. Sie stellen daher sowohl eine Voraussetzung, als auch eine Unterstützung für das politische System demokratischer Staaten dar[858]. Aus ihrer meist oppositionellen Haltung gegenüber repressiven Regimen ergibt sich eine grundsätzlich ablehnende Haltung vieler Staaten gegenüber NGOs[859].

Demokratische Verfassungen leiten aus internationalen Vorgaben Grundrechte ab, die im allgemeinen so abstrakt formuliert werden, dass sie sowohl für den Verfassungsgesetzgeber in den einzelnen Regionen ausreichend Auslegungsspielraum, als auch dem internationalen Gesetzgeber die Möglichkeit zur Konsensbildung

---

[855] Fowler, The Role of NGOs in Changing State-Society Relations: Perspectives from Eastern and Southern Africa, p. 64.
[856] Etwa Art. 19-21 AllgErklmenschenR, oder Art. 18f,21f IPBürgR.
[857] Dahl, Polyarchie – Participation and Opposition, p. 5.
[858] Oloka-Onyango, Modern-day Missionaries or Misguided Miscreants? NGOs, the Women's Movement and the Promption of Human Rights in Africa, p. 287.
[859] Wiseberg, Protecting Human Rights Activists and NGOs, p. 524.

lassen. Daher ist der völkerrechtlich unstrittige Teil der Grund- und Menschenrechte zumindest im Rahmen des universellen Menschenrechtsschutzes der Vereinten Nationen so abstrakt gehalten, dass er nur wenig konkrete Anhaltspunkte bieten kann[860].

Wenn sich unter den Menschenrechten solche Rechte befinden, die durch demokratische Nationalstaaten nicht oder nur schwer geschützt werden können, und die die Existenz der betreffenden Staaten an sich gefährden könnten, dann sind in den Rechtsordnungen der betreffenden Staaten Mängel zu vermuten[861]. Schließlich würde dies den Verdacht nahe legen, dass die betreffenden Staaten kein Interesse am Schutz dieser Rechte hätten, da sie für eine Wahrung dieser Rechte nicht den geeigneten Rahmen bieten.

In diesen Rechten liegt die Grundlage zivilgesellschaftlicher Aktivität[862]. Diese Dimension staatsbürgerlicher Freiheit wird nur in wenigen Verfassungen erwähnt, und doch als elementar empfunden, da sie die oppositionelle Organisation politischer und sonstiger Gruppen gewährleistet. Damit liegt die Freiheit der politischen Assoziation den übrigen politischen Teilhaberechten zugrunde, da diese ohne die Grundlage der Assoziationsfreiheit nicht denkbar wären. Die Freiheit der Assoziation ist damit nicht nur die Freiheit, sich staatlichen oder oppositionellen Organisationen anzuschließen, sondern auch die Freiheit, an der Veränderung der staatlichen Organisation selbst mitzuwirken. Das rechtliche Verständnis politischer Teilhaberechte steht diesen Vorstellungen in vielen Staaten jedoch entgegen.

Die Erkenntnis, dass eine Teilhabe von NGOs nicht nur zusätzliches Kapital, sondern auch zusätzliche Anforderungen an die Staatsstrukturen bedeutet, hat zur Entwicklung einer Reihe von staatlichen Gegenmaßnahmen geführt. Das staatliche Interesse lag dabei jedoch meist nicht in einer generellen Unterdrückung jeder zivilgesellschaftlichen Partizipation, sondern eine Abwägung der wirtschaftlichen Vor- und politischen Nachteile, die durch eine verstärkte Präsenz von NGOs entstehen[863].

Um diesen Problemen zu begegnen führten viele Regierungen spezielle NGO-Gesetze ein. Das Ziel der Gesetzgebung ist meist eine Einbindung der NGOs in staatliche Verwaltungsstrukturen oder die politische Aneignung der durch die Organisation geleisteten Arbeit. Begründet wird die staatliche Kontrolle mit Argumenten wie einer staatlichen Sicherheits- oder Korruptionskontrolle oder der Notwendigkeit einer zentralen Koordination.

---

[860] Mc Dougal, Laswell, Chen, Human Rights and the World Public Order, p. 114.
[861] Wehner, Unterschlagene Grundrechte in der Demokratie, S. 2.
[862] Ebd., S. 14.
[863] Fowler, The Role of NGOs in Changing State-Society Relations: Perspectives from Eastern and Southern Africa, p. 64.

Neben den Vorteilen, die eine zentrale Koordination der einzelnen Projekte mit sich bringt, können sich daraus aber auch Nachteile ergeben. Ein wichtiger Vorteil der Projektarbeit durch NGOs ergibt sich eben daraus, dass sie häufig über funktionierende lokale Strukturen verfügen, weshalb die Projekte von den Organisationen vor Ort durchgeführt werden können. Dadurch wird eine größere Nähe der Entwicklungshilfe zu den Betroffenen erreicht. Eine Verlagerung der Entscheidungsfindung von den Provinzen in die Hauptstädte vergrößert den Verwaltungsaufwand, bedeutet mehr Bürokratie und desensibilisiert damit die Projektleitung für lokale Probleme[864].

Eine weitergehende Kontrollmöglichkeit stellt die teilweise politische Aneignung der Arbeit einer Organisation durch staatliche Instanzen dar. Solche unter staatlichem Einfluss stehenden NGOs werden als governmental sponsored NGOs, GONGOs, bezeichnet. In diesem Fall wird durch Regime suggeriert, dass die Projekte aufgrund der zentralen Verwaltung in ihrem Auftrag stattfinden, und die NGOs durch sie in den einzelnen Regionen eingesetzt wurden. Dadurch erfüllen Regime zum einen das Legitimationserfordernis „Entwicklung", und damit soziale Gerechtigkeit in die einzelnen Regionen zu bringen, zum anderen bleibt ihnen auch die NGO als externe Finanzierungsquelle erhalten.

Darüber hinaus ist auch eine völlige politische Aneignung von NGOs durch staatliche Institutionen denkbar. Vor allem in Ländern mit Demokratiedefiziten können Regime oft durch eine Politik profitieren, die ein Anwachsen des zivilgesellschaftlichen Sektors zu begünstigen scheint. Dabei können die gesetzlichen Vorgaben zur Gestaltung von zivilgesellschaftlichen Organisationen herangezogen werden, um eigene Organisationen zu gründen. Von diesen formell unabhängigen aber de facto staatlich kontrollierten Organisationen können vor allem Einparteiensysteme profitieren, da so der Anschein einer stärkeren öffentlichen Teilhabe erweckt wird, und die zusätzlich aufgebrachten Mittel von den Systemen verwendet werden können[865].

b) Beispiele für repressive NGO-Gesetzgebungen in islamischen Ländern

Staaten treten der Zivilgesellschaft gegenüber meist nicht als gleichgestellte Akteure auf. Sie befinden sich in einem übergeordneten Verhältnis das es ihnen ermöglicht, den Rahmen zu gestalten in dem die Zivilgesellschaft überhaupt handlungsfähig ist[866]. Daher kann die Effektivität der Arbeit von NGOs kann also von staatlicher Seite in vielerlei Hinsicht behindert werden.

---

[864] Fowler, The Role of NGOs in Changing State-Society Relations: Perspectives from Eastern and Southern Africa, p. 67.
[865] Fowler, The Role of NGOs in Changing State-Society Relations: Perspectives from Eastern and Southern Africa, p. 69.
[866] Carty, The Third World Claim to Economic Self-Determination: Theoretical Aspects, p. 52.

Denkbar sind Maßnahmen beginnend bei einer Verweigerung der Anerkennung der Rechtspersönlichkeit der betreffenden Organisationen über die Beschneidung einfacher politischer Teilhaberechte bis hin zur grundsätzlichen Verweigerung der Gründungs- und Assoziationsfreiheit[867]. Aber auch ein direktes Vorgehen mit dem Vorsatz, die Bildung nichtstaatlicher Akteure von vorne herein zu verhindern, ist denkbar.

Nach Angaben der Organisation *„Human Rights Watch"* ließ etwa die iranische Regierung seit September 2004 zahlreiche Angehörige von NGOs inhaftieren ohne konkrete Anklagepunkte gegen sie vorzubringen, um die Bildung eines einheitlichen oppositionellen Netzwerkes über das Internet zu verhindern. Dabei sollte sowohl eine westliche Einflussnahme auf die islamische Gesellschaft über die internationalen Beziehungen der iranischen NGOs verhindert werden, als auch die allgemeine Bildung potenzieller Keimzellen aus denen sich politische Opposition entwickeln könnte[868].

Ein weiteres, wenn auch weniger drastisches Beispiel stellte der Gesetzesentwurf des ägyptischen Parlaments vom 27. Mai 1999 dar, der von zahlreichen Menschenrechtsorganisationen wie etwa *Amnesty International, Human Rights Watch* oder dem *Lawyers Committee for Human Rights* mit der Begründung bekämpft wurde, er ermögliche repressive Auflagen für zivilgesellschaftliche Organisationen und verstoße daher gegen die im IPbürgR enthaltenen politischen Teilhaberechte.

Der Entwurf räumte den ägyptischen Behörden weitreichende Kontrollbefugnisse über NGOs ein. Unter anderem wurden die Finanzierung, die interne Leitung und die Aufnahme von Auslandsbeziehungen einer staatlichen Genehmigungspflicht unterzogen. Dabei wurde sogar soweit gegangen, dass für Zuwiderhandlungen Haftstrafen vorgesehen wurden. Damit stand die ägyptische Gesetzgebung im klaren Widerspruch zu der nach dem Staatenbericht und der anschließend Untersuchung durch das Komitee für den IPbürg 1993 abgegebenen Empfehlung, einen engeren und konstruktiveren Dialog zwischen den ägyptischen Behörden und den lokalen Menschenrechtsorganisationen aufzubauen[869].

c) Aktuelle Bestrebungen zur Gestaltung der NGO-Gesetzgebung in Russland

Auch in Russland kam es gegen Ende November 2005 zu einer offiziellen Debatte über Beschränkungen der Assoziationsfreiheit. Das russische Parlament hatte mit

---

867 Posner, The establishment of the right of nongovernmental human rights groups to operate, 425.

868 Stork, Arrests Designed to Silence NGO-Activists, in: http://hrw.org/english/docs/2004/11/08/iran9631.htm, 18.11.2005.

869 Human Rights Watch, Egypt's Parliament Strips NGOs of Rights – joint statement, http://hrw.org/english/docs/1999/05/27/egypt906.htm, vom 20.7.2006.

370 zu 18 Stimmen die Gesetzesvorlage zur „Tätigkeit gesellschaftlicher Organisationen in Russland", in erster Lesung verabschiedet. Die geplante NGO-Gesetzgebung hätte das Aktionsfeld der NGOs erheblich eingeschränkt[870].

Neu war am Gesetzesentwurf eine vorgesehene Zwangserfassung für nicht registrierte *„de facto"* juristische Personen sowie eine Diskriminierende Unterteilung in aus staatliche Initiative gegründete und rein zivilgesellschaftliche verbände, wobei die vorgesehenen Einschränkungen fast ausschließlich für letztere gelten sollten. Besonders betroffen gewesen wären in Russland tätige ausländische Organisationen durch die im Gesetzesvorschlag enthaltene Verpflichtung für ausländische Stiftungen und Organisationen, sich als russische Körperschaften neu registrieren lassen zu müssen. Zudem enthält der Gesetzesentwurf eine Bestimmung, die es ermöglicht NGOs zu schließen, wenn deren Angehörige wegen Wirtschaftsvergehen rechtskräftig verurteilt wurden[871].

Die offizielle Begründung lautete, Russland sollte gegen menschenverachtende Ideologien von außen geschützt werden, und daher müsste verhindert werden, dass unter dem Deckmantel der NGOs terroristische Aktivitäten geplant oder Geldwäsche betrieben würde. Der russische Präsident Wladimir Putin sprach sich am 9.12.2005 jedoch vor der zweiten Lesung vor der Duma nach einsetzendem öffentlichen Druck und internationaler Kritik für eine abschwächende Überarbeitung des Gesetzesentwurfs aus[872].

Hieran zeigt sich, dass die Vorstellung eines absoluten Grundrechtes auf politische Assoziationsfreiheit führt weit über das herkömmliche Rechtsverständnis vieler Staaten hinausgeht, auch wenn, wie gezeigt wurde, die Assoziationsfreiheit eine Grundlage politischer Teilhaberechte nach westlichem Demokratieverständnis darstellt.

Trotzdem kann bei Nichtgewährung politischer Assoziationsfreiheit von einer Menschenrechtsverletzung an sich ausgegangen werden. Der zentrale Schutzbereich aller Menschenrechte, auch der politischen Teilhaberechte ist die Menschenwürde. Werden also politische Teilhaberechte eingeschränkt, kann auch der Schutz der Menschenwürde nicht vollständig gewährleistet sein. Andernfalls wäre die Menschenwürde als rechtlicher Schutzbereich lediglich eine Leerformel, die je nach politischer Opportunität zum unbestimmten Rechtsbegriff werden kann, der letztlich nationalem Recht untergeordnet ist.

Assoziationsfreiheit als universell anerkanntes Menschenrecht besteht im heutigen Völkerrecht trotz der gewährleisteten Vereins- und Versammlungsfreiheit im IPbürgR und der gewohnheitsrechtlichen Anerkennung einzelner politi-

---

[870] Ehlers, Kai, Schaufelweise Sand ins Getriebe, in: http:www.uni-kassel.de/fb65/frieden/regionen/russland/NGO_Ehlers.html, vom 4.4.2006.

[871] Siegert, Spezoperazija – Das neue NGO-Gesetz, in: www.boell.de/de/05_world/3840.html, vom 6.4.2006.

[872] Tichomirowa, Putin will NGO-Gesetz abschwächen – Russische Duma soll Regeln zur Registrierung ändern, in: Berliner Zeitung vom 10.12.2005.

scher Teilhaberechte nicht[873]. Da die Gewährleistung der Assoziationsfreiheit bedeutet, soziale wie politische Verhältnisse eines Staates zur Disposition zu stellen liegt es in der Natur der Sache, dass eine weitreichende Assoziationsfreiheit meist nur in demokratischen Staaten besteht, deren politische Verhältnisse ohnehin der Disposition der Wähler unterworfen sind.

3. Die UN-Human Rights Defenders Declaration

Am 3. April 1998 vollendete die UN-Menschenrechtskommission den Entwurf einer Deklaration durch die Menschenrechtsaktivisten zumindest ein Minimum an völkerrechtlichem Schutz erhalten sollten. Grundlage des Entwurfes war eine 13-jährige Verhandlungsarbeit im Rahmen einer Arbeitsgruppe der Kommission[874]. Nach dem die Kommission der GV und dem WSR die Annahme der Deklaration empfohlen hatte, wurde sie in am 9. Dezember 1998 durch die GV als *Declaration on the Right and Responsibility of Individuals, Groups and Organs of Society to Promote and Protect Universally Recognized Human Rights and Fundamental Freedoms* verabschiedet[875]. Die Resolution wurde später als *Human Rights Defenders Declaration* bekannt[876]. Als Menschenrechtsverteidiger gelten dabei nach Art. 1 HRDefDec Personen, Gruppen, Organisationen oder deren Organe die sich für die Förderung und den Schutz von Menschenrechten und Grundfreiheiten einsetzen[877]. Im Umkehrschluss zu dem in Art. 5 HRDefDec angeführten Recht auf friedliche Zusammenkunft sind dabei allerdings Personen und Gruppierungen ausgenommen, die sich gewaltsam für Menschenrechte einsetzen.

Ziel der Deklaration ist es, Möglichkeiten der staatlichen NGO-Gesetzgebung über die internationale Ebene einzuschränken, und damit zu einer einheitlichen Umsetzung der im IPbürgR enthaltenen politischen Teilhaberechte beizutragen. In diesem Sinne enthält die Resolution auch keinen neuen Katalog materieller Rechte, sondern fast lediglich bereits bestehende Rechte zusammen und kommentiert diese. Allerdings wird von einem allgemeinen Recht ausgegangen, nach dem sich sowohl Einzelpersonen als auch Gruppen für die Umsetzung der Menschenrechte auf der nationalen oder internationalen Ebene engagieren können. In diesem Zusammenhang wird in Art. 5 HRDefDec das durch Art. 22 (1) IPbürgR gewährleistet Recht auf allgemeine Assoziationsfreiheit konkretisiert und dahingehend kommentiert, dass neben dem Recht auf friedliche Zusammenkunft

---

[873] Wehner, Unterschlagene Grundrechte in der Demokratie, S. 10.

[874] Press Release HR/CN/846, "Human rights Defenders" Declaration approved by Commission after 13 years of drafting.

[875] GV-Res. 53/144.

[876] Egypt's Parliament Strips NGOs of Rights – joint statement, etwa in: http://hrw.org/english/docs/1999/05/27/egypt906.htm (Human Rights Watch), oder auch in: http://web.amnesty.org/library/Index/ENGMDE120241999?open&of=ENG-2D3 (Amnesty International), beide vom 20.7.2006.

[877] Siehe hierzu E/CN.4/2001/94.

auch die Bildung von NGOs und Kommunikation mit NGOs und INGOs erfasst werden.

Die Hauptverantwortung für die Gewährleistung und Umsetzung dieser Rechte liegt nach Art. 12 (2) HRDefDec bei den einzelnen Staaten. Dabei bilden die innerstaatlichen Rechtsvorschriften, die mit der Charta der Vereinten Nationen und den sonstigen internationalen Verpflichtung des jeweiligen Staates auf dem Gebiet der Menschenrechte und Grundfreiheiten im Einklang stehen den rechtlichen Rahmen für die Verwirklichung und den Genuss der Menschenrechte und Grundfreiheiten, innerhalb dessen alle in Art. 5-13 HRDefDec genannten Tätigkeiten zu Förderung, zum Schutz und zu Verwirklichung der Rechte durchzuführen sind[878].

Damit wurde zwar eine praktikable Lösung zur Umsetzung der Rechte in die Deklaration übernommen, ein internationaler Durchsetzungsmechanismus mit dessen Hilfe die Umsetzungspflicht auch gegenüber den Staaten durchgesetzt werden kann, ist dem Vertragstext allerdings nicht enthalten.

Zu diesem Zweck richtete die GV 2002 auf Vorschlag des Generalsekretärs eine globale Einrichtung zur Beobachtung der Situation von Menschenrechtsverteidigern ein[879]. Die HRDefDec wurde in das System der *„UN-special procedures“* integriert und ein *„treaty body“* angelegt, dem der Sonderrepräsentant, *„Special Representative on Human Rights Defenders“*, vorsteht[880].

Allein die theoretische Integration in das System der *UN-special procedures* konnte allerdings zunächst noch keine funktionierende Umsetzung der HRDefDec gewährleisten. So kritisierte 2003 die Sonderbeauftragte der Deklaration in ihrem Jahresbericht, dass es ihr mit dem von den Vereinten Nationen zur Verfügung gestellten Budget weder möglich gewesen wäre mit anderen Sonderberichterstattern aus dem menschenrechtlichen Sektor zusammenzuarbeiten noch Vorort-Programme durchzuführen[881]. Hinzu kommt, dass Resolutionen der Generalversammlung keine direkte völkerrechtliche Verbindlichkeit entfalten, sondern über die allgemeine Anerkennung der Vereinten Nationen nur indirekt in die Sphäre der Mitgliedstaaten dringen. Seit der 58. Sitzung der Kommission liefen daher Initiativen europäischer Staaten an, die Arbeit des Sonderbeauftragten effektiver zu gestalten.

---

878 Art. 13 HRDefDec.

879 E/DEC/2000/220, Mandat des “Special Representativ on Human Rights Defenders”.

880 Amnesty International, HIVOS, Human Rights Defenders in Dutch Foreign Policy, p. 11f.

881 E/CN.4/2003/104 vom 03.01.2003.

II. Repräsentativität im Sinne von *„global governance"*

1. Mangelnder Repräsentativcharakter

Durch die ständig steigende Einbindung und Partizipation zivilgesellschaftlicher Organisationen entwickeln sich auch neue Ansätze für eine globale Regierungsführung, *„global governance"*. Durch die Beteiligung von NGOs an einer *„global governance"* ergeben sich aber auch neue Fragen und Probleme[882]. Eines der Hauptdefizite ist die meist nur lokal-orientierte und oft an Legislaturperioden ausgerichtete Schwerpunktsetzung der nationalstaatlichen Regierungen, wodurch eine langfristige Orientierung an globalen Interessen erschwert wird[883].

NGOs handeln typischerweise aus moralischen oder ideologischen Motivation heraus, woraus sie auch einen Teil ihrer Handlungslegitimation ableiten. In diesem Zusammenhang ist die oft nicht bezahlte, ehrenamtliche Mitwirkung der Mitglieder und Sympathisanten nicht nur ein wichtiger Faktor für die Arbeitseffizienz von NGOs an sich, sie ist auch ein Verbindungsglied, das die Organisation mit der Gesellschaft verknüpft. Daher stellt die große Identifikation der Mitglieder und Sympathisanten zu Gunsten der Organisation in Verbindung mit ihrer hohen Motivation eine wichtige Ressource politischer und sozialer Legitimation dar[884].

Fraglich bleibt allerdings, inwieweit eine rein moralische Legitimation einer Organisation, etwa bei ihrer Einbindung in internationale Prozesse, auch Rückschlüsse auf ihren Repräsentativcharakter gegenüber der Zivilgesellschaft zulässt. Wenn nichtstaatliche Akteure in internationale Prozesse eingebunden werden, um höhere Transparenz und eine stärkere demokratische Kontrolle zu gewährleisten, stellt sich die Frage nach der Repräsentativität der betreffenden Organisationen[885].

Der weitaus größte Teil der NGOs setzt politische Einflussnahmemöglichkeiten über Öffentlichkeitsarbeit, so genannte „soft powers" um. Problematisch ist dabei, dass einerseits NGOs meist bestrebt sind, für ihre Programme die größtmögliche Öffentlichkeitswirkung zu erreichen. Andererseits richten Medien ihre Aufmerksamkeit meistens dorthin, wo die extremsten Standpunkte vertreten werden. Hieraus ergeben sich nicht nur Probleme bei der qualitativen Beurteilung der jeweiligen NGOs, sondern auch bei der Beantwortung der Frage, wie repräsentativ NGOs tatsächlich für die Zivilgesellschaft sind[886].

---

[882] Benedek, Globale Governance der Weltwirtschaft, S. 257.
[883] Benedek, The Emerging Global Civil Society: Achievements and Prospects, p. 2.
[884] Gladgow, Die Nicht-Regierungsorganisationen in der internationalen Entwicklungszusammenarbeit, S. 319
[885] Benedek, Demokratisierung internationaler Wirtschaftsorganisationen am Beispiel der WTO, S. 228.
[886] UNDP, United Nations Development Programme, 2002:112, nach: Benedek, The Emerging Global Civil Society: Achievements and Prospects, p.4.

Die Angehörigen der betreffenden Organisationen handeln oft hoch motiviert und mit großem Engagement. Für den Wirkungsbereich der Organisation bedeutet dies zunächst, dass gute Voraussetzungen vorliegen um sich in verhältnismäßig kurzer Zeit ein gewisses Maß an Kompetenz anzueignen. Daher können NGOs häufig effektiv und effizient arbeiten[887]. Mit ihrer zunehmenden Bedeutung in der sich globalisierenden Weltpolitik liegt aber auch der Schluss nahe, dass zumindest die in internationale Prozesse eingebundenen NGOs, wie andere internationale Akteure auch, einem Mindestmaß an interner wie externer demokratischer Kontrolle unterliegen müssen. Dabei sind nationales wie internationales Verantwortungsbewusstsein Grundvoraussetzung für die Legitimität einer zivilgesellschaftlichen Organisation[888].

2. Legitimation im Innen- und Außenverhältnis

Die mit der steigenden Einbeziehung von NGOs in das internationale politische Geschehen erwartete Demokratisierung der Weltpolitik sollte sich auch in der Binnenorganisation der beteiligten NGOs widerspiegeln, wenn diese den Anspruch haben, eine Interessengruppe repräsentativ zu vertreten. NGOs haben zwar häufig die Möglichkeit effektiv zu agieren, jedoch fehlt ihnen im Gegensatz zu staatlichen Akteuren der Anspruch auf die Legitimität ihrer Handlungen, da sie ihre Legitimation nicht aus der Souveränität sondern aus der moralischen Vorstellung im öffentlichen Interesse zu handeln, beziehen[889].

Daher stellt sich sowohl bei der Beurteilung interner Organisationsstrukturen, als auch bei der Repräsentation öffentlicher Interessen die Frage nach dem demokratischen Aufbau einer NGO. Die interne demokratische Legitimation hängt von den Organisationsstatuten ab, während sich die externe aus ihrem Verhältnis zur Öffentlichkeit an sich ergibt.

Eine breite Basis ist die Grundvoraussetzung für ein gewisses Maß an Repräsentativität, woraus NGOs den Anspruch, öffentliche Interessen zu vertreten, ableiten können. In der Praxis stellt sich dabei das Problem, das verhältnismäßig kleine Organisationen durch ein ungewöhnlich hohes Maß an Engagement ebenso in das Blickfeld der Öffentlichkeit geraten können, wie Organisation mit einer wesentlich breiteren Basis an Mitgliedern. Dadurch kann nicht nur ein überproportionales Maß an Aufsehen auf eine verhältnismäßig kleine Interessengruppe gelenkt werden, auch im Umgang mit staatlichen Stellen stellt sich das Problem, die Einflussnahmemöglichkeiten rechtlich gleich zu behandelnder NGOs anhand des Organisationsvolumens zu gewichten.

---

[887] Gladgow, Die Nicht-Regierungsorganisationen in der internationalen Entwicklungszusammenarbeit, S. 319.

[888] Benedek, The Emerging Global Civil Society: Achievements and Prospects, p. 5.

[889] Frantz, Neues Spielfeld für NGOs? Nationalstaaten und NGOs in der transnationalen Politik, S. 21.

Weiters sollten Organisationen die sich aus dem Anspruch legitimieren Werte wie Menschenrechte, Demokratie und öffentliche Interessen allgemein zu vertreten, im Innenverhältnis auf einem Meinungsbildungsprozess basieren, aus dem auf die tatsächliche Bereitschaft zur Umsetzung solcher Werte geschlossen werden kann. Schließlich wäre eine Organisation die sich nach außen hin für Demokratie und Menschenrechte einsetzt wenig glaubwürdig, wenn ihre Handlungsentschlüsse nur von wenigen Mitgliedern mitgestaltet oder getragen werden könnten.

Über die Frage wieweit eine solche interne Legitimation zu gehen hat und wie genau der interne Meinungsbildungsprozess beschaffen sein sollte, besteht in der heutigen Rechtspraxis - wohl aufgrund der verhältnismäßig kurzen Zeit seit der NGOs völkerrechtliche Bedeutung erlangten - noch keine Einigkeit. Allerdings stimmen die Richtlinien für die Statusvergabe der größeren internationalen Organisationen zumindest insoweit überein, als ein Mindestmaß an institutioneller Struktur vorausgesetzt wird[890].

III. Regionenspezifische Probleme am Beispiel Afrikas

1. Das Übergewicht des Nordens

a) Menschenrechte als westliches Kulturgut

Auf den ersten Blick scheint die Allgemeine Erklärung der Menschenrechte überwiegend westliches Gedankengut aufzugreifen. Bereits der erste Artikel der Erklärung statuiert, dass alle Menschen frei und gleich an Würde und Rechten geboren sind, und einander im Geiste der Brüderlichkeit begegnen sollten. Somit werden die Werte der französischen Revolution, Freiheit, Gleichheit und Brüderlichkeit aufgegriffen.

Dies wurde in der Vergangenheit wiederholt kritisiert, und es gab sogar Bestrebungen, die Erklärung ganz abzuschaffen. So starteten beispielsweise 1997 im Verband südostasiatischer Staaten, ASEAN, organisierte Regierungschefs eine Initiative gegen die Menschenrechtserklärung. Der malaysische Premierminister Mahatir bin Mohamad nannte die Menschenrechtserklärung in diesem Zusammenhang sogar eine „Erklärung der Supermächte", die ein Unterdrückungsinstrument für andere Völker darstellte[891]. Betrachtet man die allgemeine Erklärung der Menschenrechte, auf der der Großteil der heute anerkannten Menschenrechte basiert, muss man sie auch geschichtlich einordnen.

Die Allgemeine Erklärung der Menschenrechte entstand nach dem Zweiten Weltkrieg und verkörperte eine Vision, in der künftige Menschen frei von Furcht und

---

[890] Etwa die WSR-Res. 1296 (1968) und 1996/31, oder die Europaratskonvention 124 von 1986.

[891] Thomsen, Rechtliche Grundlagen eines wirksamen Menschenrechtsschutzes, S.20.

Not, mit Rede- und Glaubensfreiheit leben sollten. Diese Vision spiegelt sich sowohl in der Präambel, als auch in den konkreten Regelungen, die in der Menschenrechtserklärung enthalten sind[892].

Kritisiert man die Allgemeine Erklärung der Menschenrechte mit dem Vorwurf, ausschließlich westliches Kulturgut zu enthalten, wird dabei oft vergessen, dass die Achtung der Menschenrechte auch im Westen hart und gegen vielfältigen Widerstand erkämpft werden musste. Auch im Westen konnte die politische und rechtliche Durchsetzung der Menschenrechte immer erst nach der Erfahrung massiver Unterdrückung geschehen[893]. So sahen beispielsweise die Ideologen der französischen Revolution in der Erklärung der Menschenrechte die Legitimation für die Veränderung der Verhältnisse[894].

b) Westlicher Wertetransfer am Beispiel der „Banjul-Charta"

Das afrikanische Menschenrechtssystem basiert auf der Afrikanischen Charta der Menschenrechte. Die schwere Aufgabe der Umsetzung der Charta wurde der Afrikanischen Menschenrechtskommission gestellt. Dabei liegen einige Schwachpunkte auf der Hand. Die Hauptprobleme sind dabei die schwachen afrikanischen Menschenrechtsstrukturen, sowie die schwache Akzeptanz der Afrikanischen Menschenrechtskommission.

Dies hat zur Folge, dass die afrikanische Menschenrechtskommission nicht in allen Staaten immer in der Lage ist, die menschenrechtliche Situation wirklich zu fördern, geschweige denn konkrete Menschenrechtsarbeit zu leisten. Die wenigen Petitionen die von der Kommission wirklich bearbeitet werden können, stehen in keinem Verhältnis zu der oft extremen Situation. In Brennpunkten, wie etwa Somalia, Rwanda oder dem Kongo kann oft keine oder nur schlecht organisierte Arbeit geleistet werden. Aus diesem Grund versuchen vielerorts regionale afrikanische NGOs die Lücken zu füllen. Aber auch deren Arbeit beschränkt sich oft nur darauf, die Kommission durch Petitionen unter Druck zu setzen, da die überregionalen staatlichen wie nichtstaatlichen Organisationen in Afrika oft nicht über die Mittel verfügen, um effektive menschenrechtliche Strukturen zu gestalten, oder Menschenrechtsnetzwerke zu bilden[895].

An dieser Stelle setzt nun die Arbeit globaler und internationaler NGOs ein, die entweder als Dachverband auftreten und so eine überregionale Organisation aufbauen, oder sich über konkrete Projekte selbst engagieren. Diese Organisationen

---

[892] Bassiouni, Das Vermächtnis von Nürnberg, S. 235.

[893] Bielefeld, Ein „von allen Völkern und Nationen zu erreichendes gemeinsames Ideal" - Der Streit um die Universalität der Menschenrechte, S. 36.

[894] Hoffmeister, Menschenrechte, Wörterbuch der philosophischen Begriffe, S. 399.

[895] Oloka-Onyango, Modern-day Missionaries or Misguided Miscreants? NGOs, the Women´s Movement and the Promption of Human Rights in Africa, p. 288.

haben ihren Organisationssitz und ihre ideologischen Wurzeln meist in den westlichen Industrienationen. Dementsprechend wird ihre Arbeit auch von westlichen liberalen Ideen und Werten getragen, die dann über die lokale Arbeit global organisierter Organisationen die Situation in den einzelnen Regionen beeinflusst[896].

Solche Organisationen haben auf der einen Seite konkrete Vorstellungen über eine demokratische staatliche Organisation, eine Teilhabe der Bevölkerungen an Entwicklungshilfeprojekten und vieles mehr. Andererseits kontrollieren diese Organisationen auch den Zugriff auf Ressourcen und Hilfsgüter, und verfügen damit über politischen und kulturellen Einfluss sowie über finanzielle Macht[897].

Diese Punkte stellen Gegensätze zu ihren afrikanischen Partnern dar. Viele westliche Organisationen glauben, den einzig richtigen Weg für effektive Hilfe erkannt zu haben, und lassen keine oder nur geringe Mitwirkung oder wenig eigene Ideen der Bevölkerungen zu. So wird das häufig überhebliche Auftreten westlicher Organisationen oft mit Skepsis betrachtet, wobei sich viele Afrikaner eher an die Missionare der Kolonialzeit als an ihre Vorstellungen von Hilfsorganisationen erinnert fühlen. Oft glauben westliche Organisationen Fehler zu erkennen und versuchen diese zu beseitigen, ohne auf religiöse oder kulturelle Hintergründe Rücksicht zu nehmen. So wird etwa in der Frage der weiblichen Beschneidung, FGM oder *„female genital mutilation"*, das extreme Auftreten westlicher Hilfsorganisationen selbst von afrikanischen Frauenrechts-Organisationen kritisiert. Diese Kritik scheint umso verständlicher, zumal es sich hierbei nicht um ein westliches, sondern um ein afrikanisches Kulturproblem handelt[898].

Westliche Organisationen, die in dieser Form undifferenziert auftreten, laufen nicht nur Gefahr. kulturelle Grundsätze der Hilfsbedürftigen zu missachten, und auf diese Weise Vertrauen zu verlieren. Sie tendieren auch dazu, grundsätzlich alle Menschenrechtsprobleme in einem Kampf „gut" gegen „böse", oder „Kultur" gegen „Imperialismus" einzuordnen. Auf diese Weise werden bewusst oder unbewusst die eigenen kulturellen und moralischen Werte als höher stehend eingeordnet. So entsteht eine Haltung, die eine effektive Hilfestellung unter gleichberechtigten Partnern unmöglich macht.

2. Mangelnde lokale Kooperation und unzureichende Organisationsstrukturen

Genau wie andere Formen gesellschaftlicher Organisationen haben auch NGOs eine Reihe von Problemen, die teils ihre interne Organisation und teils ihr Funkti-

[896] Fowler, The Role of NGOs in Changing State-Society Relations: Perspectives from Eastern and Southern Africa, p. 54f.
[897] Ebd., p. 59.
[898] Oloka-Onyango, Modern-day Missionaries or Misguided Miscreants? NGOs, the Women´s Movement and the Promption of Human Rights in Africa, p. 289.

onieren nach außen beeinflussen. Dabei gibt es vor allem auf dem afrikanischen Kontinent, der einen besonders großen Wirkungsbereich für NGOs darstellt, augenscheinliche Probleme bei der Koordination der Arbeit der NGOs sowie bei deren Zusammenarbeit untereinander. Dies liegt zum Teil an kulturellen Unterschieden, zum Teil aber auch am mangelnden Know-how und an einer fehlenden Austauschbereitschaft mit Dachverbänden, die Projekte koordinieren könnten. Ein weiteres Problem besteht darin, dass Organisationen aus unterschiedlichen politischen, sozialen oder kulturellen Richtungen gegeneinander agieren, oder im Konkurrenzkampf um politischen oder gesellschaftlichen Einfluss stehen[899].

So verfolgen vergleichsweise wenige afrikanische NGOs Ziele, die sich mit Ernährungs-, Obdach- oder Gesundheitsproblemen beschäftigen, da sie vor einem kulturellen Hintergrund arbeiten, der eigene wirtschaftliche, soziale und kulturelle Rechte als bedeutsamer erscheinen lässt. Unbeachtet bleibt dabei die Tatsache, dass bei der Bevölkerung der Wunsch nach ideellen Rechten erst dann in den Vordergrund rücken kann, wenn elementare Lebensbedürfnisse befriedigt wurden. So wird der Kampf um politische und kulturelle Rechte in Afrika oft auf Kosten der sozialen und kulturellen Rechte sowie der Lebensbedürfnisse geführt[900].

Aber auch innerhalb der einzelnen Regionen pflegen die NGOs oft nur wenig Kontakt zueinander. Am deutlichsten wird dieses Problem in Afrika, wobei politische, kulturelle und sprachliche Unterschiede noch als Multiplikatoren wirken. In einigen Regionen gibt es so viele unterschiedliche Sprachen, dass oft die Sprache der ehemaligen Kolonialmacht als einzige Gemeinsamkeit bleibt. Hieraus können sich wieder neue Probleme und Barrieren ergeben. So haben englisch- oder französischsprachige Regionen oft organisatorische Vorteile, während beispielsweise portugiesische Regionen, wie Angola oder Mozambique, organisatorische Außenseiter bleiben[901].

Ein allgemeines Problem zivilgesellschaftlicher Organisationsformen ist, dass NGOs häufig nur sehr eingeschränkte Interessen verfolgen und nur wenige Themenbereiche abdecken. Aus diesem Grund wird auch häufig, überwiegend im Fall lokaler Organisationen von *„single issue"*- oder *„single purpose NGOs"* gesprochen[902]. Dies hat zur Folge, dass sich einige Organisationen nach Erreichen des Organisationszweckes auflösen, oder dass, nachdem das verfolgte Thema an Popularität verliert, keine Mittel mehr zu seiner Weiterverfolgung zur Verfügung stehen.

---

899 Fowler, The Role of NGOs in Changing State-Society Relations: Perspectives from Eastern and Southern Africa, p. 67ff.
900 Oloka-Onyango, Modern-day Missionaries or Misguided Miscreants? NGOs, the Women´s Movement and the Promption of Human Rights in Africa, p. 290f.
901 Oloka-Onyango, Modern-day Missionaries or Misguided Miscreants? NGOs, the Women´s Movement and the Promption of Human Rights in Africa, p. 290.
902 Benedek, The Emerging Global Civil Society: Achievements and Prospects, p. 3.

Auch das Ideal der Unabhängigkeit, das ebenfalls eine sehr zentrale Position bei Nichtregierungsorganisationen einnimmt, kann der Effektivität von NGO-Projekten im Weg stehen, wenn es etwa eine gemeinsame Organisation oder Projektplanung mit anderen NGOs oder staatlichen Instanzen behindert. Vor allem die NGOs in Entwicklungsländern scheinen oft noch aus der Kolonialzeit traumatisiert. Viele bilden zwar eigene regionale Netzwerke, lehnen es aber ab sich überregional zu organisieren, da sie befürchten zu sehr unter europäischen oder amerikanischen Einfluss zu geraten.

Dies hat zur Folge, dass eine groß angelegte Planung oft nicht möglich ist, da sie mit eigenen Möglichkeiten nur rudimentär organisiert werden kann[903]. Allerdings gibt es auch Gegenbeispiele wie etwa die Euro-Afrikanische NGO Konferenz, die am 30. Juni 2006 in Rabat, Marokko, stattfand. Dort versammelten sich im Vorfeld einer EU/AU Konferenz von Regierungsvertretern über 150 Delegierte aus europäischen und afrikanischen Staaten um im Vorfeld der Regierungskonferenz ein gemeinsames Euro-afrikanisches Manifest zu Migration, Grundrechten und Bewegungsfreiheit zu erarbeiten in dem ein höheres Maß an Flüchtlingsschutz und bessere Aufenthaltsbedingungen für Flüchtlinge in europäischen und Nordafrikanischen Staaten gefordert wurden[904].

In den heutigen Entwicklungsländern, vor allem aber in den afrikanischen Staaten, verfügt allerdings der weitaus größte Teil der einheimischen NGOs nicht über feste Organisationsstrukturen. Dies liegt teils darin begründet, dass sich *„grassroot organisations"*, oder auch CBOs, schnell und ohne größere Formalitäten im kleinen Kreis gründen lassen, und dadurch in der Folge kurzfristig und sehr problembezogen effektiv arbeiten können.

Diese Form der zivilen Organisation bringt jedoch auch Nachteile mit sich. CBOs verfügen meist über keine Administrativorgane und werden ihrer Motivation nach oft auch nur zur konkreten kurzfristigen Konfliktbewältigung gegründet[905]. Sie arbeiten daher nur im kleinsten Rahmen, und verfügen in der Folge auch nicht über die Mittel, Organisationsstrukturen über eine konkrete Zielsetzung hinaus aufrechtzuerhalten. Häufig können Organisationen auch wegen ihres geringen Volumens nur im lokalen Rahmen und zum konkreten Anlass handeln. Hieraus ergeben sich aber auch Vorteile. Beispielsweise lassen sich Informationen oft besser auf der Mikroebene sammeln[906]. Zudem werden sie vielerorts toleriert, wo größere Menschenrechtsorganisationen von staatlicher Seite eingeschränkt

[903] Fowler, The Role of NGOs in Changing State Society Relations: Perspectives from Eastern and Southern Africa, p..68.....

[904] www.no-rascism.net, Euro-afrikanische NGO Konferenz in Rabat, in: http://no-racism.net/article/1747/, 22.9.2006.

[905] Nyang'oro, Development, Democracy and NGOs in Africa, p. 282.

[906] Nelson, Conflict Legitimacy and Effectiveness: Who Speaks for Whom in Transnational NGO Networks Lobbying the World Bank?, p. 435.

werden, da in der Existenz kleiner lokaler Vereine oft keine Gefahr gesehen wird[907].

[907] Fowler, The Role of NGOs in Changing State-Society Relations: Perspectives from Eastern and Southern Africa, p.73.

D. Zwischenergebnis III

Nachdem in den ersten Teilen der Untersuchung vor dem Hintergrund des menschenrechtlichen Globalisierungsprozesses die rechtliche Position der NGOs und ihr Status auf der internationalen Ebene dargestellt wurden, war es das Ziel des dritten und letzten Abschnittes der Arbeit die operativen Möglichkeiten zu untersuchen, die sich aus der Rechtsstellung der NGOs ergeben, und daraus Rückschlüsse auf den tatsächlichen Einfluss zu ziehen, den NGOs im heutigen globalisierten Menschenrechtsschutz ausüben.

NGOs erreichten vor allem in den westlichen Industrienationen auf der Basis politischer Teilhaberechte während den letzten Jahrzehnten einen so großen Einfluss, dass einzelne Organisationen heute in manchen Bereichen sogar aktiv in staatliche Außenpolitik implementiert werden. Dies geschieht in den Bereichen des direkten Menschenrechtsschutzes oder der Entwicklungszusammenarbeit teils durch einen direkten Einbau der Organisationen, etwa in Form von Projektvergaben, in zwischenstaatliche Beziehungen. Teils werden aber auch gezielt Fördermittel an solche Organisationen vergeben, die sich in den betreffenden Regionen für Ziele einsetzen, die den jeweiligen staatlichen Partnern fördernswert erscheinen, wie es etwa im Umfeld der EIDHR üblich ist. NGOs haben dabei den Vorteil eine Position zwischen den staatlichen Parteien einzunehmen. Dadurch finden sie zum einen größere Akzeptanz in den Zielregionen als es direkten staatlichen Maßnahmen möglich wäre, da durch die NGO-Einbindung der direkte fremdstaatliche Einfluss gering bleibt. Zusätzlich sparen die staatlichen Partner Verwaltungsaufwand und profitieren von den Fachkenntnissen der beteiligten Organisationen, wodurch die staatliche Außenpolitik an Effizienz und Effektivität gewinnt.

Als weitere allgemeine Möglichkeit zivilgesellschaftlicher Partizipation hat sich in der Staatenpraxis vor allem im internationalen Menschenrechtschutz die Zuerkennung einer Rechtsposition in den bestehenden Vertragskörpern etabliert. Dabei kann NGOs im Rahmen der jeweiligen Konventionen eine Rechtsstellung zugestanden werden, die ihnen gewisse Teilhaberechte bei der Umsetzung der jeweiligen Vertragskörper einräumt. Eine solche Einbindung kann etwa in Form von Statusvergaben oder Konsultationsrechten im Rahmen der Vertragsorgane erfolgen, wie es beispielsweise im Vertragskörper der CRC umgesetzt wurde.

Eine weitere Möglichkeit ist die Vergabe einer Partei- der Beteiligtenstellung im Rahmen vertraglich festgelegter Verfahrenstypen. Am bedeutendsten für NGOs sind hierbei Individualbeschwerdeverfahren, wobei die meisten verfahren im Rahmen der größeren Konventionen jedoch eine direkte Opfereigenschaft voraussetzen. Das Arbeitsfeld der NGOs beschränkt sich daher meist auf Anleitung und Hilfe bei der Beschwerdeführung oder auf das Sammeln und zur Verfügung stellen von Informationen.

Ähnliche Probleme zeigen sich auch bei den Beteiligungsmöglichkeiten in den Systemen des regionalen Menschenrechtsschutzes. Hierbei ist jedoch der Trend zu beobachten, dass die Beteiligungsmöglichkeiten bei den jüngeren Systemen der OAS und der AU deutlich ausgeprägter sind, als es im Europäischen Menschenrechtsschutz der Fall ist. Auch fällt auf, dass die Einbindung zivilgesellschaftlicher Akteuren in den regionalen Systemen umso ausgeprägter wird, je konfliktbelasteter das Verhältnis der Beteiligten Staaten untereinander, und je instabiler die regionale politische Situation beschaffen ist.

Diese Beobachtungen lassen sich teils mit dem allgemeinen Trend erklären, dass sich NGOs in den letzten Jahrzehnten aufgrund ihrer steigenden Zahl immer weitere Betätigungsfelder erschließen konnten. Teils zeigt sich daran aber auch, dass durch NGOs auch dort noch eine Zusammenarbeit über die internationale Ebene möglich ist, wo der Menschenrechtsschutz von nationaler oder regionaler Seite an seine Grenzen stößt oder gar nicht mehr gewährleistet wird. So lässt sich etwa die verhältnismäßig starke NGO-Position im afrikanischen Bereich erklären.

Unter solchen politisch instabilen Verhältnissen, oder wenn sie mit repressiven regimen konfrontiert sind stoßen NGOs aber auch schnell an ihre Grenzen, da sie sich gegen die Machtposition der staatlichen Ebene unter solchen Umständen nur schwer durchsetzen können. An dieser Situation wird deutlich, dass NGOs selbst eines völkerrechtlichen Schutzes bedürfen, wenn sie ihre Schutzfunktionen in den betreffenden Gebieten weiterhin effektiv ausüben können sollen.

Erste Ansätze diese schwache Position von NGOs zu stärken sind 1998 durch die GV der Vereinten Nationen in Form der HRDefDec zwar unternommen worden, jedoch fehlt es dem erst 2002 eingerichteten zugehörigen *„treaty body"* noch an der nötigen Durchsetzungskraft. Weitere Probleme ergeben sich beim internationalen Auftreten von NGOs wie in allen bereichen internationaler Zusammenarbeit aus kulturellen Unterschieden sowie aus Unabhängigkeitsverlusten aufgrund einer oft hohen Abhängigkeit von staatlichen Mitteln und mangelnder Legitimation. Vor diesem Hintergrund ergibt sich insgesamt ein eher schwaches Bild von der Durchsetzungskraft zivilgesellschaftlicher Organisationsformen im völkerrechtlichen Machtgefüge. Allerdings bleibt weiterhin abzuwarten, ob sich der Entwicklungsprozess der NGOs auch weiterhin fortsetzen wird. Hierbei könnte sich auf lange Sicht ein weiterer Zuwachs an Einfluss zugunsten der organisierten Zivilgesellschaft abzeichnen.

Allgemeine Schlussfolgerungen

A. Schlussfolgerungen

Die tatsächliche Orientierung der Staatenpraxis am Völkerrecht kann am besten durch das Zitat des amerikanischen Völkerrechtlers *„Louis Henkin"*, *„almost all nations observe almost all principles of international law and almost all of the obligations almost all of the time"*, zum Ausdruck gebracht werden[908]. Die Forderung nach einem wirksamen Menschenrechtsschutz setzt eine Struktur voraus, die die Grundlage dazu bildet, dass Menschenrechte dem Menschen in seiner Gesellschaft auch tatsächlich zukommen. Strukturen und nationale Rechtsgrundlagen für eine solche Durchsetzung wären heute in den meisten Nationalstaaten vorhanden, jedoch werden internationale Standards dabei häufig nicht ausreichend umgesetzt oder durch kulturelle, wirtschaftliche oder politische Aspekte relativiert.

Anhand der Entwicklung des internationalen Menschenrechtsschutzes lässt sich eine Herauslösung des Individuums aus dem Bereich ursprünglich ausschließlich staatlich gewährleisteter Schutzgarantien und individueller Freiheiten belegen. Dabei entwickelte sich die völkerrechtliche Doktrin von der souveränen Handlungsallmacht des Staates durch die steigende Einflussnahme über die internationale Ebene zu einem Staatsverständnis das zunehmend nicht von der Gestaltung sondern von der Einhaltung völkerrechtlicher Regeln geprägt wird. Die internationale Verantwortlichkeit und überstaatliche Zielsetzung wird im Bereich der Menschenrechte besonders deutlich. Allerdings ist diese Entwicklung zu einem Staatsmodell im Rahmen globalisierter Rechtsvorstellungen keinesfalls abgeschlossen.

Wirtschaftliche Interessen und repressive Regime behindern nach wie vor oftmals die menschenrechtliche Ausrichtung staatlichen Handelns, sei es nun auf der innerstaatlichen oder auf der globalen Ebene. Erschwerend wirkt dabei die Tatsache, dass sich ohne menschenrechtliche Mindeststandards keine wirtschaftlichen Strukturen errichten lassen, und dass eine effektive Umsetzung der Menschenrechte ohne ein Mindestmaß an wirtschaftlicher Leistungsfähigkeit genauso unmöglich scheint. In vielen Regionen herrscht eine so weitgehende Armut der Bevölkerung, dass bereits dadurch die Menschenwürde an sich beeinträchtigt scheint. Die daraus oft resultierende politische Instabilität beeinträchtigt jede Form nachhaltiger Entwicklungsmöglichkeiten.

Unter diesen Umständen sind es oft NGOs, die im Rahmen der gegebenen Möglichkeiten rechtliche Schritte zur Verbesserung der Situation einleiten. Dabei stellen die *non-profit* NGOs oft eine *„dritte Kraft"* zwischen dem Staat, dessen Sphäre sie schon begrifflich nicht angehören, und dem Bereich der marktwirt-

---

[908] Henkin, How Nations Behave: Law and Foreign Policy, p. 47.

schaftlich handelnden Organisationen, dem die menschenrechtlichen NGOs nach einigen Definitionen ebenfalls nicht angehören, dar. In dieser Position profitieren NGOs sowohl von ihrer Unabhängigkeit gegenüber dem Staat als auch von ihrer Unabhängigkeit gegenüber dem Markt.

Problematisch ist dabei die völkerrechtliche Handlungsfähigkeit einer NGO, da NGOs nicht durch völkerrechtlichen Gründungsakt entstehen, sondern als Vereine gegründet werden und damit juristische Personen im nationalen Recht des Gründungsstaates sind. Eine relative Völkerrechtssubjektivität - und damit eingeschränkte völkerrechtliche Rechts- und Handlungsfähigkeit - lässt sich dabei jedenfalls aus den im Rahmen des universellen Menschenrechtsschutzes garantierten politischen Teilhaberechten herleiten. Darüber hinaus ist eine Anerkennung durch die bestehenden Völkerrechtssubjekte im Rahmen der faktischen Handlungsfähigkeit einer Organisation möglich. In diesem Rahmen können NGOs Teilhaberechte im Bereich internationaler Organisationen erlangen, und in einzelnen Fällen sogar aktiv in deren Projekte eingebunden werden. Dabei ist sowohl eine fachbezogene als auch eine regional begrenzte Kompetenzübertragung im Zusammenhang mit den Aufgaben einer internationalen Organisation denkbar. Beispiel hierfür sind etwa die Statusvergabemodalitäten der Vereinten Nationen oder die Projekteinbindung in der Menschenrechts- und Entwicklungspolitik der EU.

Betrachtet man den informellen und meist zeitlich begrenzten Charakter der meisten NGO-Aktivitäten im internationalen Menschenrechtsschutz, so ergibt sich dennoch ein erstaunlicher Einfluss – vor allem der nördlichen und meist besser organisierten NGOs - auf die Staatenpraxis. Trotz ihrer weit gestreuten Aktivitäten und uneinheitlichen Organisationen ist der Einfluss, den NGOs auf Gestaltung und Durchsetzung der Menschenrechte ausüben, ein nicht zu unterschätzender Faktor. Ein offensichtlicher Grund dafür ist, dass in der heutigen globalisierten Medien- und Informationsgesellschaft jedes staatliche politische System Gefahr laufen würde, ernsthaften Schaden zu nehmen, sollte die internationale öffentliche Meinung gegen tatsächliche oder potenzielle Menschenrechtsverletzungen in seinem Einflussbereich mobilisiert werden. Zusätzlich können durch die Offenlegung von Menschenrechtsverletzungen direkt oder indirekt Rechtsfolgen, etwa in Form von Verfahren der UN-Menschenrechtskommission, ausgelöst werden, wodurch die Interessen der betroffenen Regierungen jedenfalls beeinträchtigt werden.

Der wahrscheinlich wichtigste Grund ist allerdings, dass durch die fehlende Bereitschaft eines Staates menschenrechtliche Standards zu gewährleisten, unabhängig von seiner formellen Beteiligung an menschenrechtlichen Konventionen, eine negative Atmosphäre gegen den betreffenden Staat auf der internationalen Ebene geschaffen wird. Hinzu kommt, dass die Grenze zwischen bindendem und unverbindlichem Recht im Völkerrecht oft fließend verläuft. Dadurch wird es NGOs oft erleichtert, in der öffentlichen Debatte Positionen zu beziehen, die völkerrechtliche Prozesse als binäre Wertvorstellungen darstellen. Dies hat zur Folge, dass in der öffentlichen Debatte nur zwischen Positionen wie legal und illegal oder gut und böse unterschieden wird, unabhängig ob eine tatsächliche Verletzung der materiellen Rechtslage vorliegt.

Aus diesen Gründen ergibt sich aber auch eine grundsätzlich ablehnende Haltung vieler Staaten gegenüber NGOs. Die Effektivität der Arbeit von NGOs kann von staatlicher Seite in vielerlei Hinsicht behindert werden. Zu den in der Vergangenheit üblichen Repressionen gegen einzelne Aktivisten entwickelt sich in den letzten Jahren verstärkt eine neue allgemeine Vorgehensweise gegen NGOs in der Staatenpraxis. Dabei wird das gesamte Umfeld in dem die betreffenden Organisationen agieren in Form von Verwaltungsauflagen oder spezieller NGO-Gesetzgebung eingeschränkt. In Frage kommen hierbei etwa eine Beschneidung politischer Teilhaberechte wie der Gründungs- und Assoziationsfreiheit oder auch ein striktes Verweigern der Anerkennung der Rechtspersönlichkeit der betreffenden Organisationen . Daher bedürfen NGOs selbst eines völkerrechtlichen Schutzes, wenn gewährleistet werden soll, dass sie ihre Funktionen auch effektiv wahrnehmen können.

Durch die ständige Weiterentwicklung des internationalen Menschenrechtsschutzes und die damit verbundene Rechtspraxis hat sich heute ein internationaler Standard herausgebildet. Tatsächlich sind aber in vielen Staaten immer noch massive Menschenrechtsverletzungen an der Tagesordnung. Der Unterschied zwischen rechtlichem Gebot und der Wirklichkeit kann nur dann wirksam beseitigt werden, wenn die Instrumente zur Durchsetzung der Menschenrechte verbessert und neue Gesichtspunkte in den Menschenrechtsschutz miteinbezogen werden.

Nichtstaatliche Organisationen nehmen heute als institutionalisierter Ausdruck sozialer Bewegungen, und damit als zivilgesellschaftliche Akteure, bei der Gestaltung regionaler Menschenrechtsschutzsysteme immer stärkere Positionen ein. Während NGOs bei der Gestaltung des europäischen Menschenrechtsschutzes in den fünfziger Jahren noch keine institutionalisierte Funktion zugesprochen bekamen, wurden ihnen in dem in den siebziger Jahren gestalteten amerikanischen Menschenrechtsystem bereits konkrete Verfahrensrechte zugestanden, die im jüngsten regionalen Menschenrechtsschutzsystem - dem afrikanischen – noch erweitert wurden.

Das komplexe Zusammenspiel zwischen NGOs und staatlichen Akteuren, das sich in der internationalen Rechtspraxis herausgebildet hat, prägt heute das System des internationalen Menschenrechtsschutzes. Das Ergebnis ist der Einfluss eines hohen Maßes an rechtlichem Pluralismus. Die Gestaltung eines einheitlichen Menschenrechtsschutzes in der transnationalen Gesellschaft hängt von der Integration der neuen dynamischen Entwicklungen - vor allem im Bereich der Zivilgesellschaft - in die traditionellen Rechtssetzungsprozesse ab.

Angesichts der fortschreitenden Globalisierung ist der Schutz der Menschenrechte heute nur noch global zu denken. Dabei treten allerdings tiefgreifende Probleme auf. Weder existiert ein Weltstaat noch ein institutionalisiertes Weltbürgerrecht, das allen Menschen unmittelbar die politischen und sozialen Rechte garantieren könnte. Somit kann nur von einer teilweisen Globalisierung gesprochen werden. Auch wenn es nichtstaatlichen Organisationen bisher nicht möglich war, ein von staatlicher Macht losgelöstes Menschenrechtsnetzwerk zu gestalten, sollte die derzeitige Situation nicht als unüberbrückbares Hindernis zwischen der internationalen Rechtspraxis und NGOs gesehen werden[909].

Heute sind NGOs bereits häufig in staatliche Prozesse eingebunden. Die Entwicklung der letzten Jahrzehnte zeigt, dass NGOs dabei immer größere Aufgabenbereiche, vor allem in Zusammenarbeit mit internationalen Organisationen, übernehmen konnten. Dabei ist die Zusammenarbeit mit internationalen Organisationen oder eine Einbindung in internationale Prozesse, etwa in Form von Statusvergaben, nur eine Möglichkeit aber keine Grundvoraussetzung für das effektive Wirken zivil-gesellschaftlicher Faktoren auf der internationalen Ebene. Vielmehr ergeben sich die Einflussnahmemöglichkeiten von NGOs durch die tatsächliche Anerkennung, die den einzelnen Organisationen entgegengebracht wird. Diese Anerkennung resultiert einerseits aus der Fachkompetenz der Organisation, zum anderen aus ihrem Volumen und damit aus ihrer möglichen Öffentlichkeitswirkung.

Da sich heute auch unter den Entwicklungsländern immer mehr Staaten mit demokratischen Systemen finden, die von der öffentlichen Meinung abhängig sind, erweitert sich auch auf dieser Ebene das Einflussgebiet der NGOs. Nichtstaatliche Organisationen nehmen Einfluss auf Rechtsgestaltungsprozesse, auf die öffentliche Meinung und über Einflussnahme auf die juristische Lehrmeinung auch auf die Rechtsprechung.

Das stückweise Abweichen vom Souveränitätsgedanken sowie die geänderte Stellung des Individuums vor der internationalen Rechtspraxis bestätigen diese Entwicklung. NGOs können bis heute zwar nur durch rechtliche Instrumente, die durch staatliche Macht etabliert wurden agieren, doch nimmt ihr direkter Einfluss auf den internationalen Rechtsgestaltungsprozess sowie ihr indirekter Einfluss auf staatliches Handeln zu. NGOs haben zwar nicht die Möglichkeit eigene Rechtsinstitutionen ins Leben zu rufen, aber sie haben bereits auf vielerlei Art dazu beigetragen, dass erste Schritte zur Gestaltung einer Weltzivilgesellschaft unternommen werden konnten. Dies wird besonders am steigenden Stellenwert von Partizipationsmöglichkeiten in internationalen Organisationen deutlich.

Wie sich aus der Untersuchung ergab zeigt sich die parallele Entwicklung einer Zivilgesellschaft neben dem traditionellen Modell der alleinigen Staatsgewalt besonders dort, wo zivilgesellschaftliche Akteure die Möglichkeit haben, die bestehende Staatsgewalt zu beschränken. Besonders an den Grenzen des internati-

[909] Andreopoulos in: Andreopoulos and Claude, Human Rights Education for..., p.103.

onalen staatlichen Einflussbereichs ergeben sich Teilhabemöglichkeiten für NGOs - wenn wie im Fall der Menschenrechte - Interessen der Staatengemeinschaft als Ganzes in nur genereller Weise normativ formuliert, und die institutionalisierten Durchsetzungsmechanismen - wie etwa in Afrika - nur schwach ausgeprägt sind.

Dabei ist durch das Einbinden von NGOs in die Arbeit internationaler Gremien und Institutionen, wie dies beispielsweise im Rahmen der Vereinten Nationen geschieht, noch keine neue Stufe der internationalen Rechtsentwicklung verwirklicht. Viel wahrscheinlicher ist, daß die heutige Form der Einbindung von NGOs erst den Anfang einer neuen Entwicklung darstellt, in deren Verlauf die tatsächliche Umsetzung der in den Verträgen beinhalteten Rechte immer effektiver gestaltet werden kann.

B. Probleme und Perspektiven des nichtstaatlichen Menschenrechtsschutzes

Die Abwendung von der traditionellen völkerrechtlichen Vorstellung der Souveränität, die moralische Ansprüche, Staatsziele, Recht und Politik miteinander verbindet, und die neue Position des Individuums als Träger von Rechten und Pflichten im modernen Völkerrecht war eine Voraussetzung für die Rechtsvorstellung universell geltender Menschenrechte. Dies drückt sich etwa an der zunehmend institutionalisierten Vorrangstellung völkerrechtlicher Grundsätze gegenüber nationalen und regionalen Rechtssphären aus. Ein Beispiel hierfür ist die steigende Zahl internationaler Gerichte, wobei in den letzten Jahren die Einrichtung des internationalen Strafgerichtshofs und die Gründung des afrikanischen Gerichtshofs für Menschenrechte erwähnt werden können.

Durch dieses neue Rechtsverständnis wurde auch auf der internationalen Ebene auch die Grundlage für das heutige Wirken nichtstaatlicher Akteure geschaffen, das sich in vielerlei Form in der internationalen Rechtssetzung und Rechtsgestaltung widerspiegelt. Das moderne Rechtsverständnis sieht den Zweck der internationalen Rechtsordnung auch in der Gewährleistung eines Interessensschutzes für Individuen. Dieses Verständnis geht heute soweit, dass selbst Institutionen die von staatlicher Seite her unterhalten werden - wie etwa internationale Gerichte - oft in einer Form auf die sich durch NGOs bietenden Möglichkeiten zurückgreifen können, die nicht notwendiger Weise mit staatlichen Interessen übereinstimmt.

Die Hauptstärken von NGOs liegen in der zivilgesellschaftlichen Repräsentation, ihrem Expertenstatus, ihrer Fähigkeit internationale Netzwerke zu organisieren und ihrem Einfluss auf die internationale öffentliche Meinung. Einige der global organisierten NGOs verfügen nicht nur über ausreichendes Fachpersonal sondern auch über umfangreiche internationale Beziehungen. Hiermit ist es ihnen möglich,

Fachkapazitäten und Mittel bereitzustellen, die oft weit über das Budget von kleineren Staaten oder Entwicklungsländern hinausgehen[910].

Hierauf basiert auch das Zusammenspiel zwischen staatlichen und nichtstaatlichen Akteuren bei der Globalisierung der Menschenrechte. Die öffentliche Meinung, die keine direkte Bedeutung in dem vom Gedanken der absoluten Souveränität geprägten klassischen Völkerrecht hatte, gewinnt in den modernen Rechtssystemen, die zunehmend von der Gesellschaft geprägt sind, ständig an Bedeutung. So kann etwa über die Medien indirekt Einfluss auf politische Prozesse ausgeübt werden. Dies hat zur Folge, dass die an der politischen Konsensbildung beteiligten Akteure für die Durchführung ihrer Aktionen einer immer größeren Legitimation durch ihre Basis bedürfen.

In diesem System ergeben sich für NGOs oft Möglichkeiten, die öffentliche Meinung zu beeinflussen und gegebenenfalls Reaktionen zu kanalisieren. Durch den Unterhalt von Netzwerken und gegenseitiger Verbindungen können nichtstaatliche Akteure Belange einer transnationalen Zivilgesellschaft in das internationale Rechtssystem einbringen. Dadurch beeinflussen NGOs das allgemeine Verständnis für die Menschenrechte und versuchen es gegen Staaten, oft unabhängig von materiellen völkerrechtlichen Bindungen, durchzusetzen. Die Legitimation für ihr Vorgehen sehen NGOs dabei in internationalen Standards denen sie sich über ihren Anspruch im Sinne des öffentlichen Interesses zu handeln, verpflichtet fühlen.

Diese Verbindung zwischen traditionellen Mechanismen der internationalen Rechtsordnung und transnationalen sozialen Prozessen, die durch nichtstaatliche Akteure kanalisiert werden, stellt ein neues Element bei der Gestaltung und Durchsetzung des internationalen Rechts dar.

Die Transformation von Strömungen der öffentlichen Meinung zu einer effektiven Repräsentation in internationalen Rechtssetzungsmechanismen birgt verschiedene Probleme in sich. Beispielsweise können NGOs die unterschiedliche gesellschaftliche oder politische Strömungen repräsentieren ihren Einfluss gegeneinander ausspielen oder im Konkurrenzkampf verfallen, wodurch das Ergebnis ihrer Arbeit gemindert wird. Außerdem kann die öffentliche Meinungsbildung auch leicht von staatlicher Seite instrumentalisiert werden, was dann zur Folge hat, dass auch die Akteure der Zivilgesellschaft nicht mehr wirklich unabhängig Handeln. Die Erarbeitung gemeinsamer Standpunkte, die eine Grundlage jeder Form der Globalisierung darstellt, hängt also zum einen von der Richtung ab, in der die jeweiligen NGOs operieren und zum anderen davon, ob die zivilgesellschaftlichen Strömungen sich zuwiderlaufen oder übereinstimmen.

Selbst dem Versuch Menschenrechte als möglichen gemeinsamen und zentralen Bestandteil einer künftigen Zivilgesellschaft anzusehen, stehen einige Faktoren im Weg. Der weitestgehende Aspekt ist dabei die Debatte über den konkreten

---

910 Benedek, The Emerging Global Civil Society: Achievements and Prospects, p. 3.

Schutzbereich und die Geltungsweise der Menschenrechte. Das erste Problem ergibt sich aus ihrer Entstehungsgeschichte. Der fehlende gemeinsame philosophische und ideelle Hintergrund steht der vollständigen universellen Anerkennung der Menschenrechte entgegen. Hinzukommt, dass unvereinbare philosophische wie politische Hintergründe das Rechtsverständnis und den konkreten Inhalt der Menschenrechte in den einzelnen Regionen prägen, wodurch eine einheitliche Geltung und Interpretation auf der globalen Ebene erschwert wird.

Die durch die Annahme der Allgemeinen Erklärung der Menschenrechte beginnende Universalisierung ist ein erster Schritt zur Überwindung dieser Gegensätze, die sich aus dem kulturellen Relativismus der Menschenrechte ergeben. Im Rahmen der Allgemeinen Erklärung sowie der menschenrechtlichen Folgekonventionen wurden Mindeststandards kodifiziert, deren gemeinsamen Kernbereich der Schutz der Menschenwürde bildet. Hieraus kann nicht nur auf das Vorhandensein sondern auch auf eine weitgehende Anerkennung gemeinsamer Werte geschlossen werden.

Als nächstes stellt sich vor diesem Hintergrund die Frage, welche Menschenrechte überhaupt Gegenstand einer Globalisierung sein können. Bereits seit dem Auftreten der Vorstellung von einer universellen Geltung der Menschenrechte trat das Problem auf, wo bei der Gestaltung internationaler Standards Prioritäten gesetzt werden sollten, um Konflikte zwischen den unterschiedlichen Wertvorstellungen zu vermeiden. Eine Globalisierung der Menschenrechte sollte also auf gemeinsamen Werten aufgebaut sein, die auch von staatlicher Seite ausreichende Anerkennung finden, damit eine effektive Verbreitung und Umsetzung durch nichtstaatliche und transnationale Akteure überhaupt stattfinden kann. Die in den jeweiligen Regionen vorhandenen allgemeinen Rechtsgrundsätze lassen dabei Rückschlüsse auf die mögliche Anerkennung neuer Standards zu, bei deren Verbreitung und Umsetzung mit inter- und transnationaler Solidarität gerechnet werden kann[911].

Insgesamt stellen sich also zahlreiche Probleme, von deren Lösung die Weiterentwicklung des internationalen Menschenrechtsschutzes abhängt. Dabei laufen die Universalisierung der Menschenrechte durch traditionelle Rechtssetzungsprozesse und die Globalisierung aus der Dynamik der sich bildenden transnationalen Zivilgesellschaft nur insoweit parallel, als die Bildung und das Agieren der Zivilgesellschaft einer Basis auf traditionellen rechtlichen Grundlagen bedürfen. Dabei ist die Arbeit menschenrechtlicher NGOs an der Verstärkung des vorhandenen, gegen staatliche Gewalt ausgerichteten, Schutzinstrumentariums orientiert.

Beide Prozesse haben gemeinsam, dass die beteiligten Akteure versuchen, einen möglichst breiten Konsens über gemeinsame Wertvorstellungen umzusetzen. Daraus folgt für beide Fälle, dass sich aus der Konsensfindung ein kommunikativer Prozess ergibt, der es ermöglicht, menschenrechtliche Einschränkungen ent-

---

[911] Galtung, The universality of human rights revisited, p. 169.

weder als zulässig oder unzulässig zu klassifizieren. Während die traditionellen Rechtssetzungsmechanismen eher positivistisch geprägt sind, gestaltet sich die zivilgesellschaftliche Konsensfindung als ein nur in groben Zügen koordinierter offener Diskurs.

Trotz der scheinbaren Widersprüche zwischen beiden Prozessen haben sich jedoch bereits erste institutionelle Verknüpfungen gebildet. In diesen Bereichen besteht vielfach eine symbiotische Beziehung. Die meist nur im kleinen Rahmen organisierten zivil-gesellschaftlichen Akteure sind sowohl bei ihrer Entstehung als auch bei der Durchführung ihrer Aktivitäten an ein gewisses Maß an staatlicher Kooperation angewiesen. Betrachtet man die Tätigkeitsbereiche von NGOs, so fällt auf, dass ihre Handlungsfähigkeit entweder bewusst von staatlicher Seite toleriert wird oder ihre Interessen tendenziell dem staatlichen Gewaltanspruch entgegenstehen. Dies wird durch die zunehmende NGO-Gesetzgebung und der damit einhergehenden Erweiterung des staatlichen Hoheitseinflusses gegenüber NGOs deutlich.

Die traditionellen staatlichen Rechtsschutzmechanismen erreichen jedoch, vor allem auf der internationalen Ebene, oft nur einen geringen Grad an Effektivität, wenn sie auf eine Zusammenarbeit mit zivilgesellschaftlichen Akteuren verzichten. Zudem kann eine Zusammenarbeit mit NGOs in einigen Bereichen auch eine Entlastung der staatlichen Sphäre bedeuten. Daher stehen staatliche Interessen der Präsenz von NGOs nicht völlig entgegen, sondern es wird meist durch Gesetzgebung versucht, NGO-Freiräume im Rahmen staatlicher Vorgaben zu gestalten.

Damit NGOs diese Freiräume im Rahmen eines demokratischen *Global-Governance* Systems ausfüllen können, werden langfristig auch Legitimationsanforderungen an den nichtstaatlichen Bereich zu stellen sein. Ihre Funktion als zivilgesellschaftliche Sprachrohre einzelner Interessen kann dabei nur bis zu einem gewissen Grad legitimationsbegründend wirken. Hat die betreffende Organisation ein gewisses Maß an faktischer Bedeutung erreicht, sollte die Organisationsstruktur auch einem Mindestmaß an demokratischer, interner wie externer Kontrolle unterliegen. Die Unterwerfung der Organisationen unter demokratische Grundsätze stellt zwar möglicherweise ein Hindernis für effizientes und effektives Handeln der Organisation dar, auf der anderen Seite ist sie aber auch eine Voraussetzung für eine umfassende institutionelle wie rechtliche Anerkennung auf internationaler Ebene.

Fasst man all diese Fakten zusammen wird die neue Stellung des Staates im globalisierten System deutlich. Gerade in Bezug auf Menschenrechte kann der Staat zwar formal aber nicht mehr inhaltlich autonom handeln. Damit wurde dem Staat die Kontrollfunktion über die betreffenden internen Vorgänge entzogen. Gleichzeitig wurde er über die internationale Ebene höheren Legitimitätsanforderungen unterworfen. Seine Funktion liegt damit nicht mehr ausschließlich in der Durchsetzung und Abwägung eigener Interessen, sondern auch in der Gewährleistung umfangreicher Rechtsschutzansprüche die bei den durch ihn mediatisierten

Individuen liegen. Dabei erhält die Einbindung und Koordination zivilgesellschaftlicher Akteure eine ständig steigende Bedeutung, da hiermit die Wachsamkeit der einzelnen Individuen kanalisiert wird, wodurch die staatlichen Kontrollmechanismen .auf der internationalen Ebene eine ständig wirksamer werdende Ergänzung erhalten.

Literaturverzeichnis

Albrow, Martin, auf dem Weg zu einer globalen Gesellschaft?, in: Ulrich Beck, Perspektiven der Weltgesellschaft, Edition Zweite Moderne, Suhrkamp-Verlag, Frankfurt am Main, 1998 S. 411- 434

Alefsen, Heike Menschenrechte im Umbruch, Vorwort: 50 Jahre allgemeine Erklärung der Menschenrechte, Luchterhand Verlag GmbH, Darmstadt, 1998

Alfredsson, Gundumnur; **Eide**, Asbjorn, The Universal Declaration of Human Rights – A Common Standard of Achievement, Kluwer Law International, The Hague, 1999

Alger, Chadwick, The Emerging Roles of NGOs in the UN-System: From Article 71 to a People´s Millenium Assembly, in: Global Governance 8 (2002), p. 93-117

Alston, Philip; **Weiler**, J.H.H, An EU Human Rights Policy, in: Philip Alston, The EU and Human Rights, Oxford University Press, Clarendon Press, Oxford, New York, 1999, p. 3-66

Alston, Philip, The Commission on Human Rights, in: Philip Alston, The United Nations and Human Rights, Clarendon Press, Oxford, 1992, p. 126- 210

Alston, Philip; **Crawford,** James, The Future of UN Human Rights Treaty Monitoring, Cambridge University Press, Cambridge, 2000

Altvater, Elmar; **Mahnkopf**, Birgit, Grenzen der Globalisierung – Ökonomie, Ökologie und Politik in der Weltgesellschaft, westfälisches Dampfboot, 1999

Amnesty International, HIVOS, Human Rights Defenders in Dutch Foreign Policy – Recommendations by Amnesty International and HIVOS, Amsterdam, Den Haag, 2003

Andropoulos, George; **Claude**, Richard; Human Rights Education fort the 21. Century, University of Pennsylvania Press, Philadelphia 1997

Anzilotti, Dionisio, Lehrbuch des Völkerrechts, vom Verfasser durchgesehene und autorisierte Übertragung der 3. revidierten Auflage, Walter de Gruyter & Co, Berlin, Leipzig, 1929

Aquin, Thomas von, Über die Herrschaft des Fürsten, Phillip Reclam Verlag, Stuttgart, 1971

Arndt, Hans-Wolfgang, Europarecht, 3. neubearbeitete Auflage, C.F. Müller Verlag, Heidel-berg, 1998

Arnold, Hans, Die Politik der EU in der UNO als Möglichkeit und Maßstab für ihre Gemeinsame Außen- und Sicherheitspolitik (GASP) und die Europäische Sicherheits- und Verteidigungspolitik (ESVP), in: Sabine von Schorlemer, Praxishandbuch UNO - Die Vereinten Nationen im Lichte globale Herausforderungen, Springer-Verlag, Berlin, Heidelberg, New York, 2003, S. 157-176

Badelt, Christoph, Handbuch der Nonprofit-Organisationen: Strukturen und Management, 3. überarbeitete und erweiterte Auflage, Schäffer-Pöschel Verlag, Stuttgart, 2002

Bailey, Sidney, The UN-Security Council and Human Rights, St. Martins Press, London, New York, 1994

Barkoff, Jens, Die Organisation für Sicherheit und Zusammenarbeit in Europa – Eine völkerrechtliche Bestandsaufnahme, Duncker & Humbolt, Berlin, 1996

Basedow, Jürgen; **Kono**, Toshikuyuki, Legal Aspects of Globalisation, Kluwer Law Inter-national, The Hague, New York, Boston, 1999

Bassiouni, Cherif, Das Vermächtnis von Nürnberg - Eine historische Bewertung 50 Jahre danach; Aus dem amerikanischen übertragen von Sylvia Heller, In: Strafgerichte gegen Menschheitsverbrechen: zum Völkerstrafrecht 50 Jahre nach den Nürnberger Prozessen, Hamburger Edition, Hamburg 1995

Bassiouni, Cherif, Crimes Against Humaninty in International Criminal Law, Kulwer Academic Publishers, Norwell, USA 1992

Bayefsky, Anne, The UN Human Rights Treaty System in the 21st Century, Kluwer Law International, The Hague, London, Boston, 2001

Beck, Ulrich, Was ist Globalisierung? Irrtümer des Globalismus - Antworten auf Globalisierung, 4. Auflage, Suhrkamp Verlag, Frankfurt am Main 1998

Becker, Astrid, Der Tatbestand des Verbrechens gegen die Menschlichkeit, Dissertation zur Erlangung des Doktorgrades, Dunckner & Humbolt, Berlin 1996

Benedek, Wolfgang, Demokratisierung internationaler Wirtschaftsorganisationen am Beispiel der WTO, in: Hedwig Kopetz, Joseph Marko, Klaus Poier, Soziokultureller Wandel im Verfassungsstaat – Phänomene politischer Transformation, Festschrift für Wolfgang Mantl zum 65. Geburtstag, Böhlau Verlag, Wien, Köln, Weimar, 2005, S. 225-238

Benedek, Wolfgang, Developing the Constitutional Order of the WTO – The Role of NGOs, in: Development and Developing International and European Law – Essays in Honour of Konrad Ginther on the Ocassion on his 65th Birthday, Peter Lang Offprint, Frankfurt am Main, Berlin, Bern, Bruxelles, New York, Wien, 1999, p. 228- 250

Benedek, Wolfgang, Die Rechtsordnung des GATT aus völkerrechtlicher Sicht, Springer-Verlag, Berlin, Heidelberg, New York, London, Paris, Tokyo, Hong Kong, Barcelona, 1990

Benedek, Wolfgang, Die Welthandelsorganisation (WTO) - alle Texte einschließlich GATT (1994), GATS und TRIPS herausgegeben und eingeführt von Wolfgang Benedek, Verlag C.H. Beck, München, 1998

Benedek, Wolfgang, Durchsetzung von Rechten des Menschen und der Völker in Afrika auf regionaler nationaler Ebene, Zeitschrift für ausländisches öffentlicher Recht und Völkerrecht, Kohlhammer GmbH Stuttgart, ZAöRV 54(1994) S. 150-181

Benedek, Wolfgang, Globale Governance der Weltwirtschaft, in: Peter Koller, Die globale Frage - empirische und ethische Herausforderungen, Passagen-Verlag, Wien, 2005, S. 257-2

Benedek, Wolfgang, The Emerging Global Civil Society: Achievements and Prospects, in: Changing Patterns of Authority in the Global Political Economy, Tübingen 2006

Berhaykun, Andemicael, The OAU and the UN, Africana Publishing Company, New York, London, 1976

Bernhardt, Rudolf, Encyclopaedia of Public International Law, Max- Planck-Institute for Comparative Public Law and international Law; Amsterdam, London, New York, Tokio, 1992

Bianchi, Andrea, Globalisation of Human Rights, in: Günter Teubner, Global Law without a State, Dartmouth Publishing Company Ltd; Aldershot, England, 1996

Bielefeld, Heiner, Ein „von allen Völkern und Nationen zu erreichendes gemeinsames Ideal“ - Der Streit um die Universalität der Menschenrechte, in: Menschenrechte im Umbruch: 50 Jahre allgemeine Erklärung der Menschenrechte, Luchterhand Verlag GmbH, Darmstadt, 1998

Boos, Phillip, Der Internationale Strafgerichtshof und die Geschichte seiner Behinderung, in: http://www.friedenskooperative.de/ff/ff02/4-66.htm, 18.01.2005

Boven, Theo van, The United Nations Secretariat, in.: Philip Alston, The United Nations and Human Rights, Oxford University Press, Clarendon Press, Oxford, New York, 1992

Busingye, Winfried, Self Governance and Sustainable Development: The case of Community Based Organisations, paper presented on the third multilateral workshop on the right to development and capacity building for sustainable development and democratic governance, Maputo 12 (1996) 9-11

Bratton, Michael Non-Governmental Organisations in Africa: Can they influence public policy?, in: Eve Sandberg, The Changing Politics of Non- Governmental Organisations and African States, Praeger Publishers, Westport, 1994, S. 33-58

Bretherton, Charlotte, Allgemeine Menschenrechte – Der „menschliche Faktor“ in der Weltpolitik?, in: Ulrich Beck, Perspektiven der Weltgesellschaft, Edition Zweite Moderne, Suhrkamp-Verlag, Frankfurt am Main, 1998, S. 257-292

Brock, Lothar, Der Streit um die Menschenrechte – Universalismus, kulturelle Differenzen und Interessenpolitik, in: epd- Entwicklungspolitik 1995 - 5/6, a-g

Brunnengräber, Achim; **Stock,** Christian; **Wahl,** Peter; Offensive des Lächelns – NGOs als Hoffnungsträger neuer Weltpolitik, in: Global Governance - Alternative zur neoliberalen Globalisierung?, Westpählisches Dampfboot, Münster, 2000, in: http://www.oeku-buero.de/veroeff/sozbewegungen/offensivedeslaechelns.html, 30.9.2006

Callies, Christian; **Ruffert**, Matthias, Kommentar zu EU- Vertrag und EG- Vertrag, 2. Auflage, Herrmann Luchterhand Verlag, Darmstadt 2002

Caroll, Thomas, Intermediary NGOs – The supporting Link in Grassroots Development, Krumarian Press, West Hartfort, 1992

Carty, Antony, The Third World Claim to Economic Self-Determination: Theoretical Aspects, in: Subrata Chowhury; Erik Denters; Paul de Waart, Right to Development in International Law, Martinus Nijhoff Publishers, Dodrecht, London, Boston, 1992, p. 43-60

Cassese, Antonio, Human Rights in a Changing World, Policy Press Hartnolls Limited, Bodmin, Cornwall, 1990

Cerna, Christina, Universality of Human Rights and Cultural Diversity: Implementation of Human Rights in Different Socio- Cultural Contexts, in: Human Rights Quarterly 16 (1994) 4, p.740- 752

Cerny, Phillip, Globalisierung und die neue Logik kollektiven Handelns, in: Ulrich Beck, Politik der Globalisierung Edition Zweite Moderne, Suhrkamp-Verlag, Frankfurt am Main, 1998, S., 263-296

Cerny, Phillip, What next fort the State?, Rethinking Sovereignty in: Globalization: Theory and Practice, edited by Eleonore Kofmann and Gilian Youngs, York House Typographic Ltd., 1996, p. 122-137

Clapham, Andrew, UN human rights reporting procedures: A NGO perspective, in: Philip Alston and James Crawford, The Future of UN Human Rights Treaty Monitoring, Cambridge University Press, Cambridge, 2000, p. 175-200

Claudius, Thomas und **Stepan**, Franz, Amnesty international - Portrait einer Organisation, 2. erweiterte Auflage, R. Oldenbourg Verlag, Wien 1977

Colas, Dominique, Civil Society: a historical and conceptual approach, in: Gosewinkel, Dieter; Reichardt, Sven, Ambivalenzen der Zivilgesellschaft, Gegenbegriffe, Gewalt und Macht, Discussion Paper Nr. SP IV 2004-501, Wissenschaftszentrum Berlin für Sozialforschung, WZB, Berlin, 2004, p. 14-25

Comeau, Pauline, Slavery Working Group calls for all-out against trafficking, in: For the record – Indigenous People and Slavery in the United Nations, A Special Report of Two Working Groups of the Human Rights Sub-Commission – August 1991, Human Rights Internet Reporter, 1991, p. 38-40

Cox, Aidan; **Chapman,** Jenny, The European Community External Cooperation Programmes – Policies, Management, Distribution, Overseas Development Institute, London, 1999

Crombrugghe, Geneviéve de, Institutional Support for NGOs in the South, in: The Courier 152/1995, in: http://www.thecourier.co.uk/output//1995/06/01/index.htm, 25.09.2004, p. 71-72

Daftary, Farimah, Das Dritte OSZE-Implementierungstreffen über Fragen der menschlichen Dimension in Warschau 1997, in: OSZE Jahrbuch 1998, Nomos Verlagsgesellschaft, Baden-Baden, 1998, S. 275-296

Dahl, Robert, A Preference to Economic Democracy, Polity Press, Cambridge, 1985

Dahl, Robert, Polyarchie – Participation and Opposition, 4th Edition, Yale University Press, London, 1973

Davidson, The Inter-American Human Rights-System, Dartmouth Publishers, Aldershot, Brookfield, Singapore, Sydney, 1997

Decker, Claudia, Die Einbindung von Unternehmen und NGOs in globale Ordnungsstruktur-en, in: http://www.h-quandt-stiftung.de/root/index.php?lang=de&page_id=738, 30.9.2006

Delbrück, Jost, Nichtregierungsorganisationen, Geschichte – Bedeutung – Rechtsstatus, Universität Kiel, Kiel 2003

Detrick, Sharon, Detrick, A Commentary on the UN-Convention on the Rights of the Child, Martinus Nijhoff Publishers, The Hague, London, Boston, 1999

Deutsche Gesellschaft für die Vereinten Nationen e.V, Bericht über die menschliche Entwicklung 2000 – Veröffentlicht für das Entwicklungsprogramm der Vereinten Nationen (UNDP), Bonn, 2000

Dicke, Klaus, Erscheinungsformen und Wirkung der Globalisierung in Struktur und Recht des internationalen Systems auf universaler und regionaler Ebene sowie gegenläufige Renationalisierungstendenzen, in: Völkerrecht und internationales Privatrecht in einem sich globalisierenden internationalen System - Auswirkungen der Entstaatlichung transnationaler Rechtsbeziehungen, Berichte der deutschen Gesellschaft für Völkerrecht, Band 39, C.F. Müller Verlag, Heidelberg, 2000, S. 13-41

Dicke, Klaus, Interventionen zur Durchsetzung internationalen Ordnungsrechts: Konstitutives Element der neuen Weltordnung?, in: Jahrbuch für Politik, 3 (1993), S. 259-283.

Dietrich, Wolfgang, Menschenrechte und Entwicklung – Pädoyer für eine Unterbrechung der Debatte, in: Journal für Entwicklungspolitik, 10(1994)1, S. 67- 77

Ditutu, Bukasa, Zur Problematik der Menschenrechtskonzeption im Kontext der gegenwärtigen Architektur des Staates Afrikas – Zwischen Konzeption und Praxis, Paper des ICAP, International Center for African Perspectives, Wien, o. J.

Doehring, Karl, Völkerrecht, 2. neubearbeitete Auflage, C.F. Müller Verlag, Heidelberg 1998.

Dunant, Henry, Eine Erinnerung an Solferino, in: Krieger ohne Waffen, Das internationale Rote Kreuz, Eichborn Verlag, Frankfurt am Main, 2001, S. 27-52

Ehlers, Kai, Schaufelweise Sand ins Getriebe - Das neue NGO-Gesetz der Duma lässt sich bei genauerem Hinsehen auch als "Lex Chodorkowski" deuten, AG Friedensforschung, Uni Kassel, in:

Erbel, Klaus, How West Germany Revamped its Policy, in: Strengthening Environmental Cooperation with Developing Countries, OECD, Paris, 1989

Erler, Adalbert und **Kaufmann,** Ekkehardt, Handwörterbuch zur deutschen Rechtsgeschichte in 5 Bänden, Erich Schmidt Verlag GmbH, Berlin 1990

Europäisches-Parlament – Informationen, Beratende Versammlung des Abkommens von Lomé (AKP-EWG), 2. Tagung- Luxemburg, 8. bis 10. Juni 1977, Luxemburg, Brüssel, 1977

Evans, Malcolm, The Reporting Mechanism of the African Charter on Human and Peoples Rights, in: Malcolm Evans, Rachel Murray, The African Charter on Human and Peoples Rights – The System in Practice 1986-2000, Cambridge University Press, 2002, p. 36-60

Farer, Tom, The Rise of the Inter-American Human Rights Regime: Not Yet an Ox – no longer a Unicorn, in: Human Rights Quarterly, 19 (1997), p. 510-546

Feld, Werner, Multinational Corporations and UN-Politics – The Quest for Codes of Conduct, Pergamon Press, New York, oxford, Toronto, Sydney, Frankfurt, Paris, 1980

Fiero, Elena Legal Basis and Scope of the Human Rights Clauses in EC Bilateral Agreements, Any Room for Positive Interpretation?, in: ELJ 2001, p. 45- 51.

Fischer, Stanley, Globalisierung: Bedrohung oder Chance – Der IWF-Stab, Acting Managing Director of the International Monetary Fund, Given at the Conference on "Promoting Dialogue: Global Challenges and Global Institutions" at American University in Washington,D.C.,13.4.2000, in: http://www.imf.org/external/np/exr/ib/2000/deu/041200g.htm, 5.9.2005.

Fowler, Alan, The Role of NGOs in Changing State-Society Relations: Perspectives from Eastern and Southern Africa, in: Evelopment Policy Review, Sage Press, London, Newbury Park, New Dehli, 9 (1991), p. 53-84.

Frantz, Christiane, Neues Spielfeld für NGOs? – Nationalstaaten und NGOs in der transnationalen Politik, Münsteraner Diskussionspapiere zum Nonprofit Sektor – Nr. 14, Arbeitsstelle aktive Bürgerschaft, Institut für Politikwissenschaft der Westfälischen Wilhelms-Universität Münster, 2001, in: www.dritte-sektor-forschung.de, 15.12.2005

Frieling, Ekkehart, Kompetenz- und Organisationsentwicklung in Non-Profit-Organisationen : Gewerkschaften, Bildungsträger und öffentliche Verwaltung im wirtschaftlichen Wandel, Waxmann Verlag, Münster, 2002

Friesenhahn, Ernst, Menschenrechte, in: Karl Strupp und Hans- Jürgen Schlochauer, Wörterbuch des Völkerrechts, 2. Band, de Gruyter Verlag, Berlin, 1961, S. 503- 511

Frowein, J.A., The european and American Conventions on Human rights: A Comparison, Human Rights Law Journal, 1 (1980), p. 44-68

Galtung, Johan, The universality of human rights revisited: some less applaudable consequences of the human rights tradition, in: A. Aide und B. Hagtvet, Human Rights in Perspective: A Global Assessment, Blackwell Business, Oxford 1992, p. 152-173

Geremek, Bornislav, Entwicklung und Perspektiven der OSZE, in: OSZE Jahrbuch 1998, Nomos Verlagsgesellschaft, Baden-Baden, 1998, S. 27-38

Giddens, Anthony, The Consequences of Modernity, Stanford University Press, Stanford 1990

Gladgow, Manfred, die Nicht- Regierungsorganisationen in der internationalen Entwicklungszusammenarbeit, in: Dieter Nohlen & Franz Nuscheler, Handbuch der Dritten Welt, Band 1., 3. Aufl., J.H.W. Dietz Nachf. Verlag, Ulm, 1992, S. 304-326

Goodman, James, Die Europäische Union: Neue Demokratieformen jenseits des Nationalstaats, in: Ulrich Beck, Politik der Globalisierung, Edition Zweite Moderne, Suhrkamp-Verlag, Frankfurt am Main, 1998, S. 331- 348

Gosewinkel, Dieter; **Reichardt,** Sven, Ambivalenzen der Zivilgesellschaft, Gegenbegriffe, Gewalt und Macht, in: Gosewinkel und Reichardt, Discussion Paper Nr. SP IV 2004-501, Wissenschaftszentrum Berlin für Sozialforschung, WZB, Berlin, 2004, S. 1-6

Grabenwarter, Christoph, Europäische Menschenrechtskonvention, 2. Auflage, C.H. Beck Verlag, München; Manz'sche Verlagsbuchhandlung, Wien, 2005

Grant, Stefanie, The NGO Role: Implementation, Expanding Protektion and Monitoring the Monitors, in: The UN- Human Rights Treaty System in the 21 Century, editd by Anne F. Bayefsky, Kluwer Law International, The Hague, London, Boston, 2000

Grassi, Die Rechtsstellung des Individuums im Völkerrecht, Verlag Keller-Winterthur, St. Gallen, Zürich, 1955

Gröben, Hans von der; **Schwarze,** Jürgen, Kommentar zum Vertrag über die Europäische Union und zur Gründung der Europäischen Gemeinschaft, Band. 1, 6. Auflage, Nomos Verlagsgesellschaft Baden- Baden, 2003

Guggenheim, Paul, Lehrbuch des Völkerrechts, Verlag für Recht und Gesellschaft AG, Basel 1951

Guradze, Heinz, Der Stand der Menschenrechte im Völkerrecht, Verlag Otto Schwartz & Co; Göttingen 1956

Gutto, Shadrack, Human Rights for the Oppressed – Critical Essays on Theory and Practice from Sociology of Law Perspectives, Lund University Press, Lund 1993

Gutto, Shadrack, ICJ Workshops on NGO Participation in the African Commission on Human and Peoples Rights – A Critical Evaluation, International Commission of Jurists, 1996

Haas, Günther, der Fall Daschner - Folter und der Europäische Gerichtshof für Menschenrechte, in: NJW-aktuell, 36 (2005), S. XX

Habermas, Jürgen, Jenseits des Nationalstaats? Bemerkungen zu Folgeproblemen der wirtschaftlichen Globalisierung, in: Ulrich Beck, Politik der Globalisierung, S. 67-85, Edition Zweite Moderne, Suhrkamp-Verlag, Frankfurt am Main, 1998

Harrington, Julia, The African Court on Human and Peoples' Rights, in: Malcolm Evans, Rachel Murray, The African Charter on Human and Peoples Rights – The System in Practice 1986-2000, Cambridge University Press, 2002, p. 305-334

Hau, André, Sanktionen und Vorfeldmaßnahmen zur Absicherung der europäischen Grundwerte, Nomos Verlagsgesellschaft, Baden- Baden, 2002

Heintze, Hans Joachim, Menschenrechte Durchsetzen – Forderungen zum 50. Jahrestag der UN-Menschenrechtserklärung, Policy Paper 10, Stiftung Entwicklung und Frieden – Development and Peace Foundation, Bonn, 1998, siehe auch http://bicc.uni-bonn.de/sef, 29.9.2005.

Held, David, Democracy and the Global Order - From the Modern State to Cosmopolitan Governance, Stanford University Press, Polity Press, Cambridge, Stanford – California, 1995

Held, David, Models of Democracy, 2nd Edition, Polity Press, Cambridge, 1996

Held, David; **McGrew**, Anthony; **Goldblatt,** David; **Peratton**, Jonathan; Globalisation, in: Global Governance, 5 (1999), p. 483-496.

Henkin, Louis, How Nations Behave: Law and Foreign Policy, 2. Edition; University Press California, Columbia and Princeton; New York, 1979

Herbst, Jochen, Immunität von Angehörigen der US-Streitkräfte vor der Strafverfolgung durch den IStGH?, in: EuGRZ 2002, S. 582ff.

Herdegen, Matthias, Völkerrecht, 4. überarbeitete und erweiterte Auflage, C.H. Beck Verlag, München 2005

Heyns, Civil and Political Rights in the African Charter, in: Malcom Evans, Rachel Murray, The African Charter on Human and Peoples Rights – The System in Practice 1986-2000, Cambridge University Press, 2002, p. 1-35

Higgins, Rosalyn, The continuing Universality of the Universal Declaration, in: Peter Baehr, Cees Flinteman, Mignan Senders, Innovation and Inspiration: Fifty years of the Universal Declaration of Human Rights, Royal Netherlands Academy of Arts and Sciences, Amsterdam, 1999, p. 17-26

Hobe, Stephan, Der offene Verfassungsstaat zwischen Souveränität und Interdependenz - eine Studie zur Wandelung des Staatsbegriffs der deutschsprachigen Staatslehre im Kontext internationaler institutionalisierter Kooperation, Duncker & Humbolt, Berlin, 1998

Höffe, Otfried, Demokratie im Zeitalter der Globalisierung, C. H. Beck´sche Verlagsbuchhandlung, München, 1999

Hoffmeister, Frank, Menschenrechts und Demokratieklauseln in den vertraglichen Außen-beziehungen der Europäischen Gemeinschaft, Springer Verlag, Berlin 1998

Hoffmeister, Johannes Wörterbuch der philosophischen Begriffe,2. Auflage, Felix Meiner Verlag, Hamburg 1955

Holcombe, Arthur, Strengthening the United Nations, Harper & Brothers Publishers, New York, 1957

Horjes, Irene, „Partizipation“ und „Empowerment“- ein Bumerang, in: Österreichischer Entwicklungsdienst, gesammelte Grundsatzbeiträge zur Entwicklungszusammenarbeit, Rundbrief 207a/1998, S. 16-21

Huber, Max, Rotes Kreuz – Grundsätze und Probleme, Atlantis Verlag, Zürich, Berlin, 1941

Hudec, Robert, Developing Countries in the GATT Legal System, Trade Policy Research Center, Gower Publishing, Aldeshot, Brookfield USA, Hong Kong, Singapore, Sidney, 1987

Hummer, Waldemar, Internationale nichtstaatliche Organisationen im Zeitalter der Globalisierung, in: Völkerrecht und internationales Privatrecht in einem sich globalisierenden internationalen System - Auswirkungen der Entstaatlichung transnationaler Rechtsbeziehungen, Berichte der deutschen Gesellschaft für Völkerrecht, Band 39, C.F. Müller Verlag, Heidelberg, 2000

Huonker, Thomas, Definiert der Markt alle Werte? Grenzen der Globalisierung, in: in: Agenda Arbeitsmarkt, Zürich, 4/2000, S. 32-36

Ipsen, Knut, Völkerrecht, 5., völlig neubearbeitete Auflage des von Eberhard Menzel begründeten Werkes, C.H. Beck, München 2004

Jellinek, Georg, Allgemeine Staatslehre, 3. Auflage, Springer Verlag, Berlin, 1929

Jenichen, Anne, Kooperative friedensförderung? Die OSZE und lokale NGOs in Mostar, Berghof Arbeitspapier Nr. 25, Berghof Research Center for Constructive Conflict Management, Berlin, 2004

John, Mathias, Menschenrechte – Verpflichtung für transnationale Konzerne, in: Gabriele von Arnim, Jahrbuch für Menschenrechte, Suhrkamp Verlag, Frankfurt am Main 1999, S. 115-118

Kälin, Walter, Die allgemeine Erklärung der Menschenrechte: Eine kopernikanische Wende im Völkerrecht, in: Menschenrechte im Umbruch: 50 Jahre allgemeine Erklärung der Menschenrechte, Luchterhand Verlag GmbH, Darmstadt, 1998

Kapstein, Ethan, Arbeiter und die Weltwirtschaft, in: Ulrich Beck, Politik der Globalisierung, Edition Zweite Moderne, Suhrkamp-Verlag, Frankfurt am Main, 1998, S. 203-227

Karl, Wolfram, Aktuelle Entwicklungen im Internationalen Menschenrechtsschutz, in: Waldemar Hummer, Paradigmenwechsel im Völkerrecht zur Jahrtausendwende - Ansichten österreichischer Völkerrechtler zu aktuellen Problemlagen, Manz'sche Verlags- und Universitätsbuchhandlung, Wien, 2002

Kelsen, Hans, Reine Rechtslehre, 2. neubearbeitete und erweiterte Auflage, Wien 1960, Nachdruck im Verlag der österreichischen Staatsdruckerei, Wien 1992

Keppler-Schlesinger, Susanne, Nichtstaatliche Organisationen (NGOs) und die Vereinten Nationen, in: Franz Cede und Lilly Sucharipa-Behrmann, Die vereinten Nationen – Recht und Praxis, Manz'sche Verlags- und Universitätsbuchhandlung, C. H. Beck Verlag, Wien, München, 1999, S.253-266.

Kern, Reiner, Globl Governance durch UN und Regionsorganisationen – OAU und OSZE als Partner der Weltorganisation beim Konfliktmanagement, Nomos-Verlagsgesellschaft, Baden-Baden, 2002

Kimminich, Otto, Einführung in das Völkerrecht, 7. Auflage, A. Franke- Verlag, Tübingen und Basel, 2000

Kimminich, Otto, Humanitäres Völkerrecht – Humanitäre Aktion, Kaiser Verlag, München 1972

Knoke, Irene, Politische Partizipation als Allheilmittel? Theorie und Wirklichkeit der neuen Armutsbekämpfungsstrategie, in: Journal für Entwicklungspolitik, 19 (2003), S. 77-89

Kocka, Jürgen; **Nolte,** Paul; **Reichardt,** Sven; **Shalini,** Randeira, Neues über Zivilgesellschaft aus Historisch- Sozialwissenschaftlichem Blickwinkel, Discussion Paper Nr. P 01-801, Wissenschaftszentrum Berlin für Sozialforschung, WZB, Berlin, 2001

Kohr, Martin, We the People! An NGO View, in: OECD Observer, 221/222 (2000), S. 54-56

Kommission der Europäischen Gemeinschaften, Bericht der Kommission über Europäisches Regieren, Amt für amtliche Veröffentlichungen der Europäischen Gemeinschaften, Luxemburg 2003

Klein, Eckard, Gegenmaßnahmen, Berichte der dt. Gesellschaft für Völkerrecht, C.F. Müller Verlag, Heidelberg 1997

Kokott, Juliane, Das interamerikanische System zum Schutz der Menschenrechte, Springer-Verlag, Berlin, Heidelberg, New York, London, Paris, Tokyo, 1986

Koller, Peter, Theorie des Rechts – Eine Einführung, 2., verbesserte und erweiterte Auflage, Böhlau Verlag, Wien, Köln, Weimar, 1997

Kopecky, Petr; **Mair,** Peter, Political Parties and Government, in: Mohamed Salih, African Political Parties, Pluto Press, London, 2003, p. 275-292

Kopke, Alexander, Rechtsbeachtung und Durchsetzung in GATT und WTO, Duncker & Humbolt, Berlin, 1997

Krasner, Stephen, International Regimes – a Reprint of international Organisation, Cornell University Press, Ithaka, New York, 1983

Kreklau, Carsten, Wirtschaft und Politik im Zeitalter der Globalisierung, in: Wilhelm Hofmeister, Globalisierung und Politik – aktuelle fragen der Politik, Heft 41, Konrad-Adenauer-Stiftung, Referat für Publikationen, St. Augustin, 1996, S. 35-44

Krippendorff, Ekkehart, Kritik der Außenpolitik, Suhrkamp Verlag, Frankfurt am Main, 2000

Krisch, Nico, The Establishment of an African Court on Human and Peoples Rights, in: Zeitschrift für ausländisches öffentlicher Recht und Völkerrecht, Kohlhammer GmbH Stuttgart, ZAöRV 58(1998/2) S. 713- 732.

Lailach, Martin, Die Wahrung des Weltfriedens und der internationalen Sicherheit als Aufgabe des Sicherheitsrates der Vereinten Nationen, Dissertation zur Erlangung des Doktorgrades, Dunckner & Humbolt, Berlin 1998

Le Blanc, Lawrence, The OAS and the Promption and Protection of Human Rights, Martinus Nijhoff Publishers, The Hague, 1977

Lee, Roy, The International Criminal Court, The Making of the Rome Statute, Graham & Tatman Ltd., Kluwer Law International, The Hague, New York, 1999

Leininger, Julia, Die Reform der Vereinten Nationn – Chancen auf eine Erneuerung zivilgesellschaftlicher Beteiligung? Eine Bestandsaufnahme bestehender Beteiligungs-möglichkeiten für NGOs in den Vereinten Nationen und Perspektiven für die Zukunft, Global Issue Papers No. 21, Heinrich Böll Stiftung, 2005

Leonhard, Jörn, Zivilität und Gewalt, Zivilgesellschaft, Bellizismus und Nation, in: Gosewinkel, Dieter; Reichardt, Sven, Ambivalenzen der Zivilgesellschaft, Gegenbegriffe, Gewalt und Macht, Discussion Paper Nr. SP IV 2004-501, Wissenschaftszentrum Berlin für Sozialforschung, WZB, Berlin, 2004, S. 26-41

Leuprecht, Peter, Menschenrechtspolitik zwischen Öffentlichkeitsarbeit und stiller Diplomatie, in: Menschenrechte im Umbruch: 50 Jahre allgemeine Erklärung der Menschenrechte, Luchterhand Verlag GmbH, Darmstadt, 1998

Machiavelli, Nicolo, Der Fürst – il principe, Übertragung aus dem italienischen, Alfred Körner Verlag, Stuttgart, 1972

Maier, Eine Kultur oder viele?, Politische Essays, Herder Verlag, Freiburg, Basel, Wien, 1997

Maier, Hans, Wie universell sind die Menschenrechte?, Herder Verlag, Freiburg, Basel, Wien, 1997

Mann, Erika, Rolle und Beteiligungsmöglichkeiten von NGOs in der EU, in: http://www.erikamann.com/scripts/index.php3?id=273, 21.09.2005

Mann, Erika, Die Rolle von NGOs bei der WTO, in: http://www.erika mann.com/scripts/index.php3?id=273, 21.09.2005

Marschik, Axel, Subsysteme im Völkerrecht - Ist die Europäische Union ein „Self- Contained Regime", Duncker & Humbolt, Berlin 1997

Matushita, Mitsuo; **Schoenbaum,** Thomas; **Mavroidis,** Petros; The World Trade Organisation – Law, Practice and Policy, Oxford University Press, Oxford, New York, 2003

Mc Dougal, Myress; **Laswell,** Harold; **Chen,** Lung-Chu; Human Rights and the World Public Order, in: New Haven, London, Yale University Press, 1980

Merkel, Wolfgang; **Lauth,** Hans-Joachim, Systemwechsel und Zivilgesellschaft: welche Zivilgesellschaft braucht die Demokratie?, in: Aus Politik und Zeitgeschichte, 6-7 (1998), S. 3-12

Messner, Dirk; **Nuscheler**, Franz; Global Governance – Organisationselemente und Säulen einer Weltordnungspolitik, in: Weltkonferenzen und Weltberichte, ein Wegweiser durch die internationale Diskussion, Verlag J.H.W. Dietz Nachfolger GmbH, Bonn, Dietz, 1996, S. 12-36.

Michael, James, New Approach to Development, in: OECD Observer 2004(1997), S. 33-35

Misra, Ranganeth; **Kania,** Madhukar, Significance of the Right to Development: An Introductory View, in: Subrata Chowhury; Erik Denters; Paul de Waart, Right to Development in International Law, Martinus Nijhoff Publishers, Dodrecht, London, Boston, 1992, p. 7-21

Morales, Horacio, Vier Generation von NROs im Süden – Ein Überblick, in: E+Z 34(1993)10, S. 256-258

Motala, Non-Governmental Organisations in the African System, in: Malcolm Evans, Rachel Murray, The African Charter on Human and Peoples Rights – The System in Practice 1986-2000, Cambridge University Press, 2002, p. 246-279

Müller, Klaus, Globalisierung, Campus Verlag, Frankfurt am Main, New York, 2002

Murray, Rachel, Evidence and Fact-Finding by the African Commission, in: Malcom Evans, Rachel Murray, The African Charter on Human and Peoples Rights – The System in Practice 1986-2000, Cambridge University Press, 2002, p. 100-136

Naldi, Gino, Future Trends in Human Rights in Africa: The Increased Role of the OAU?, in: Malcolm Evans, Rachel Murray, The African Charter on Human and Peoples Rights – The System in Practice 1986-2000, Cambridge University Press, 2002, p. 1-35

Naldi, Gino, The Organisation of African Unity – An Analysis of it´s Role, 2. Edition, Mansell Publishers, London, 1999, p. 2-18

Nelson, Paul, Conflict Legitimacy and Effectiveness: Who speaks for Whom in transnational NGO Networks Lobbying the World Bank?, in: Nonprofit and Voluntary Sector Quarterly, Vol. 26, 4 (1997) , p. 434-437

Neuhold, Hanspeter; **Hummer**, Waldemar; **Schreuer**, Christoph, Österreichisches Handbuch des Völkerrechts, Band 1, Manzsche Verlags- und Universitätsbuchhandlung, 3. völlig überarbeitete Auflage, Wien 1997

NGO Group on the CRC, A Guide for Non-governmental Organisations Reporting on the Committee on the right of the Child, in: www.crin.org/crc/guidelns.htm, 1998.

Novy, Andreas, Die Beziehungen von Theorie und Praxis: Zivilgesellschaft, Nichtregierungsorganisationen und Entwicklungszusammenarbeit, in: Journal für Entwicklungspolitik, 17/2 (2001), S. 119-138

Nowak, Manfred, Menschenrechte & Neoliberalismus im Zeitalter der Globalisierung, in: International 5 (1997), S. 4–8.

Nowak, Manfred, UNO-Pakt über bürgerliche und politische Rechte und Fakultativprotokoll, CCPR-Kommentar, N.P. Engel Verlag, Kehl, Straßburg, Arlington, 1989

Nuscheler, Franz, Entwicklungspolitische Bilanz der achtziger Jahre - Perspektiven für die 90er Jahre, in: Dieter Nohlen & Franz Nuscheler, Handbuch der Dritten Welt, Band 1., J.H.W. Dietz Nachf. Verlag, Ulm, 1992, S. 156-179

Nuscheler, Franz, Globalisierung, Gobal Governance und Menschenrechte, in: Gabriele von Arnim, Jahrbuch für Menschenrechte 2000, Suhrkamp Verlag, Frankfurt am Main, 1999, S. 164–172,

Nuscheler, Franz, Menschenrechte und Entwicklung - Recht auf Entwicklung, in: Dieter Nohlen & Franz Nuscheler, Handbuch der Dritten Welt, Band 1., J.H.W. Dietz Verlag, Ulm, 1992, S. 269-286

Nuscheler, Franz, Lern- und Arbeitsbuch Entwicklungspolitik, 4. Auflage, J.H.W. Dietz Verlag, Bonn, 1996

Nyang'oro, Julius, Development, Democracy and NGOs in Africa, in: Scandinavian Journal of Development Alternatives 12(1993)2/3, p. 277-291.

Odinkalu, Chidi, Implementing Economic, Social and Cultural Rights under the African Charta on Human and Peoples Rights, in: Malcolm Evans, Rachel Murray, The African Charter on Human and Peoples Rights – The System in Practice 1986-2000, Cambridge University Press, 2002, p. 178-218

Odinkalu, Chidi, **Romano**, Cesare, Ein Menschenrechtsgerichtshof für Afrika, in: http://www.project-syndicate.org/commentary/odinkalu1/German, vom 28.08.2006

Oldfield, John, British Anti-Slavery, in: httpbbc.co.uk/history/society_culture/protest_reform/antislavery_05.shtml, vom 3.4.2006.

Oloka-Onyango, Joe, Modernday Missionaries or Misguided Miscreants? NGOs, the Women's Movement and the Promption of Human Rights in Africa, in: The Human Rights of Woman: International Instruments and African Experiences; edited by Wolfgang Benedek, Esther M. Kisaakye and Gerd Oberleitner; Zed Books Ltd. in association with World University Service, Austria; London, New York 2002

Ölz, Martin, Non Governmental Organisations in Regional Human Rights Systems, in: Columbia Human Rights Law Review, 28(1997), p. 322- 324

Ovett, Daviana, An NGO perspective of using international human rights law and mechanisms to make trade more accountable and human rights-consistent - The case of access to medicines, in: IUEC Book on Economic Globalisation and Human Rights, Oktober 2005, 3D Trade - Human Rights – Equitable Economy, Genf 2005

Peterson, Spike, Rethinking Globalisation in Theory and Practice in: Globalization: Theory and Practice, edited by Eleonore Kofmann and Gilian Youngs, York House Typographic Ltd., 1996

Perratton, Jonathan; Goldblatt, David; Held, David; Mc Grew, Anthony; Die Globalisierung der Wirtschaft, in: Ulrich Beck, Politik der Globalisierung, Edition Zweite Moderne, Suhrkamp-Verlag, Frankfurt am Main, 1998, S. 134- 168

Posner, Michael, The establishment of the right of nongovernmental human rights groups to operate, in: Henkin and Hargrove, Human Rights for the next Century, American Society of International Law, Washington, 1994, p. 405-423

Price, Thomas, **Lester,** Ryan, Die wirtschaftliche Dimension der OSZE am Vorabend des einen 20. Jahrhunderts, in: OSZE-Jahrbuch 1998, Nomos Verlagsgesellschaft, Baden Baden 1998, S. 391-406

Prove, Peter, Menschenrechte: Vorrang vor Freihandel, in: Entwicklungspolitische Impulse 5/03, handel für Menschen – Grundlagen und Argumente zur internationalen Kampagne, Brot für alle, Bern 2003, S. 11-22

Ramcharan, Bertrand, International Law and Fact Finding in the Field of Human Rights, Kluwer Law International,The Hague, London, Boston, 1982

Rechenberg, Herrmann- Hans, Non Governmental Organisations in: R. Bernhardt, Encyclopaedia of Public International Law, Vol. III., Amsterdam, Lausanne, New York, Oxford, Shannon, Singapore, Tokyo 1997

Ritterband, Charles, Universeller Menschenrechtsschutz und völkerrechtliches Interventionsverbot, St. Galler Studien zur Politikwissenschaft, Forschungsstelle für Politikwissenschaft an der Hochschule St. Gallen, Bern, Stuttgart, 1982

Robertson, Geoffrey, Crimes Against Humanity: The Struggle for Global Justice, 2. Edition, New Press, London, 2003

Rocard, Michel, Relaunching African Development, in: OECD Observer, 216 (1999), S. 44-47

Röttinger, Moritz, Die Europäischen Beamten, in: Moritz Röttinger und Claudia Weyringer, Handbuch der europäischen Integration, S. 239- 260, Manz´sche Verlagsbuchhandlung, Wien 1991

Rudolf, Beate, Die thematischen Berichterstatter und Arbeitsgruppen der UN-Menschen-rechtskommission, Springer Verlag, Berlin, Heidelberg, New York, Tokio, 2000

Salcum, Glenn, The Search for Workable Solutions, in: Strengthening Environmental Cooperation with Developing Countries, OECD, Paris, 1989

Santiso, Carlos, The Reform of EU Development Policy - Improving Strategies for Conflict Prevention, Democracy Promotion & Governance Conditionality, Centre for European Policy Studies, Working Document No. 182, Brüssel, 2002

Schilling, Theodor, die staatliche Pflicht zum Schutz von Grundrechten und Menschenwürde, in: Kritische Vierteljahresschrift für Gesetzgebung und Rechtswissenschaft, 4/1999, S. 452- 475.

Schlögl, Anton, Einführung in die Genfer Rotkreuz Abkommen vom 12. August 1949, in: Die Genfer Rotkreuz Abkommen vom 12. August 1949, Verlagsanstalt Hüthing und Dreyer GmbH, Heidelberg, Berlin, 1965, S. 1-89

Schütt, Kurt-Peter; **Sellin,** Harald; **Töpper**, Barbara; Kolumbien, in: Dieter Nohlen, Franz Nuscheler, Handbuch der Dritten Welt, Band 3, Hoffmann und Campe Verlag, Hamburg 1976

Schwarze, Jürgen, Das schwierige Geschäft mit Europa und seinem Recht, in: Juristische Zeitung, 21/1998/ S. 1077-1085.

Seidl-Hohenveldern, Ignaz, Lexikon des Völkerrechts, Luchterhandverlag, Darmstadt, 1985

Seidl-Hohenveldern, Ignaz, Völkerrecht, 7. neubearbeitete Auflage, Carl Heymanns Verlag; Köln, Berlin, Bonn, München, 1992

Shelton, Dinah, Individual complaint machinery under the UN 1503 procedure and the Optional Protocol to the International Covenant on Civil and Political Rights, in Hurst Hannum, Guide to international Human rights Practice, International Human Rights Law group, University of Philadelphia Press, Philadelphia, 1984, p. 61-73

Shils, Edward, Was ist die Civil-Society?, in: Krzysztof Michalsky, Europa und die Civil-Society, Gastelgandolfo-Gespräche 1989, Klett-Verlag 1991, S. 13-28

Shivji, The Concept of Human Rights in Africa, Codesria Book Series, London, 1989

Siegert, Jens, Spezoperazija – Das neue NGO-Gesetz, in: Russlandanalysen Nr. 82 der Bremer Forschungsstelle Osteuropa, Heinrich Böll Stiftung, Bremen, Moskau, 2005, S. 1-3

Simma, Bruno; **Aschenbrenner,** Beatrix; **Schulte**, Constanze; in: Human Rights Considerations in the Development Co-operation Activities of the European Community, in: Philip Alston, The EU and Human Rights, Oxford University Press, Clarendon Press, Oxford, New York, 1999, p. 571-626

Smith, Jackie; **Pagnucco**, Ron; **Lopez,** George; Globalizing Human Rights: The Work of Transnational Human Rights NGOs, in: Human Rights Quarterly, 20 (1998), p. 379-412

Smith, Jackie, Transnational Politics and the Human Rights Movement, in: Research in Social Movements, Conflict and Change, 18 (1995), p. 185-219

Stein, Torsten; **Buttlar,** Christian von, Völkerrecht, 11. komplett neubearbeitete Auflage, Carl Heymanns Verlag, Köln, Berlin, München, 2005

Stork, Joe, Arrests Designed to Silence NGO-Activists, in: Human Rights Watch Publications, New York, 2004, in: http://hrw.org/english/docs/2004/11/08/iran9631.htm

Strohal, Christian, Die Entwicklung des internationalen Menschenrechtssystems durch die Vereinten Nationen, in: Franz Cede und Lilly Sucharipa-Behrmann, Die vereinten Nationen – Recht und Praxis, Manz'sche Verlags- und Universitätsbuchhandlung, C. H. Beck Verlag, Wien, München, 1999, S. 143-162

Takano, Yuichi, Schriftenreihe japanisches Recht, Einführung in das Völkerrecht, Bd. I und II, Karl Heymanns Verlag KG, Köln, Berlin, Bonn, München, 1984

Tichomirowa, Katja, Putin will NGO-Gesetz abschwächen – Russische Duma soll Regeln zur Registrierung ändern, in: Berliner Zeitung vom 10.12.2005.

Tilch, Horst, Deutsches Rechtslexikon, 2. Auflage, C.H. Beck Verlagsbuchhandlung, München, 1992

Thakur, Ramesh, Human Rights – Amnesty International and the United Nations, in: Journal of Peace Research, 31/2 (1994b), p. 143-160.

The Coalition for an Effective African Court on Human & Peoples' Rights, Legal and Institutional Issues Arising from the Decision by the Assembly of Heads of State & Government of the African Union to Integrate the African Court on Human and Peoples' Rights and the Court of Justice of the African Union, 2004, in: http://www.africancourtcoalition.org, 26.7.2006

Theunis, Sjef, Non Governmental Development Organisations of Developing Countries, Martinus Nijhoff Publishers, Dodrecht, 1992

Thiel, Reinold, NROs: Besser als der Staat? - Editorial, in: E+Z 34(1993)10, S. 251

Thomsen, Bernd, rechtliche Grundlage für einen wirksamen Menschenrechtsschutz, in: Menschenrechte im Umbruch: 50 Jahre allgemeine Erklärung der Menschenrechte, Luchterhand Verlags GmbH, Darmstadt, 1998

Thoolen, Hans, **Verstappen,** Bert, Human Rights Missions – A study of the fact finding practice of non-governmental organisations, Martinus Nijhoff Publishers, Dodrecht, London, Boston, Lancaster, 1986

Thun-Hohenstein, Christoph; **Cede,** Franz; **Hafner,** Gerhard; Europarecht - Ein systematischer Überblick mit den Auswirkungen der EU- Erweiterung, 5. Auflage, Manz Verlag, Wien, 2005

Thun-Hohenstein, Christoph, Der Vertrag von Amsterdam, die neue Verfassung der EU, Manz'sche Verlags- und Universitätsbuchhandlung, Wien, 1997

Triffterer, Otto, Commentary on the Rome Statute of the International Criminal Court, Nomos Verlagsgesellschaft, Baden Baden 1999

Tstasos, Dimitrios, Die europäische Unionsordnung - Beiträge zum institutionellen Verständnis der Union im Hinblick auf einen zukünftigen Europäischen Verfassungsvertrag, Nomos Verlagsgesellschaft, Baden- Baden, 2003

Umozurike, Oji, The African Charter on Human and Peoples Rights, Martinus Nijhoff Publischers, Dodrecht, Boston, London, 1997

Verdross, Alfred, universelles Völkerrecht - Theorie und Praxis, 3. Aufl., Dunckner & Humbolt, Berlin 1984

Verdross, Alfred, Abendländische Rechtsphilosophie, Dunckner & Humbolt, Berlin 1958

Vitzthum, Wolfgang Graf von, Völkerrecht, 2. Auflage, Walter de Gruyter, Berlin, New York, 2001

Wehner, Burkhard, Unterschlagene Grundrechte in der Demokratie – Zur Logik der politischen Assoziationsfreiheit, in: Reformforum Neopolis, www.reformforum-neopolis.de/files/negrundrechte1.pdf, 14.12.2005

Weinrauch. Roland, Competition Law in the WTO – The Rationale Framework for Framework Agreement, Neuer wissenschaftlicher Verlag, Graz, Wien, 2004

Weissbrodt, David, The Contribution o Nongovernmental Organisations to the Protection of Human Rights, in: Theodor Meron, Legal and Policy Issues, Clarendon Press, Oxford, 1984

Wieczorek-Zeul, Heidemarie, Die Afrikanische Herausforderung – Eckpunkte einer strategischen Afrikapolitik, E+Z, 42 (2001) S. 158-175

Williams, Mark, Rethinking Sovereignty in: Globalization: Theory and Practice, edited by Eleonore Kofmann and Gilian Youngs, York House Typographic Ltd., 1996, p. 109-123

Windfuhr, Michael, Soziale Menschenrechte und Globalisierung, in: Gabriele von Arnim, Jahrbuch für Menschenrechte 2000, Suhrkamp Verlag, Frankfurt am Main, 1999, S. 173-185

Wiseberg, Laurie, Protecting Human Rights Activists and NGOs, Human Rights Quarterly, 13 (1991), p. 524

Wolf, Klaus Dieter, Normsetzung in internationalen Institutionen unter Mitwirkung privater Akteure? „International Environment governance" zwischen ILO, öffentlich-privaten Politiknetzwerken und Global Compact, in: Sabine von Scharlemer, Praxis- Handbuch UNO - die Vereinten Nationen im Lichte globaler Herausforderungen, Springer Verlag, Berlin, Heidelberg, 2003, S. 225-240

Wolfrum, Rüdiger, Die Entwicklung des internationalen Menschenrechtsschutzes – Perspektiven nach der Weltmenschenrechtskonferenz von Wien, Europa- Archiv 48/1993 S. 681- 690

Wolfrum, Rüdiger, United Nations: Law, Policies and Practice, Vol. I-II, Martinus Nijhoff Publishers und C. H. Beck Verlag, München, Dodrecht, London, Boston, 1995

Zacher, Hans, Grundrechte als Sache der Welt und als Sache die Kirche, in: Ernst-Wolfgang Böckenförde, Robert Spaemann, Menschenrechte und Menschenwürde - ist historische Voraussetzungen - säkulare Gestalt - christliches Verständnis, Klett-Cotta Verlag, Stuttgart, 1987, S. 327-350

Zippelius, Reinhold, Allgemeine Staatslehre, 13. Auflage, Verlag C.H. Beck, München 1999

Zürn, Michael, Regieren jenseits des Nationalstaats – Edition Zweite Moderne, Hrsg. Ulrich Beck, Suhrkamp Verlag, Frankfurt am Main, 1998

Zürn, Michael, Schwarz – Rot – Grün – Braun: Reaktionsweisen auf Denationalisierung, in: Ulrich Beck, Politik der Globalisierung, Edition Zweite Moderne, Suhrkamp-Verlag, Frankfurt am Main, 1998, S. 297-330

Textsammlungen

Beck-Texte – Menschenrechte, 4. Auflage, C.H. Beck Verlag, München, 1998

Heyns, Chritof, Human Rights Law in Africa, Kluwer Law International, The Hague, London, Boston, 1996

Hummer, Waldemar; **Weiß,** Friedel, Vom GATT'47 zur WTO'94 - Dokumente zur alten und neuen Welthandelsordnung, Verlag Österreich, Wien, 1997

Jackson, John; **Davey,** William; **Sykes,** Allan, International Economic Relations: Cases, Materials and Texts, West Publishing, St. Paul, 1995

Lang, Michael; **Holowbek,** Michael, ecolex 2004,654 über VfGH vom 16.1.2004, B 1248/03

Melander, Göran and **Alfredsson**, Gudmunder, The Raul Wallenberg Compilation of Human Rights Instruments, Martinus Nijhoff Publishers, The Hague, London, Boston, 1997

Murray, Rachel, **Evans,** Malcolm, Documents on the African Commission on Human and Peoples Rights, Hart Publishing, Oxford, 2001

Neuhold, Hanspeter; **Hummer**, Waldemar; **Schreuer**, Christoph, Österreichisches Handbuch des Völkerrechts - Materialienteil, Band 2, Manzsche Verlags- und Universitätsbuchhandlung, 3. völlig überarbeitete Auflage, Wien 1997

NGO Statement on the Proposed Multilateral Trade Organisation of the Uruguay Round Negotiations of the GATT, in: Benno Engels, Perspektiven einer neuen internationalen Handelspolitik, deutsches Übersee-Institut, HH, 1993, S. 54-56

Sartorius II – Internationale Verträge – Europarecht - Textsammlung, C.H. Beck Verlag, München 2004

Towards a European Development and Environment – NGO Position on the GATT and Uruguay Round, in: Benno Engels, Perspektiven einer neuen internationalen Handelspolitik, deutsches Übersee-Institut, Hamburg, 1993, S. 35-43

Wallace, Rebecca, International Human Rights, Texts & Materials, Sweet & Maxwell, London, 1997

Peter Lang · Internationaler Verlag der Wissenschaften

David Buntenbroich

Menschenrechte und Unternehmen

Transnationale Rechtswirkungen „freiwilliger" Verhaltenskodizes

Frankfurt am Main, Berlin, Bern, Bruxelles, New York, Oxford, Wien, 2007. XXXVI, 144 S.
Europäische Hochschulschriften: Reihe 2, Rechtswissenschaft. Bd. 4522
ISBN 978-3-631-55758-7 · br. € 39.–*

Die gesellschaftliche Verantwortung von Unternehmen ist in zunehmendem Maße Gegenstand des öffentlichen Interesses. In Zeiten der Globalisierung können sich Unternehmen der Kontrolle durch nationale Rechtsordnungen immer häufiger entziehen. Als Antwort darauf entstehen weltweit geltende Verhaltenskodizes. Bei deren Ausgestaltung wirkt eine Vielzahl von staatlichen und privaten Akteuren mit, darunter die Unternehmen selbst sowie die „globale Zivilgesellschaft". Verhaltenskodizes sind trotz vielfach betonter „Freiwilligkeit" nicht unverbindlich. Die Verhaltensstandards wirken sich auf bestehende zivilrechtliche Rechtsnormen aus. Auch die Durchsetzung erfolgt zivilrechtlich: Durch einheitliche Vertragsklauseln entsteht ein grenzüberschreitendes, transnationales Sanktionssystem.

Aus dem Inhalt: Entwicklung transnationaler Standards der Corporate Responsibility · Transnationale Formen der Zusammenarbeit bei der Formulierung von Verhaltensstandards · Verhaltenskodizes als Auslegungsmittel im Rahmen bestehender Rechtsprinzipien · Transnationale Durchsetzung der Verhaltenskodizes

Frankfurt am Main · Berlin · Bern · Bruxelles · New York · Oxford · Wien
Auslieferung: Verlag Peter Lang AG
Moosstr. 1, CH-2542 Pieterlen
Telefax 00 41 (0) 32 / 376 17 27

*inklusive der in Deutschland gültigen Mehrwertsteuer
Preisänderungen vorbehalten

Homepage http://www.peterlang.de

FSC
www.fsc.org
MIX
Papier | Fördert gute Waldnutzung
FSC® C083411

Kolibri 360 GmbH
Ferdinand-Jühlke-Straße 7
99095 Erfurt, Deutschland
produktsicherheit@kolibri360.de

Druck:
CPI Druckdienstleistungen GmbH
im Auftrag der
Kolibri 360 GmbH
Ferdinand-Jühlke-Str. 7
99095 Erfurt